JN437644

남아프리카공화국 들여다보기

김광수
황규득
서상현
양철준
박정경

한국외국어대학교 출판부

머리말

남아프리카공화국(이하 남아공)은 아프리카 국가들 중 우리 국민들에게 가장 널리 알려진 국가로 과거 백인의 유색인들에 대한 인종차별정책과 금, 다이아몬드 그리고 최근에는 아름다운 관광자원을 가진 국가 혹은 2010 월드컵 개최 국가로 알려지고 있다.

남아공은 아프리카 남단에 위치한 국가로 인구 약 4천8백만 명, 국토면적은 121만 9912km^2로 한반도의 5.5배에 달하며, 아프리카에서는 정치, 경제적으로 상당히 안정되어 있는 국가이다. 또한 남아공은 아프리카대륙 전체 GDP의 약 27%, 수출입 22%, 제조업 생산의 40%, 광물생산의 45%, 전력생산의 50% 이상을 차지하는 아프리카의 정치, 경제 중심 국가이다.

이와 같은 정치, 경제 중심으로 인해 남아공은 우리나라뿐만 아니라 선진국들의 아프리카진출 교두보 역할을 하고 있으며 그 실례로 남아공에는 세계 유명 메이커의 자동차 회사들이 진출하여 자동차를 생산하고 있다. 따라서 이 책은 위에서 언급했던 아프리카에서 차지하는 남아공의 위상과 역할을 살펴보기 위해 남아공의 역사, 정치, 경제, 언어 그리고 사회문화로 세분하여 기술하고 있다.

먼저 첫 번째 장은 역사 분야로 남아공의 선주민들과 백인들의 이주에서 시작되는 남아공의 근대사에서부터 오늘날의 남아공 역사까지를 기술하고 있다. 남아공의 역사는 원주민이었던 코이산족과 이주민인 반투 흑인, 백인, 아시아인의 이주와 정착 그리고 이들의 혼혈로 생겨난 칼라드 인종이 어우러져서 복잡하게 전개되었다. 선주민과 다양한 이주민의 정착과정의 복잡성과 다양성뿐 아니라 아파르트헤이트라는 인종차별정책을 헌법과 법률로 명시하여 시행하면서 더욱 다양한 역사·문화적 정체성 띠고 전개되었다. 또한 각각의 인종집단은 남아공의 역사 속에서 자신들의 인종적, 민족적 그리고 국가적 정체성을 형성하여 왔으며 역사의식을 만들어왔다. 또한 남아공의 근현대사는 인종차별정책으로 인종 간 극심한 대립 속에 수백 년간 투쟁을 벌여왔지만 지금 남아공은 공통의 역사의식을 함양하기 위해 서로의 차이점을 인정하고 적대감을 해소하고자 노력하는 현재진행형의 국가이다.

두 번째 장인 정치 분야에서는 1994년을 전후로 큰 변화를 겪었다. 남아공의 정치체제는 1980년대 말부터 급변하는 국제정치체제와 함께 변화되기 시작하였다. 이와 함께 1948년부터 존속해 온 남아공의 인종차별정책인 아파르트헤이트가 1991년에 사실상 철폐되면서 남아공 정치체제에 더욱 큰 변화를 초래하였다. 즉 권위주의적인 인종차별체제가 민주주의적인 탈인종차별체제로 이행되면서 인종 간·종족 간의 갈등이 해소될 가능성이 나타나기 시작하였으며 흑인들에게 참정권을 비롯하여 각종의 권리가 부여되기 시작하였다. 따라서 남아공에서 정치적으로 평등한 선거를 위한 다인종의 선거 원칙이 실현되어 흑인들은 1994년에 최초로 참정권을 행사하였다. 법적 제도적으로 인종 간의 차별이나 종족 간의 차별이 더 이상 존재하지 않는 상황에서 민주적인 선거절차를 통해 의회와 정부가 구성되었으며 아파르트헤이트의 체제에서 발생했던 여러 비민주적인 법과 제도들이 개혁되기 시작하였다.

세 번째 장인 경제 분야에서는 남아공 경제가 아프리카에서 차지하는 비중과 최근 중시되고 있는 남아공 자원 등에서 대해 기술하고 있다. 특히 이 분야에서는 남아공의 비즈니스 문화와 남아공의 경제인 및 기업 등에 대해 기술하고 있어 다른 남아공 관련 서적들과 차별성을 두고 있다.

현재 전 세계가 경제 블록화 되어가고 있는 상황에서 남아공은 남부아프리카 개발공동체(SADC)와 남부아프리카 관세동맹(SACU)의 주요 회원국으로서 그 역할의 중요성을 지니고 있는데 SADC 14개국 전체 GDP의 약 80%, 그리고 SACU 4개국 전체 GDP의 90% 이상을 점유할 정도로 그 영향력은 크다고 할 수 있다. 이에 따라 우리나라뿐만 아니라 미국도 남아공과의 자유무역협정(FTA) 체결을 원하고 있다. 남아공과의 FTA 체결은 남아공뿐만 아니라 인근 남부아프리카 국가들과의 FTA효과를 볼 수 있다는 강점이 있기 때문이다.

네 번째 장인 아프리카 언어에서는 남아공의 언어정책에 초점을 두고 기

술하고 있다. 무지개국가라는 이름에서 알 수 있듯이 남아공은 다인종, 다종족, 다언어, 다종교, 다문화 국가이다. 다양한 인종, 종족, 언어, 종교, 문화가 한데 어우러져 남아공사회를 구성하고 있기 때문에 남아공은 다양성 속에서 조화와 화합을 지속적으로 추구해야만 하는 과제를 안고 있다. 다양성 속에서 조화와 화합을 추구하기 위해서는 사회구성원들 간의 동등한 기회부여와 상호이해가 전제되어야 한다는 것은 자명하며 동등한 기회부여와 상호이해는 사회의 다양한 영역과 분야에서 적용되어야 한다. 이러한 다양한 구성요소들 중에서도 언어는 사회구성원들 간의 원활한 소통과 상호이해를 위한 기본적 도구이자 통로이다. 또한 효율적인 의사소통은 정치과정에서의 광범위하고 열린 대중 참여와 민주적 질서를 수립하는데 기본이 됨은 물론 경제발전과정에서도 중요한 역할을 수행한다. 그러므로 효율적인 의사소통의 도구인 언어의 문제는 결코 간과할 수 없는 문제이다. 이러한 맥락에서 남아공의 언어상황과 언어와 관련된 문제들은 남아공 사회의 이해에 있어 기초를 이룬다.

마지막 장인 사회와 문화에서는 에이즈와 범죄문제 그리고 언론매체 및 문학 등에 대해 기술하고 있다. 남아공의 전체 인구 4천8백만 중 HIV에 감염된 사람은 5백5십만 명 정도로 추산된다. 이는 전체 인구의 약 12%가 현재 에이즈를 앓고 있거나 몇 년 내에 에이즈 환자가 될 처지에 놓여 있다는 뜻이다. 실제로 2006년, 15세와 49세 사이에 죽음을 맞이한 남아공 사람들 71%의 사망원인은 에이즈였다. 현재 남아공 사람들의 평균 수명은 54세에 불과한데 에이즈 관련 사망 요인을 제외하면 평균 수명은 64세에 이를 것으로 추정된다. 현 추세가 계속된다면 지금 15세인 남아공 청소년들 중 반 이상이 60세에 이르기 전에 죽음을 맞이하게 될 것이다.

현재 남아공에는 11개의 공식어가 존재하며 각각의 공식어들은 나름의 문학전통을 간직하고 있다. 남아공 사회도 다른 아프리카 국가들과 마찬가지로 다양한 형태의 구연문학 전통을 보유하고 있다. 또한 과거 남아공의 전통 사회에서는 저녁 시간이 되면 하루 일과를 마친 사람들이 모닥불 가에서 민담 구연 모임을 가지곤 했다. 최근에는 세계적으로 널리 알려진 남아공 문학 작품들과 작가들이 등장하였다. 1991년과 2003년에 각각 노벨문학상을 수상한 나딘 고디머(Nadine Gordimer)와 쿠체(J. M. Coetzee)는 영어로 작품 활동을 한 작가들이기도 하다.

이처럼 본 서적은 남아공의 역사, 정치, 경제, 언어 그리고 사회문화를 자세하게 한 권에 담은 발간물이다. 따라서 본 발간물은 남아공에 대해 공부하거나 혹은 비즈니스를 위한 사업가나 회사원 그리고 단순히 남아공을 여행하는 일반인들이 활용할 수 있는 서적이 될 것이다.

마지막으로 본 책자가 간행되기까지 아낌없이 지원해 준 한국외국어대학교 출판부와 한국외국어대학교 아프리카연구소 장용규 소장님 외 구성원들 그리고 한국외국어대학교 아프리카어과에서 인연을 맺어 많은 가르침을 주신 김윤진 교수님과 권명식 교수님, 그리고 장태상 교수님께 감사를 드린다. 아울러 공동으로 집필해 주신 김광수 선생님, 박정경 선생님, 양철준 선생님 그리고 황규득 선생님에게 감사를 드린다.

대표저자
서상현

차 례

머리말 ·· 3

1 | 역사 김광수 ········ 9

1. 남부 아프리카의 선주민과 백인들의 이주___10
2. 케이프의 정착지의 확대와 인종차별의 시작___12
3. 영국의 케이프 점령과 지배___15
4. 대이주(Great Trek)___18
5. 다이아몬드와 금의 발견 그리고 영국의 침략정책___20
6. 샤카 줄루와 아프리카의 왕국들의 성장___24
7. 인종과 역사___27
8. 인종분리정책 아파르트헤이트___55
9. 아프리카 흑인들의 초기 저항___68
10. 아프리카 흑인들의 후기 저항___72
11. 아파르트헤이트 정책의 붕괴___75
12. 민주화와 미래___83
13. 주요 정치 인물___83
14. 약사___90

2 | 정치 황규득 ········ 126

1. 정부구조 및 정치권력의 주요세력___129
2. 선거제도: 1994, 1999, 2004, 2009년 선거의 함의___139
3. 정치권력의 메커니즘: ANC의 통합과 분화___142
4. 정치구조와 권력메커니즘의 향후 전망___151

3 | 경제 서상현 ···· 157

1. 남아공의 최근 경제현황___159
2. 통상정책___163
3. 상관습___168
4. 주요 주(州)별 경제와 투자유치___177
5. 남아공 경제의 위상과 기업들___185
6. 기업인___200
7. 경제의 새로운 문제점으로 대두된 토지재분배 문제___205

4 | 언어 양철준 ···· 209

1. 역사적 사건 전개와 언어___210
2. 용어와 언어명___212
3. 계통적 분류에 의한 남아공의 공용어___213
4. 언어별 개요___216
5. 언어와 대중매체___220

5 | 사회문화 박정경 ···· 223

1. 남아공 사회의 HIV/AIDS___224
2. 범죄___232
3. 언론매체___237
4. 사회와 문학___242

참고문헌 ·· 257

찾아보기 ·· 263

역사

김 광 수

남아공[1]의 역사는 원주민이었던 코이산(Khoisan)족과 이주민인 반투(Bantu)[2] 흑인[3], 백인, 아시아인의 이주와 정착 그리고 이들의 혼혈로 생겨난 칼라드(Coloured) 인종이 어우러져서 복잡하게 전개되었다. 선주민과 다양한 이주민의 정착과정의 복잡성과 다양성뿐 아니라 아파르트헤이트(Apartheid)라는 인종차별정책을 헌법과 법률로 명시하여 시행하면서 더욱 다양한 역사·문화적 정체성(Historical and cultural identity)을 띄게 되었다.

다른 인종집단들의 규범과 가치는 서로 얼기설기 얽혀있으며, 그들의 사고방식이나 심리적 상태는 인종과 문화 그리고 계급 사이에 완전히 굳어져 차이점을 보여주고 있다. 또한 각각의 인종집단은 남아공의 역사 속에서 자신들의 인종적, 민족적 그리고 국가적 정체성을 형성하여 왔으며 역사의식을 만들어왔다.

남아공의 백인 정부는 자신의 조상들이 이주하여 정착할 당시 남부 아프리카는 그 어떤 왕국이나 국가가 없는 주인이 없는 땅이나 마찬가지 상태였으며 자신들이 이곳에 정착할 당시 북쪽에서부터 반투족들이 거의 동시에 이주하여 정착했다고 주장하고 있다. 백인들은 자신들이 도착한 이후부터

진정한 남아공의 역사가 시작되었다고 주장하며 남아공의 역사는 500년 역사라고 주장한다.[4] 이러한 주장은 남아공에 살고 있는 사람들은 모두 외부에서 유입되어 들어온 이주민으로 백인들이 흑인들과 마찬가지로 토지에 대한 동등한 권리를 갖고 있다고 주장한다. 백인들의 이러한 역사의식은 남아공의 백인지배를 정당화하고 자신들의 권리를 보장받기 위한 역사왜곡의 과정이었다고 할 수 있다.

지금 남아공은 공통의 역사의식을 함양하기 위해 서로의 차이점을 인정하고 적대적 개념을 해소시키고자 노력하는 현재진행형의 국가이다.

1. 남부 아프리카의 선주민과 백인들의 이주

남부 아프리카는 인류 진화의 중요한 화석인 오스트랄로피테쿠스(Australopithecus)가 처음으로 발견된 곳이다. 1924년 여름 비트바터르스란트 대학(Witwatersrand Univ.)의 해부학 교수이던 레이먼드 다트(Ramond Dart)가 남부 아프리카의 베추아날드(Bechuanaland)의 타웅즈(Taungs)에 있는 석회암 채석장에서 1백 수십만 년 전의 6-7세 된 어린아이의 뼈를 발견하였는데 다트 교수는 "이것이야말로 인류의 기원형태"라고 설명하며 원인(原人)보다 더 원시적이며 인류와 유인원(類人猿)의 중간으로 결론짓고 이 화석의 유골을 오스트랄로피테쿠스-아프리카누스(Australopithecus-Africanus)로 명명하였다. 그리고 뒤이어 미국의 고생물학자인 로버트 부름(Robert Broom)이 1938년 요하네스버그 서쪽 50㎞지점의 크루거스도르프(Krugersdorp)의 스테르크폰테인(Sterkfontein) 채석장과 그 부근의 크롬드라이(Kromdraai)에서 타웅즈의 아이보다 더 무거운 화석유골을 발견함으로서 다트의 견해가 인정되었다. 이를 파란트로푸스(Parantropus)라고 이름을 붙였는데 이 화석이 오스트랄로피테쿠스 로보스투스(Australopithecus Robustus)이다.

백인들이 들어오기 전에 이 지역의 해안 지대에는 주로 두 부족의 흑인 원주민들이 살고 있었다. 호텐토트(Hotentot)라 불리는 코이코이(Khoikhoi)족[5]은 주로 목축을 영위하고 있었으며, 부시맨(Bushman)으로 불리는 산(san)족[6]은 수렵과 채집으로 삶을 영위하고 있었다. 그리고 북동쪽의 내륙지

방에는 반투어를 사용하는 줄루(Zulu), 코사(Xhosa), 소토(Sotho), 그리고 츠와나(Tswana)족 등이 대규모 집단을 이루며 살고 있었다.

초기에 백인들과 흑인들은 대체로 우호적인 관계에서 물물교환을 했으나 차츰 목축지를 놓고 대립하는 관계로 변해 갔다. 특히 보어(Boer)인으로 불린 네덜란드계 백인사회가 점점 더 내륙으로 확장되어감에 따라 이주민과 원주민 사이의 대립은 피할 수 없는 상황이 되었다.

아프리카 대륙 최남단의 땅 남부 아프리카가 백인들에게 알려지기 시작한 것은 1488년 바톨로뮤 디아즈(Bartholomew Diaz) 휘하의 포르투갈 탐험대가 아프리카 대륙을 돌아 인도양으로 나가는 항로를 발견하면서부터이다. 바톨로뮤 디아즈는 1488년 희망봉을 크게 돌아 알 수 없는 바람에 이끌려 현재의 모슬 베이(Mossel Bay)에 최초로 발을 디뎠으며 식수를 구하는 과정에서 코이코이족과 조우하였다. 1488년 한여름에 그레이트 피쉬(Great Fish) 강에 도달했으며 돌아오는 과정에서 최초로 케이프(Cape)[7]를 보았다. 바톨로뮤 디아즈는 이 지역을 폭풍의 곶(Tormentoso ; The Cape of Storms)이라고 이름 지었다. 후에 포르투갈 왕 주앙(João)은 케이프를 돌면 인도양으로 갈 수 있기 때문에 희망봉(Boa Esperança ; Cape of Good Hope)으로 이름 지었다.

9년 후인 1497년에 유명한 포르투갈인 바스코 다 가마(Vasco Da Gama)가 케이프를 바로 돌아 현재의 나탈(Natal ; 그가 이곳에 도착한 것은 성탄절이었고 바스코 다 가마가 나탈이라고 이름을 붙임. 'Natal'은 라틴어로 '출생'을 의미하는 'natus'에서 온 것으로 보임.)까지 이르렀고 동아프리카의 몸바사(Mombasa)와 말린디(Malindi)를 거쳐 인도의 고아(Goa)에 도착한 후 꼭 1년 만에 포르투갈로 돌아왔다. 1500년 페드로 카브렐(Pedro Cabral)은 브라질에 기착한 후 케이프를 돌아 동아프리카를 거쳐 인도로 가는 항로를 확고히 열고 드디어 포르투갈의 독점시대를 열었다.

이 지역에 백인들이 본격적으로 정착하게 된 것은 1652년 네덜란드 동인도회사(The Dutch East India Company)가 인도 항로의 중간 정박 기지(기항지 ; revictualling station) 건설을 목적으로, 얀 판 리비어크(Jan van Riebeek)가 이끄는 3척의 배와, 130명의 남녀로 구성된 탐험대가 1652년 6월 4일 테이블 만(Table Bay)[8]에 도착하면서부터이다. 이들은 모두 이 회사의 피고용인들이었으나 차츰 회사로부터 독립해 목축과 영농으로 경제력을 키워나갔다. 농장과 목초지들이 1657년부터 주민들에게 나누어졌고 케이프와 그 주변 지역의 백인 정착지는 계속 확대되었다.

- **폭풍의 곶(The Cape of Storm)** : 1488년 포르투갈의 선원 바톨로뮤 디아즈는 희망봉(Cape of Good Hope)을 처음으로 돈 유럽인으로 그들이 지날 때 강한 폭풍이 치고 있었기 때문에 폭풍의 곶이라고 명명했다. 후에 포르투갈 왕이 희망봉이라고 재 명명했는데, 그 이유는 희망봉을 돌면 곧 인도로 갈 수 있다고 생각했기 때문이었다.
- **토착의 공동사회** : 아주 오래전(기원전 2600년 또는 그 이전), 남부 아프리카는 목축업을 하는 코이코이족과 수렵 채집을 하는 산족이 공동체를 형성하고 살아가고 있었다. 4-8세기에 반투어를 사용하는 사람들이 철과 구리를 사용하는 기술을 가지고 남부 아프리카에 이주하여 정착하기 시작했다. 그들은 특정한 집단 또는 국가를 형성하며 정착하였다. 예를 들어 카랑가(Karanga)족이 중심이 된 로즈위(Rozwi)왕국은 17세기에 쇼나(Shona)족이 살던 무타파 제국(Mutapa Empire)을 무너뜨리고 새로운 강력한 창가미르(Changamire)왕국을 세웠다. 내륙과 동쪽 해안사이의 황금무역은 10세기에 동쪽 해안에 정착했던 아랍인들이 처음으로 지배하였고, 1506년부터는 포르투갈이 지배했다. 네덜란드는 1652년 희망봉에 처음 도착했으나 그들은 1770년까지는 토착민들의 사회에 나쁜 영향을 끼치지는 않았다.

2. 케이프의 정착지의 확대와 인종차별의 시작

1717년 약 2000여 명이었던 백인 정착민 인구는 그 후 빠르게 증가하였고 1780년 그 수는 약 10,500명으로 증가했다. 영토 확장도 인구증가와 함께 반세기 동안 점진적으로 이루어졌으나 이후 네덜란드 동인도 회사의 적극적인 정책으로 가속화되었다. 식민지 개척자들은 케이프타운의 북쪽과 동쪽으로 정착지를 확대하였는데 1760년대에는 강수량이 풍부한 지역에 다다랐고 1780년대에는 감투스(Gamtoos) 강과 피시 강사이의 아주 훌륭한 초지인 주루펠트(Zuurveld)를 관통하게 되었다. 백인 이주자들은 자급자족할

초기 네덜란드 후손들이 케이프타운에 쌓은 성(Castle of Good Hope)

수 있는 가족단위로 구성되어 있었지만 여전히 필수품들은 케이프의 시장에 의존하고 있었다.

남아프리카의 백인사회는 네덜란드 본토에서 보내는 식민 이주자들과 종교적, 경제적 목적으로 이주해 온 프랑스계 독일계 등의 이주민들로 꾸준히 확대되었으며, 18세기말에는 영국계 선교사들도 들어와 활동하기 시작했다.

특히 1688년에 220명의 프랑스 신교도인 위그노(Huguenot) 교도들이 프랑스의 루이 14세가 1685년에 낭트 칙령을 폐지함으로서 신교도인 위그노 교도들이 더 이상 보호받을 수 없게 되자 종교적 자유를 찾아 케이프로 이주하여 프렌치후크(Franschhoek ; 프랑스 지방·구석이라는 뜻임)에 정착했다. 이들은 케이프의 이주민 사회에 큰 영향력을 주었는데 유럽 정착민의 수가 증가하기 시작했고 근면한 상인, 기사, 공예인, 군인들이었으며 특히 훌륭한 포도주 기술자들이어서 케이프 정착지에 상업에 관한 그들의 풍부한 경험과 지식을 습득할 수 있었다.

이주의 직접적인 피해자들은 코이산 족이었다. 이주민 침입자들에 대한 코이코이족과 산족의 오랫동안의 저항에도 불구하고 약 1800년대 이후 독특한 원주민 집단인 코이코이족은 점점 사라져갔고, 그들의 후손들은 주로 농노와 같은 농장 노동자로 살아가게 되었다. 산족은 더 열악한 환경에서

프렌치 후크 위그노 기념탑

지내야 했으며 사실상 백인 이주자들에 의해 멸종되었다. 완곡하게 "도제(apprentices)"라고 표현했지만 코이코이족과 산족의 고아 어린이들은 사실 농장 노동자로서 백인의 자산이었다.

더 나아가 백인 정착민들은 부족한 노동력을 조달하기 위해 인근 서부 아프리카와 마다가스카르 그리고 인도네시아에 있는 네덜란드 동인도 회사에서 노예들을 수입하였다.[9] 18세기 동안, 노예의 전체 숫자는 이주민들의 수를 약간 초과했다. 1834년에 노예정책이 폐지되었을 때 케이프 식민지에 36,000명이 넘는 노예들이 있었는데 이 당시 인구구성을 보면 59,000명의 이주자들과 42,000명의 코이산족 그리고 인종간의 혼혈에 의해 생겨난 칼라드들이 살고 있었다. 대부분의 노예들은 케이프타운 또는 밀이나 와인 농장에서 일했다. 노예를 소유하는 것은 부의 기반이었고, 식민지 지배 기간 동안 지배와 복종의 관계를 법으로 정하였다. 얼마 안가 케이프의 노예들은 백인보다 수적으로 우세해졌다. 또한 선주민인 코이산족 아프리카인, 그리고 백인들이 혼인을 하여 오늘날 칼라드라고 불리는 새로운 인종 공동체가 형성되었다.

노예들의 대부분은 그들의 고유한 문화를 잃었고 그들 주인의 종교와 언어를 받아들였다. 그러나 소수의 노예 집단은 회교 전통을 고수했는데, 그들

중 대부분은 정치적으로 추방자이거나 숙련된 기능공으로 자신의 자유를 산 사람들이었다. 이 케이프 말레이(Cape Malay) 공동체는 아직도 케이프타운의 보-카프(Bo-Kaap)에서 공동체를 유지하고 있다.

3. 영국의 케이프 점령과 지배

한편 18세기 말부터는 유럽 본토에서 발생한 프랑스 혁명의 영향으로 남아프리카의 백인사회에도 커다란 변화가 생기게 되었다. 혁명에 잇따른 나폴레옹 전쟁의 와중에 네덜란드의 왕정이 무너지자 영국은 1795년, 1806년 두 차례에 걸쳐 남아프리카 식민지를 강제로 점령하였다. 영국인이 처음에 케이프에 진출하게 된 것은 전략적 목적에서였다. 미국의 독립전쟁 동안, 점점 더 많은 수의 프랑스 배들이 인도로 가는 길에 케이프에 들렀다. 이러한 사태는 영국 정부의 활동을 제약시키는 것이었으며, 나아가 나폴레옹과의 전쟁이 임박하면서 영국을 더욱 불안하게 하였다. 마침내 1795년에 네덜란드의 동인도 회사가 파산했을 때, 영국세력은 네덜란드의 동맹국으로서 케이프를 점령했다.

1802년 아미앵 평화조약(The Peace of Amiens)에 따라 영국은 물러가고 1803년 2월 네덜란들인들의 바타비아 공화국(Batavian Republic)이 수립되어 약 3년 동안 자치정부가 들어서기도 하였으나 이후 이 지역은 1814년의 빈회의(Congress of Vienna : 1814-1815) 결과 케이프 식민지(The Cape Colony)로서 영국의 지배령이 되었다. 영국은 1806년 두 번째로 케이프 식민지를 점령한 이래 이 지역의 영구지배를 목적으로 본격적인 식민지 정책을 실시하였다. 산업화된 영국은 위축되어 있던 네덜란드 동인도회사를 대신하여 국경을 확장하고 강화하는 한편 아프리카인들에게 상업을 활성화시키고 기독교를 포교하는데 더욱 박차를 가하였다. 우선 인근에 일부 보어인들이 독립하여 만든 여러 개의 군소 공화국들을 즉각 합병하는 한편 기존 정착민에 대한 유화정책으로 그들의 요구를 수용하여 만든 "유색인종의 노동에 관한 칙령(The Colored Labour Ordinance)"을 포고하였다. 이 칙령은 모든 유색인종의 토지 소유를 금지하는 한편 주거 지역을 제한한다는 내용을 핵심으로 하는 것이었다.

남부 아프리카의 선교 사업은 영국에 의해 적극적으로 진행되었고 변화에 민감하게 반응하였다. 1790년대부터 복음주의적인 선교교회가 케이프에 세워졌고 1820년대부터는 아프리카너 공화국과 아프리카 왕국이 있던 나탈(Natal)에서 설립되었다. 얀 판 더르 켐프(Jan Van der Kemp)와 존 필립(John Philip)같은 선교사들은 복음주의 휴머니즘의 관점으로부터 케이프 사회의 도덕성에 대해 언급하였고 노예와 코이산족을 대변하였다. 모든 선교지는 종교적 훈련을 위한 장소였으며 사회적 경제적 변화의 장소로 이용되었다. 선교지에서 아프리카인 개종자들은 더 적극적으로 시장경제체제에 유입되는 경향이 있었고 그들은 읽고 쓰는 능력을 포함해서 새로운 기술들을 배웠다.

1815년 나폴레옹과의 전쟁이 끝난 후 영국정부는 코사족과의 네 번째 국경전쟁(Cape War 또는 Xhosa War : 1811-1812년)에서 수천 명의 코사족을 주루펠트 밖으로 추방하고 이곳에 영국인들을 정착시키기로 결정했다. 전쟁으로 인해 영국에는 실직자와 어려운 상황에 처한 사람들이 많았고 그들은 해외로 나가 그들의 새로운 삶을 시작하고자 했다. 1820년 최초의 정착자들이 알고아 만(Algoa Bay)에 도착했고 1821년에는 주르펠트의 정착인구가 약 5000명에 달했다. 주르펠트는 현재의 알바니(Albany)로 바뀌었고 알고아 만의 옛 이름인 포트 프레드릭(Port Frederick)은 포트 엘리자베스(Port Elizabeth)로 바뀌었다.

이로써 처음으로 남아프리카에 영국의 농부들이 살기 시작하였다. 영국 농민들의 남아프리카 이주 정책은 주요한 의미를 가지고 있다. 그 이전까지만 해도 영국은 남아프리카를 통치만 했을 뿐이었다. 이제부터는 이들 영국계 이주 농민들의 이익과 요구 사항들을 고려하지 않으면 안 되었기 때문이었다. 다시 말하면, 남아프리카는 이제 영국에 의해 통치되는 보어인과 영국인의 식민지가 되었다는 것이다. 이러한 사실들은 식민지의 법률안에 영향을 끼치게 되었고, 실제로 수정을 가져왔다.

초기의 네덜란드인 정부와 뒤를 이은 영국 정부는 1779년에서 1834까지 케이프 식민지를 확대하는 과정에서 동쪽 지역의 코사족과 "백년 전쟁(Hundred Years War)"으로 알려진 국경 전쟁(Frontier Wars) 또는 카피르 전쟁(The Kaffir Wars)[10]에 직면하게 되었다. 코사족과 백인 정착자들은 모두 충분한 목초지를 필요로 했다. 백인 정착민들은 영국 식민당국의 적절한

보호정책이 부족한 것을 비난하면서 자신들이 직접 나섰다. 1819년에서 1853년 사이에 네 번의 국경 전쟁이 국경지대에서 발발했는데, 수천 명의 목숨을 앗아감으로써 코사족 사회가 약화되었다.

1856년에서 1857년 사이에, "코사족의 소 죽이기(Xhosa Cattle-Killing)"라는 특이한 사건이 발생했다. 한 어린 소녀인 농콰우세(Nongqawuse)는 만약 사람들이 자신의 모든 소를 죽이고 농작물을 파괴한다면, 죽은 소들의 값이 올라가고, 새로운 소들의 값들 또한 올라가며, 아무도 다시는 문제가 많은 삶으로 이끌리지 않을 것이라고 예언했다. 조상의 땅을 약탈하는 사람들인 백인 정착자들과 그들의 전통 관습을 파괴하는 선교사들의 압박 아래 그들의 전통문화의 빠른 붕괴로 인해 심한 압박을 받으면서, 코사족은 필사적인 행동을 하며 호소하게 된 것이었다. 그러나 이 사건은 결과적으로 코사족의 완전한 몰락을 가져왔다.

영국 식민당국은 나탈에 대규모의 사탕수수 농장을 건설하였는데 땅과 노동력이 절대적으로 필요했다. 영국 식민당국은 이러한 요구를 충족시키기 위해 "원주민 보호지(native reserves)"들을 계속해서 만들어나가는 한편 노동력 부족을 해결하기 위해 인도인들을 계약노동자 형태로 남아공에 도입함으로써 남아공의 사회구조에 또 다른 문제를 야기했다.

1867년 후반에 남부 아프리카에 절대적인 통치권을 가진 국가나 왕국은 존재하지 않았다. 백인이 지배하는 네 개의 식민지와 여러 개의 흑인 왕국들이 있었다. 분명히 영국이 지배적인 세력이었으나, 통치하지 않는 지역에서는 다른 세력으로부터 압박을 받고 있었다. 그러나 다이아몬드가 발견된 뒤 모든 상황이 변하기 시작했다.

- **남부 아프리카의 백인정착지의 확대** : 첫 번째 이주는 1757년 네덜란드령 동인도 회사에 의해 현재의 케이프에서 시작되었다. 영국은 1795년과 1814년 케이프를 점령하였고 네덜란드는 케이프식민지(Cape Colony)로 알려진 지역을 영국에 양도했다.

4. 대이주(Great Trek)

케이프를 점령한 영국은 케이프 식민지에 대한 영국화 정책을 체계적으로 진행하였다. 보어인들은 특히 땅과 노동에 있어서 그 어떤 제지도 받지 않고 자신들이 원하는 것은 어떤 것이든지 할 수 있었다. 그러나 1822년부터 영국 조사 위원회(British Commission of Inquiry)는 보어인의 삶의 방식을 깨트리는 일련의 개혁정책을 실시하였다. 보다 더 효과적인 조세의 징수, 토지 할당, 권한이 막강해진 식민당국의 영향력 등은 보어인들에게 반발을 불러왔다. 1833년 영국의회가 자유주의 사상의 영향으로 대영제국 영토 내의 모든 노예에 대한 해방을 선언하자 케이프 식민지의 보어계 백인들은 크게 반발하였다. 특히 이 지역 백인들의 다수를 이루는 보어인들은 노예해방으로 인한 경제적 손실과 자신들의 신앙(선민사상)에 따른 독특한 시민의식으로 영국인들의 지배에 큰 반감을 가지게 되었다. 그 결과 이들은 대규모로 케이프 식민지를 떠나 내륙지방으로 이주하게 되었다.

보어인들은 영국의 평등정책과 선교사들의 활동에 대해 많은 반감을 가지고 있었다. 선교사들의 노력으로 1811년 이동법정(The Circuit Court ; 순회재판소)이 설립되어 아프리카인들, 특히 코이코이족의 고통을 해결하기 위해 노력했고, 1828년 제50번 조례(The 50th Ordinance)를 통과시켰다. 이 법의 중요 내용은 코이코이족과 산족, 그리고 그 밖의 비백인 종족들에게 시민권을 회복시켜주는 것이었다. 이 법은 1809년 코이코이족의 통행 허가증 법을 무효화시키는 것이었다. 그리고 영국인들의 공식적인 행정정책, 예를 들어 1822년 영어의 공식화 정책은 대이주의 직접적인 원인이 되었다. 그들은 새로운 미개척지에 사는 원주민들은 열등한 인종으로 생각하고 있었으며, 이러한 생각은 아프리카너들의 인종차별정책의 기반을 이루게 되었다.

1835년에 시작되어 1848년에 일단락된 보어인들의 대이주(Great Trek)는 수차례에 걸쳐 계속되었다. 이를 위해 1834년부터, 피트 아위스(Piet Uys)와 루이스 트리차트(Louis Trichardt)와 같은 보어인 지도자들은 새로운 영토를 정찰하기 위해 탐험대들을 오렌지(Orange) 강 북 쪽으로 보내기 시작했다. 이들은 이주자(Voortrekkers)로 불렸고 우마차를 타고 알려지지 않은 미지의 세계를 향하여 이주를 시작했다. 이들은 결코 케이프 식민지로 돌아올 생각이 없었다. 이들은 철저한 켈빈교도였으며 영국의 압제를 벗어나 그

들의 권리와 자유를 얻고자 하였다.

여러 갈래로 나뉘어 이주해 각각 줄루족, 은데벨레족, 코사족 등 흑인 원주민들과 치열한 싸움을 거친 끝에 자신들의 국가를 새로이 건설했는데 1839년 나탈리아 공화국(Republic of Natalia)[11], 1852년 남아프리카공화국(Zuid- Afrikaansche Rebupliek ; South African Republic ; 후에 트랜스바알(Trasnvaal)로 바뀜)[12], 그리고 1854년 오렌지 자유국(Orange Free State)[13]을 건설하였다.

보어 개척자들은 지금까지 그들이 집단으로 어느 곳에 정착하더라도 만인의 적인 영국, 그리고 그들의 가치와 전통을 지키기 위한 독립과 자유를 향한 운명을 주장하였다. 그러나 1857년 분열 세력들은 새로운 공화국 내에서 적극적으로 활동을 하게 되었고 르브더르버그(Lvderburg), 자우트판스버그(Zoutpansburg), 아위트레흐트(Utrecht) 등 3개의 소공화국이 설립되어 보어 공화국은 모두 5개에 이르렀다. 이와는 별도로 남부 아프리카는 영국이 지배하는 케이프 식민지, 나탈, 영국령 카프라리아(British Kaffraria)[14]의 3개의 식민지가 있었다. 이후 케이프 식민지는 1847년 영국에 의해 공식적으로 합병된 퀸 아들레이드 주(Queen Adelaide Province)도 포함된다.

보어 공화국은 1858년 남아공 헌법 제9장에서 볼 수 있는 것처럼 "교회나 국가에서 백인과 동등한 비 백인에 대한 어떠한 평등을 허락하지 않는다(the people are not prepared to allow any quality of the non-white with the white inhabitants, either in Church or State)."라고 규명하고 있다. 또한 보어인과의 전쟁에서 패한 흑인들을 자신들의 농장에서 노동력으로 사용하였고 심지어 인북스텔셀(inboekstelsel)이라고 불리는 계약서를 통해 어린이 노동력도 착취하였다. 그리고 1870년 남아공 입법부는 카피르 벳(Kaffir Wet)이라 불리는 법을 통과시켰다. 이 법의 주요 내용은 각 농부는 그의 농장에 살고 있는 흑인 다섯 가족으로부터 노동력을 제공받게 하는 것이었다. 이 법은 노동차용 체계의 기원이 되었고 1994년 아파르트헤이트가 폐지될 때까지 여전히 백인 정부에 의해 유지되었다.

5. 다이아몬드와 금의 발견 그리고 영국의 침략정책

이후의 역사는 다시 영국과 이들 신생 보어 공화국들과의 갈등으로 이어졌다. 영국은 1844년 나탈리아 공화국을 점령해 케이프 식민지와 별도로 나탈리 식민지를 만들었으며, 1867년 이후 트랜스바알과 오렌지 자유주에서 대규모 다이아몬드와 금광이 발견되자 영국은 침략의 야욕을 드러내며 다시 보어 국가의 병합을 도모하게 되었다. 1867년 오렌지 강 북부의 그리쿠아랜드 웨스트(Griqualand West)에서 다이아몬드가 발견되고 1886년 비트바터르스란트(Witwatersrand ; 줄여서 란트(Rand)라고 불리기도 함)에서 금이 발견됨으로서 영국은 지금까지의 수동적인 정책을 버리고 적극적으로 남부 아프리카의 경영에 힘을 쓰게 된다.

막대한 양의 금이 요하네스버그(Johannesburg) 지역에 펼쳐져 있는 약 40마일 정도의 초승달 모양의 지역에서 발견되었다. 이런 풍부한 광맥에 대한 대규모의 개발은 이주, 도시화, 그리고 노동력의 이동을 일으켰던 다이아몬드 산업에 의해 주도되었다. 19세기 말까지 이곳의 금광 산업은 약 109,000명이 종사하고 있었고 이 중 약 97,000명은 수용소에 거주했던 아프리카인 이주노동자들이었다. 세계의 금 생산량 중 27%를 생산하였으며, 영국과 유럽으로부터 큰 규모의 투자를 끌어들이게 되었다.

비록 금이 풍부하다고 해도, 그것은 땅 속 깊이 있는 바위 층에 파묻혀져 있었고, 금의 함유량은 낮았다. 상업적 이익을 가져올 수 있는 금광업은 심저의 광맥개발, 정교한 장비, 집중적인 노동력의 투입, 그리고 충분한 자본 때문에 가능한 것이었다. 따라서 금의 생산은 대규모의 회사가 운영하였고, 이익은 광산조합(Chamber of Mines)에 의해 조정되었다. 광산회사의 가장 중요한 관심은 노동 비용을 낮게 유지시키는 것이었다. 그래서 광산산업분야에서는 급격하게 차별적인 조항을 만들어 노동력을 값싸고 안정적으로 공급하려는 노력을 기울였고 결국 남아공에서 사회적 경제적 관계에서 이러한 관행은 고착화되어 이후 인종차별정책이 만들어지게 되는 계기가 되었다. 숙련된 백인 이주 노동자들은 비교적 높은 임금을 받았으나 비숙련 노동자인 아프리카인 노동자들은 백인 노동자들의 1/9에 해당하는 낮은 임금을 받았다.

세계에서 가장 큰 규모의 금광 발견은 세계 경제를 위한 부의 창고로서

경제적 침체를 돌려놓을 수 있었지만 광산 산업 자본가의 개발과 지속적인 영국 제국주의자의 개입은 이 당시 중요한 변화요인이었다.

다이아몬드는 1871년 영국에 의해 합병된 서부 그리쿠아랜드(Griqualand West)의 건조지역에서 발견되었는데 소유권이 논란이 되었다. 생산은 얼마 안가 새로운 광산 자본가들이 경영하는 공동 자본 회사들에 집중되었다. 1889년에 영국의 이민자인 세실 로즈(Cecil Rhodes)가 세운 드 비어스(De Beers Consolidated Mines)에 의해 독점적 지위를 갖게 되었다. 노동력은 주로 아프리카의 이주 노동자로 이루어졌고, 1880년대 중간부터는 광산에 인접한 수용소에서 묵게 하였다.

다이아몬드의 발견은 영국 정부가 더욱 적극적이고 침략적인 정책을 수행하게 만들었다. 1877년, 보어 공화국을 통합하여 연방을 세우려는 계획에 따라 영국의 식민지 장관인 카나본 경(Lord Carnarvon)은 트랜스발을 합병하였다. 그러나 트랜스발의 보어인들은 독립을 지키기 위해 제1차 앙골로-보어 전쟁(First Anglo-Boer War 또는 Anglo-Transvaal War, Transvaal War of Independence; 1881-1882)[15]을 일으켰다. 마주바(Majuba)[16] 전투에서 영국이 패배함으로서 보어 공화국은 다시 독립을 확보할 수 있었다. 또한 트랜스발의 저항은 케이프 식민지에 있는 아프리카너들의 민족주의를 자극시켰다.

트랜스발에 대한 독립 인정은 영국의 연방계획을 포기하게 하였지만, 서투른 시도는 이 지역에서 아프리카인들에 대한 정복전쟁이 끝난 상태에서 또 다시 계속되는 전쟁을 야기하였다. 1877년과 1881년 사이, 케이프 식민지는 코사족과 탈핑(Thlaping : 동부와 북부에 살고 있는 종족), 그리고 소토(1883년 영국 식민지에서 독립하기 전까지 케이프 식민지에 의해 직접적으로 통치되던 바수토랜드(Basutoland) 지역)족의 폭동에 맞닥뜨린다.

카나본의 후임자인 프레레 경(Sir Bartle Frere)은 연방을 위한 장애물로 아프리카 왕국들의 독립에 초점을 맞췄다. 프레레는 줄루왕인 세츠와요(Cetshwayo)를 제압하려는 목적으로 1879년 1월에 줄루랜드(Zululand)에 침략하였다. 비록 이산들와나(Isandhlwana)[17]에서 영국군이 큰 패배를 맛보았지만 영국은 지속적인 침략으로 줄루왕국은 무너질 수밖에 없었다. 1883년 내전으로 줄루 왕국은 무너지기 시작했고 1887년 영국에 의해 결국 합병되었다. 북부 트랜스발에서는 페디(Pedi)왕국이 영국과 스와지(Swazi)족의 침입에 의해서 정복되었다.

1890년대까지 이 지역에서 아프리카 왕국의 독립은 효과적으로 종말을 고하게 되었다. 1884년에 바수토랜드(Basutoland ; 지금의 레소토(Lesotho)), 1885년에 바추아나랜드(Bachuanaland ; 지금의 보츠와나(Botswana)), 그리고 1902년에 스와질랜드(Swaziland)가 영국의 보호 아래 놓이게 되었다. 또한 지금의 나미비아(Namibia)는 1880년대 독일령 남서아프리카(German South West Africa)가 되었다.

이미 위에서 살펴본 것처럼 1880-1881년 영국과 트랜스바알 간의 전쟁에서 영국이 패배해 트랜스바알은 독립을 보장받았다. 그러나 1895년 케이프 총독 세실 로즈는 보어공화국을 정복하려는 야심을 갖고 트랜스발에 있는 영국인들(Uitlander ; 외국인이라는 뜻, 트랜스발의 광산에서 일하는 광산노동자들로 주로 영국의 이주민들)의 참정권 획득을 구실로 제임슨 습격(Jameson Raid) 사건[18]을 일으켰으나 실패하였다. 세실 로즈는 남부 아프리카에 영국의 통치가 완벽하게 이루어지기를 희망했다. 로즈는 지금의 잠비아와 짐바브웨를 정복하고 자신의 이름을 따서 로디지아(Rhodesia)라고 명명하였다. 로즈의 식민지배는 속임수, 정복, 그리고 효과적인 외교술을 이용해 이루어졌다. 로즈는 영국제국의 영향력이 전 아프리카 대륙에서 강력히 발휘되는 것을 바라고 "희망봉에서 카이로까지(the Cape to Cairo)"라는 구호를 내걸고 식민정책을 추진하였지만 보어공화국의 저항으로 실패하였다.

이 침략의 결과 나빠진 두 세력 간의 적대감정은 1899-1902년 사이에 제2차 앙글로 보어 전쟁(Anglo-Boer War ; 1899-1902)으로 나타났다. "백인의 전쟁"이라고 불리어지지만 보어인들과 영국인들 모두 흑인들을 노동자로서, 그리고 어떤 경우에는 전투병으로서 이용했다. 츠와나, 페디, 그리고 줄루족들은 보어인들의 소를 약탈하고 주거지를 침범하였으며 소작농들은 주인의 농장을 다시 점유하였다. 약 50만 명의 영국군은 8만7천 명의 보어군 민병대 자원자들과 케이프의 아프리카너들과 대항하여 전쟁을 치렀다. 보어군은 지형지물에 익숙하였을 뿐만 아니라 국민들의 전폭적인 지지를 받으면서 전쟁이 개시되었을 당시에는 영국군이 계속해서 패전을 하였다.

전쟁의 막바지에 영국은 보어군의 근거지인 농장을 초토화시킴으로서 게릴라 전술을 어렵게 하였고 보어 시민들을 집단 수용소(Concentration Camps)에 수용함으로써 약 2만 명의 보어 여자들과 어린이들을 굶주림과

질병으로 사망하게 하였다. 군사적으로는 1만 4천여 명의 보어군과 약 2만 2,000명의 영국군이 전쟁으로 사망하였다.

이 전쟁의 직접적인 원인은 금광에 대한 통제권과 남아공 전 지역에 대한 통치였다. 트랜스바알은 오렌지국과 연합해 영국에 대항했으나, 3년에 걸친 전쟁 끝에 페르니어너헝 조약(Treaty of Vereeniging)에 따라 결국 자치를 보장받는다는 조건으로 영국의 주권을 인정하였다.

이 전쟁의 결과 1910년에는 케이프, 나탈, 오렌지, 트랜스바알 등 4지역이 합쳐져 대영 제국 내의 특수 자치령인 남아프리카 연방(The Union of South Africa)으로 새로이 출범하게 되었다. 그러나 이 전쟁 기간 동안 영국이 집단 수용소를 만들어 아프리카너들에게 보여주었던 비인도적이고 비인간적인 행동은 지금까지 남아공 백인들이 단결하지 못하는 원인이 되고 있다.

이 전쟁은 보어계 백인들의 정치적 태도에 깊은 영향을 끼쳤다. 대부분의 보어인들은 그들이 잔혹한 영국제국주의의 희생자들이라 믿었다. 즉, 같은 백인이 보어인들을 파멸시키려 했다는 것이다. 아프리카너 민족주의는 남아공이 영국이 아닌 아프리카너 국가라는 것을 확실히 밝히고 있는데 이는 국가적 정체성으로 이어지게 되었다.

그러나 아프리카인들에게 영향을 끼치지 않았다는 "백인들의 전쟁"이라는 이야기는 지지할 만한 역사적 증거가 조금도 없다. 흑인들은 이 전쟁으로 인해 엄청난 손실을 입게 되었다. 보어인들은 무기를 흑인에게 배급하는 것을 영국인보다 더 내켜하지 않았다. 흑인들은 또한 직접적으로 고통을 당했는데 농가의 파괴는 물론 집단 수용소에서 약 14,000명 이상의 사람들이 죽었다. 그러나 그들의 고난은 상대적으로 눈에 띄지 않았다. 그리고 전쟁이 끝나고 평화조약이 체결됐을 때 그들의 고통에 대한 보상과 정치적 권리에 대한 논의는 전혀 기대할 수 없었고 백인이 명실상부한 주인으로서 행세하게 되었다.

남아공의 백인들은 네덜란드계 보어인 또는 아프리카너인과 영국계로 나누어져 현재에 이르고 있다. 아프리카너들은 대이주, 피의 강 전투(Bloody River War), 그리고 앙글로 보어 전쟁(Anglo-Boer War)을 그들의 중요한 정신적 원천으로 생각하고 있다.

6. 샤카 줄루와 아프리카의 왕국들의 성장

드라켄스버그 산맥(Drakensberg Mountains)의 동쪽에 사는 줄루족의 위대한 왕 샤카(Shaka)는 줄루 왕국을 통일하고 1819년 이웃 국가들에게 정복전쟁을 일으켰다. 음페카네(Mfecane) 혹은 디파콰네(Difaqane ; 파괴, 괴멸, 고통, 혼란, 분쇄 등의 뜻)[19]로 알려진 대변동은 지금의 크와줄루 나탈(Kwazulu Natal)로 알려져 있는 동북부지역에서, 샤카 줄루(Shaka Zulu)라는 줄루족의 왕이 권력을 잡고 그의 왕국을 성장시키는 과정에서 새롭고 강력한 군사적 전략과 전술을 펼침으로서 발생하였다.

이 정복전쟁은 대규모의 전쟁과 이주가 발생하여 남부 아프리카를 재편성하였다. 인구, 정치, 그리고 사회적 구조에 근본적인 변화가 일어났다. 가용한 자원 확보를 위해 더 강력하고 훌륭한 지도력을 가진 지도자가 출현하게 되었다. 일부 학자들은 이 사건이 백인 이주자들의 이주를 용이하게 할 수 있었다고 주장하기도 한다.

샤카는 긴 창 대신 짧은 창을 이용하는 새로운 무기체계와 정치, 군사적 조직으로서 부토(Butho)라는 동년배 연대(age-regiments) 군사 조직을 효과적으로 이용했다. 성인식을 치른 젊은 남자들은 부토라는 동년배 연대에 소속되었고 각 연령 집단은 고유의 이름을 가졌다. 젊은이들은 그들 또래의 사람들로 묶여졌으며 정복된 다른 정치조직의 젊은이들 또한 부토라는 군사조직에 흡수 통합되었다. 그들은 삶과 전쟁을 함께 겪으면서 공통의 정체성을 발전시켰고 새로운 통치자에게 공통의 충성심을 가짐으로서 강력한 군사조직이 되었다. 또한 '황소 뿔(Cow's horns)'이라고 알려진 유명한 전술을 보급시켰는데 이 전술은 주력군이 두텁게 배치되어 중앙에 위치하고 이 주력군의 양쪽에 배치된 병력이 적군을 향해 포위함으로써 마치 황소 뿔 모양이 되는 것을 말하는데, 뿔을 형성하고 있던 포위 병력이 적군을 포위하려고 시도할 때 강력한 주력군은 앞에서 공격을 가하여 적군을 섬멸시키는 전술이다.

1818년 은구니 족의 대추장 음테드와(Mthethwa)로부터 왕권을 이어받은 샤카는 이후 10년 동안 정복전쟁을 일으켜 남부프리카에서뿐만 아니라 아프리카 대륙에 격변을 가져왔다. 약탈을 일삼는 공격부대의 습격으로 은구니족과 소토족을 비롯한 모든 부족들은 뿔뿔이 흩어지게 되었으며 남부 아

프리카의 고지대(highveld)에 사람들이 살지 않게 되었다. 그리고 굶주리고 정착지에서 쫓겨난 부족들은 생존을 위해 서로 전쟁을 계속해야만 했다. 이러한 결과 혼란은 확대되고 연장되어 갔다.

황폐한 고지대를 지나 드라켄스버그(Darkensberg)를 가로질러 쫓겨 간 은구니 부족들 중 각각 마티와네(Matiwane)와 음팡가지타(Mpangazitha)가 인솔하는 은구와네(Ngwane)족과 힐루비(Hlubi)족은 결국 샤카에 의해 파괴되었다. 톨크와(Tlokwa)족도 바소토(Basotho)왕 모슈슈(Moshewshwe)에게 정복당하였다.

1820년에 줄루-음테드와 사이에 일정한 거리를 유지하고 있었던 다른 중요 지도자 중 한사람인 음질리카지(Mzilikazi)가 이끌었던 쿠말로(Khumalo) 부족과 즈왕겐다바(Zwangendaba)와 쇼상가네(Soshangana)가 이끌었던 은드완드웨(Ndwandwe)족도 1819년 샤카에 패배하였다. 거의 20년 동안 고지대가 습격당하는 동안, 은데벨레(Ndebele 또는 Matabele)로 알려진 음질리카지의 추종자들은 팔(Vaal) 강의 북쪽에 있는 다른 은데벨레 집단과 분리되어 있었다. 즈왕겐다바와 쇼상가네는 그들의 추종자들과 함께 샤카에 의해 모잠비크의 남쪽에 있는 델라고아 만(Delagoa Bay)으로 쫓겨 갔다.

1830년대에 즈완겐다바의 집단은 림포포 강을 가로질러 그레이트 짐바브웨를 파괴시켰다. 남쪽에서 쫓겨 간 응고니(Ngoni)족은 현재의 탄자니아에서 또 다른 형태의 동아프리카 '음페카네'를 일으키고 르완다를 공격하였다. 1845년 응고니족의 왕이 사망한 이후 일파는 탄자니아에서 정착하였고 또 하나의 일파는 말라위 호수 근처에 정착하였다. 그들은 계속해서 다른 부족들을 공포 속으로 몰아넣었고 노예무역에도 참여하였다.

1840년대에 보어 이주자들이 케이프 식민지(Cape Colony)로부터 압박해 오기 전에 음질리카지는 그의 근거지를 림포포 강의 북쪽으로 옮기고 퇴각하였다. 짐바브웨의 불라와요(Bulawayo)에 있는 그들의 수도로부터 은데벨레족은 쇼나집단에 대항하여 공격을 개시했다. 1868년 음질리카지가 죽고 1889년 쇼나족이 거주하고 있던 금 매장 지역에 대해 영국의 개발을 승인한 로벵굴라(Lobengula)에게 왕권이 넘어갔다. 이러한 특권과 그 이후 바로체랜드(Barotseland)의 왕 에와니카(Lewanika)에 의해 수여된 또 다른 특권은 림포포 강의 북쪽과 잠베지에 대한 영국과 유럽 정착민들에게 문호를 개방하는 계기가 되었다.

쇼상가네(Soshangane)는 그의 근거지를 델라고아 만으로부터 더 북쪽으로 옮겨 가자(Gaza)왕국을 건설하였는데 림포포 강을 가로질러 모잠비크 중부의 세이부(Save) 강까지 세력을 확대시켰다. 이 왕국에 샹가나 쏭가(Shangana-Tsonga)로 잘 알려진 부족들이 합류하게 되었다. 1858년 쇼상가네의 죽음 이후에 쏭가집단의 일부가 남부 아프리카의 낮은 초원지대에 있는 레봄보(Lebombo) 산의 서쪽에 정착했다. 그들은 1895년 포르투갈인들이 가자왕국을 정복하였을 때 샹가나 부족에 흡수되었다. 포르투갈은 1782년에 델라고아 만에 현재의 마푸토(Maputo ; Lourenço Marques)항을 설치하였다.

다른 족장 세베트와네(Sebetwane)는 주로 소토 포켕(Sotho-Fokeng) 피난자들을 이끌었다. 이들은 북서쪽에서 음질리카지의 은데벨레족뿐만 아니라 다른 원주민들과 충돌하였다. 1830년대 동안 그들은 로지(Lozi 또는 Luyi)족을 점령하였으며 잠베지 강 상류(현재의 잠비아)의 대평원에 살고 있던 이웃을 정복하고 콜로로(Kololo)족으로 알려지게 되었다. 로지족에 의해 미리 지배된 인접 지역인 로지영토는 바로체(Barotse)왕국에 귀착되었다. 1851년 세베트와네의 죽음 후에 콜로로의 세력은 붕괴되었고, 1864년 그때까지 소토족의 문화를 받아들였던 로지족도 지도력을 잃어버렸다.

강력한 새로운 국가들도 출현하였다. 드라켄스버그 산맥 동쪽의 은구니와 소토족을 통합하여 새로운 왕국을 건설하였던 소부자(Sobhuza)는 그의 응구와네 부족을 이끌고 현재의 스와질랜드(Swaziland) 지역인 줄루랜드의 북동쪽으로 달아났다. 남부의 고지대에서는 모슈슈(Moshoeshe)가 생존자와 난민들을 수습하여 바수토(Basuto)라는 새로운 왕국을 건설하였는데 그의 군사적 용감함과 완벽한 외교술은 역사가들에게 높이 평가받고 있으며 오늘날 레소토(Lesotho)로 이어지고 있다. 콜로로족, 은데벨레족, 그리고 은고니족과 같은 남부아프리카의 부족들은 잠비아, 짐바브웨, 말라위, 그리고 탄자니아(Tanzania) 등 북부로 이동하였다.

아프리카 대륙의 남단 끝에 코사족과 케이프 식민지의 정착민들 사이에 음펭구(Mfengu)로 알려진 많은 난민들의 유입은 이 지역의 토지에 대한 경쟁을 악화시켰다. 이러한 긴장 관계는 1884년부터 1894년까지 영국에 의한 모든 코사영토의 합병으로 이어져 갈등과 충돌이 격화되었다. 백인 정착자들에게 사실상 사람들이 거주하지 않는 지역으로 인식되어온 오렌지 강 너

머의 지역은 북쪽으로의 이주를 부추겼으며 19세기 후반까지 백인들에 의해 거의 모든 지역이 점령되었다.

1828년 샤카가 암살당한 이후 줄루족의 군사국가체제는 붕괴되었다. 샤카의 사후 1838년 12월 16일 보어인 이주자들과의 피의 강 전투[20]에서 패한데다 1879-80년의 줄루전쟁[21]에서 영국군에 져 이들의 땅은 나탈리 식민지로 편입되었다. 조직력과 지도력을 갖췄던 이들 흑인 부족들이 백인에게 정복당한 것은 창과 방패 등의 재래식 무기로 백인들의 총과 대포에 대항하기 어려웠기 때문이었다.

음페카네의 필연적 결과는 강력한 지도자의 지도 아래 흑인들의 통합과 합병과정이라고 설명할 수 있다. 대변동 이후 츠와나와 페디(Pedi ; 북부 소토족)족은 회복되었고 스와지와 벤다족은 뒤이은 백인지배에도 불구하고 정체성을 지켜나갔다. 바소토 왕국은 사실상 이 시기에 건설되었다. 이 이후 모든 집단들은 빠르게 안정을 찾아 갔으며 국가로 성장하였다.

7. 인종과 역사

7.1 흑인

문화적으로 다양한 아프리카인들의 민족사는 내용도 다양하고 문헌도 아주 방대하다. 남부아프리카의 아프리카인 인종집단은 크게 코이산과 반투계로 나누어 설명할 수 있으며 남아공의 주요 아프리카인들은 반투계이며 코이산족은 백인들과 반투계에 동화되고 있다.

7.1.1 줄루족

18세기 후반, 줄루 족은 북부 은구니 족에 속하는 작은 집단 중의 하나였다. 1820년대에, 남아프리카에서 가장 막강한 정치권력를 가진 강력한 줄루 왕국이 샤카의 통제 하에 나타났다. 역사가들은 군국적이고 독재적인 줄루 정부가 어떻게 출현하게 되었는지 지금까지 논란을 이어오고 있다. 1760년대 이후 델라고아 만(Delagoa Bay)으로부터 상아, 소, 노예 등의 국제적인 무역 확대가 자연자원과 무역루트의 경쟁을 부추기고 다양한 북부 은구니

〈표 1〉 남아공의 주요 인종집단

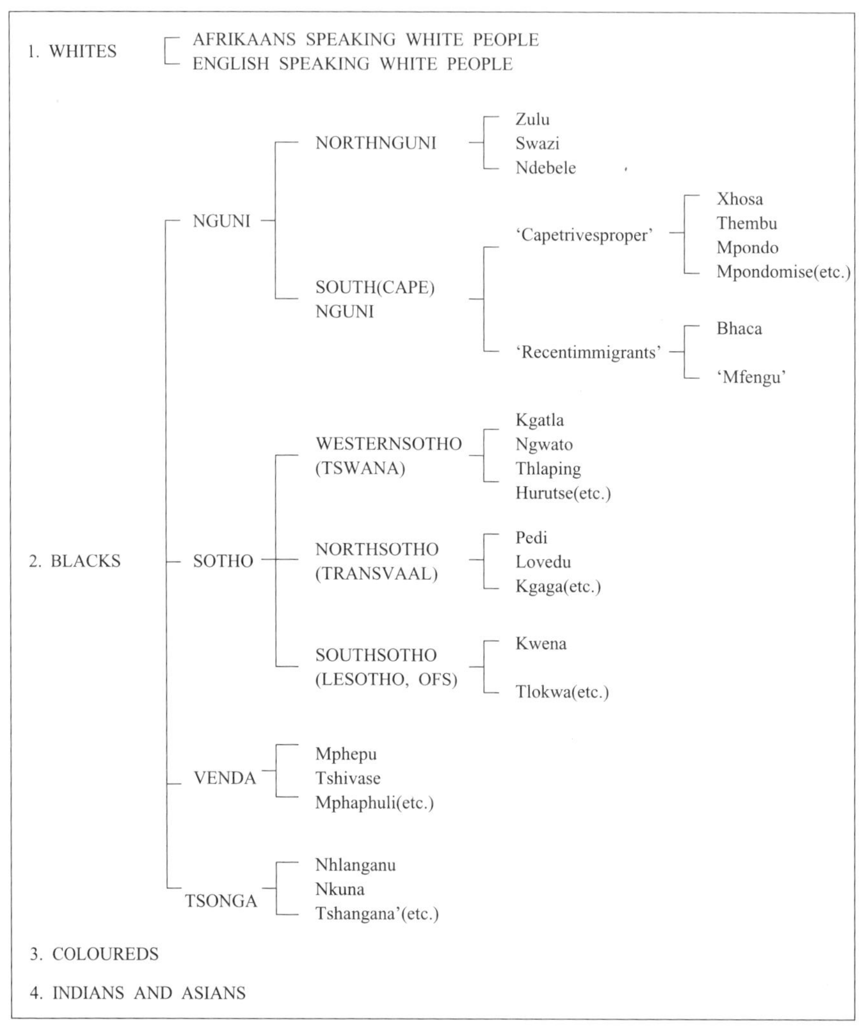

족들 사이의 정치적 중앙화를 촉진시켰을 수도 있다고 보고 있다. 줄루 정부의 발달을 설명하는 역사가들은 줄루왕국이 출현하게 된 또 다른 이유로 18세기 옥수수의 도입에 따른 인구증가를 든다. 인구의 증가는 부족한 자연자원에 압력을 가하는 결과가 되었다. 또한 1806년경 심각한 가뭄과 생태학적 위기, 그리고 다음과 같은 혁신들-긴 창 대신 짧은 창의 사용, 전쟁에서의 새로운 전술의 개발, 군사적 목적을 위한 아마부토(amabutho) 체제의 사용 등-도 그 이유로 들 수 있다. 1818년 이전에 투켈라(Thukela)와 화이트

'피의 강 전투'의 원인이 되었던 딩가네에 의해 살해당한 피터 레티프와 개척자들의 묘
남아공 줄루랜드

음폴로지(White Mfolozi) 강 사이에 그의 권력을 공고히 하기 위하여 샤카가 아마부토(amabutho ; ibutho의 복수형 ; 연령집단(age-group)에 기반을 둔 부대편성을 의미) 체제를 공고히 하여 은다완드웨(Ndwandwe)와 음테트와(Mthethwa) 사이의 전쟁에서 승리하였다. 이후에 그는 그의 지배영역을 음쿠제(Mkhuze) 북부 지역까지 확장시켰다. 그는 그의 지역에 다양한 계급에 종속시킨 봉건 가신들에 둘러싸인 군국적이고 중앙 집권적인 정부를 세웠다. 이러한 봉건 가신들은 그에게 조공을 바쳤다. 그의 군사들은 먼 북부 끝인 퐁골라(Pongola)강 지역까지 습격하였으며, 남으로는 음폰도(Mpondo) 지역까지 습격하였다. 1828년 그는 그의 두 명의 의붓 형제들에 의해 암살되었다. 그중 한 명인 딩가네(Dingane)가 그의 뒤를 이었다. 줄루 왕국은 내부의 분열로 인해 안정적이지 못했다. 그리고 이러한 상황은 영국 무역상인들, 선교사, 그리고 보어 이주자(Boer trekkers)들 같은 외부적 압력이 증가하면서 가중화되었다. 딩가네는 이러한 이주자들을 위협으로 보았고 1838년 피트 레티프(Piet Retief)와 그가 이끌고 있던 이주자들을 살해했다. 그의 군대는 피의 강 전투에서 보어인들에 패배를 당했고 그에게 반감을 품고 보어인들과 한 패가 된 그의 의붓 형제 중 한 명인 음판데(Mpande, 1798-1872)에 의해 왕좌에서 물러나게 되었다. 음판데는 투켈라 북부 지역의 지배권을 쥔 반면 보어 이주민들은 남부 지역의 지배권을 주장하였다. 1850년대에 이르러, 음판데의 권위는 약해졌고, 왕권 계승을 둘러싼 갈등은 1856년 내전을 일으켰다. 음판데는 그의 계승자로 그의 아들 음부야지(Mbuyazi)를 지지했으나, 다른 아들 세츠와요(Cetshwayo)가 승리하였다. 비록 세츠와요는 음판데의 사망 때까지 그의 권위를 인정하는 척하였으나, 그가 죽은 뒤 자신의 지배력을 확고히 하였다. 그 시기에 투켈라와 퐁골라 강 사이에 있는 약 150,000명은 자신들을 줄루인으로 생각하고 있었고, 세

츠와요는 40,000명의 군사력을 모을 수 있었다. 그는 강력한 군사력을 가지고 있었음에도 불구하고, 두 가지 측면에서 두려워했다. 영국인과 그의 군대를 두려워하는 나탈의 식민지 관리들이 그의 왕국에 대해 독립을 인정하지 않고 침략을 하거나 트랜스발에 있는 보어인들이 줄루지역으로 이주하여 정착하려는 의도를 경계하고 있었다. 영국의 바르틀 프레르(Bartle Frere) 경은 1878년 말 최종적으로 줄루왕국에 대해 침략을 결정하였고 이로 인해 1879년 1월 앙글로-줄루(Anglo-Zulu)전쟁이 발발하였다. 전쟁과 이후 영국인에 의한 정착은 다양한 부족들과 줄루왕족 간의 긴장을 고조시켰으며, 이 긴장이 1883년 내전을 불러 일으켰다. 영국인에 의해 추방당했던 세츠와요는 그의 전 왕국으로 돌아올 수 있도록 허락되었으나 그의 왕국은 1883년 7월 붕괴되었고 그도 미심쩍은 상황 하에서 곧 죽었다. 그의 계승자, 디누줄루(Dinuzulu)는 트랜스발에서 그의 주요 경쟁자인 집헵후(Zibhebhu, 1841-1904)에 대항하는 것을 도와준 것에 대한 답례로 보어인들에게 땅을 주었다. 이것이 1887년 영국인들을 설득하여 줄루왕국의 전체를 합병하는데 도움을 주었다. 디누줄루는 이후 반란에 가담했다 체포되었으며 반역죄로서 대서양의 세인트 헬레나(St.Helena) 섬으로 추방당했다. 1898년 그의 귀환 이후, 그는 줄루의 왕으로서 인정을 해 줄 것을 요구했으나 성공하지 못하였고, 밤바타(Bambatha) 반란으로 인해 4년 간 감옥살이를 하였다. 1880년대 실제로 줄루 왕국이 붕괴되고 난 뒤, 줄루인들은 왕국 국경 밖에서의 노동을 강요당했다. 비록 왕국이 그 지배력을 발휘하지는 못했음에도 불구하고 왕의 역할은 20세기 크와줄루(KwaZulu)에서 아주 중요하게 남아있었다.

크와줄루라는 줄루족 홈랜드는 1970년대에 만들어졌으나 1994년 모든 홈랜드는 폐지되었다. 그러나 1994년 선거가 진행되는 동안, 망고수투 갓샤 부텔레지(Mangosuthu Gatsha Buthelezi)가 이끄는 줄루 인카타 자유당(Zulu Inkatha Freedom Party : IFP)은 아프리카 민족회의(ANC)가 줄루족의 이익을 대변하지 말도록 요구했다. 이러한 정치적 상황은 ANC와 IFP 지지자들 사이에 폭력적인 대결을 가져오게 했다.

7.1.2 코사족

구전역사에 따르면 이 부족은 신화적인 창시자가 코사라고 이름 지었다고 하지만 이 단어의 의미는 '화난 사람(angry men)'이라는 뜻으로 코이코이족의 용어로부터 왔다고 추정된다. 이들이 살고 있던 지역이 서구인들에게 빼앗겨 케이프 식민지가 되었기 때문이다.

대부분의 코사족은 남아공의 북동쪽에 위치한 농업지대에 산다. 많은 이들이 케이프타운, 넬슨 만델라 메트로폴리스(Nelson Mandela Metropolis ; 이전에는 포트 엘리자베스), 이스트 런던(East London) 그리고 또한 요하네스버그 주변에 살고 있다. 남부 은구니족으로 자주 언급되는 코사족은 그레알카(Grealka), 흘루비(Hlubi), 음폰도, 응쿼카(Ngqika), 그리고 템부(Thembu) 족을 포함한 다양한 집단으로 구성되어 있다. 남아공 최초의 흑인 대통령인 넬슨 만델라는 템부족 사람이다. 넬슨 만델라는 많은 흑인 아프리카인들처럼 자신을 템부족이라고 하기 보다는 남아공 사람이라고 주장했다.

코사족은 약 1800년경에 현재의 동부 나이지리아(Nigeria)에서 이주하여 정착한 반투족의 후예들이다. 코사족은 은구니족에서 분화된 인종집단 중 하나이다. 그들은 음폰도, 템부, 그리고 코사족 등 본래 세 개의 주요 집단으로 이루어져 있다. 이 집단들은 같은 언어와 믿음 체계를 공유했고 같은 문화에서 기원했다. 수세기 동안 내부마찰, 이주, 그리고 코이산과의 접촉은 코사족 집단의 불화를 가져왔다. 통치자의 아들들은 자신의 왕국을 건설하고 영토를 넓힘으로서 코사족의 세력은 점차 확대되었다. 코사족은 동부 해안지역을 주로 장악했는데 흐루어트 피스 강(Groot Vis River)으로부터 현재의 크와줄루-나탈(KwaZulu-Natal)의 드라켄스버그 산맥의 안쪽까지 세력을 확장하였다. 다양한 코사집단들은 혼인과 정치적, 군사적 동맹을 통해 관계를 계속해서 갖고 있었다.

1779년에서 1878사이에 9번의 일련의 개척전쟁이 발발했다. 20,000명이 넘는 코사족들이 1811-1812년에 주르펠트(Zuurveld)에서 쫓겨남으로서 백인 정착민들의 압력은 최고조에 달하게 된다. 코사족은 식민지 권위에 따르고자 하는 응귀카(Ngqika)를 따르는 무리와 그 반대 입장에 선 은달람베(Ndlambe)를 따르는 무리로 나뉘어졌다. 정착민의 압력은 계속되었다. 이

전쟁이 코사족과 보어 그리고 케이프 식민지를 지배하던 영국과 벌어진 케이프-코사(Cape-Xhosa)전쟁이다. 19세기 초에 위대한 줄루족의 지도자인 샤카의 침략으로부터 벗어나기 위해 그들이 살고 있던 북동쪽의 크와줄루-나탈에서부터 많은 코사족들이 쫓겨나고 있는 상황이었다. 코사족들은 1856-1857까지 가장 깊은 상처인 "소 죽이기(cattle killing)"를 경험했다.

남아공 정부는 아파르트헤이트 인종차별정책을 실시하고 시스케이(Ciskei)와 트란스케이(Traskei)의 코사 홈랜드를 설립했다. 후에 이 두 지역은 남아공 정부에 의해 독립되었고 모든 코사인들의 남아공 시민권은 박탈당했다. 1994년 남아프리카의 첫 번째 비 인종 정부에 의해 홈랜드는 폐지됐다.

코사족은 남부 아프리카의 반투족 중 가장 먼저 서구 문명인 기독교에 노출되었고 다른 아프리카인보다 먼저 교육받았다는 사실과, 또 가장 먼저 치열하게 백인 정착자들과 투쟁을 하게 된 것이, 그들 중 다수가 20세기 남아공의 주요 정치 지도자의 역할을 하는데 어떻게 작용하였는지 설명하는데 도움을 준다.

- **응퀴카**(Ngqika ; 1779-1829) : 그가 통치하는 일생동안 유럽의 정착자들, 교역자들, 그리고 선교사들의 끊임없는 침략과 공격에 의해 코사족의 영토를 내주는 왕이 되었다. 아이러니하게도 그의 행동은 강력한 코사 왕국을 위한 것이었다. 그의 가장 큰 오산은 코사족 내부의 적인 은들람베(Ndlambe)와 힌차(Hintsa)에 대항하기 위해 케이프와 맺은 동맹이었다.
- **티요소가**(Tiyo Soga)**와 그의 아내 자넷**(Janet) : 1856년 연합장로교회(United Presbyterian Church)에서 목사로 임명된 티요 소가는 스코틀랜드 사람인 자넷과 돌아와서 자신이 속한 종족들을 위해 일했다. 그는 두 세계의 문화를 이해하고 있었는데 한편으로는 아프리카인의 문화적 유산을, 또 한편으로는 기독교 문화에 기반을 둔 서구 문화를 이해할 수 있는 인물이었다. 그는 결핵으로 42세라는 젊은 나이에 죽었다.
- **존 텡고 자바부**(John Tengo Javabu ; 1859-1921) : 음펭구족 태생인 자바부는 기독교 개종자 집안의 아들로 케이프 식민지에서 코사족의 근대적 지도자가 되었다. 그는 선생님이었음에도 불구하고 전도사이자 정치인이었다. 그리고 그는 유명한 신문저널리스트이자 경영자였다. 그는 인보 자반쭌두

(Invo Zabantsundu)라는 신문을 1884년 창간했다.

7.1.3 소토족

소토집단은 남아공의 아프리카인들 중 약 30%를 차지한다. 가장 접촉이 많았던 은구니족과 교류가 빈번하여 많은 부분에 있어 인종적 차이점이 희석되었다. 고원지대에 거주하는 반투족인 소토족을 언어학자들은 세 개 또는 로베두와 함께 4개의 무리로 나누어 설명한다. 북쪽의 소토는 북동쪽의 페디(Pedi)를 포함하여 트랜스발에 거주하고 있다. 서쪽의 소토는 츠와나로, 그리고 남쪽의 소토는 바소토로서 알려졌다.

남부 소토는 그들의 기원을 15-16세기로 거슬러 올라간다. 그들의 조상은 츠와나가 보다 큰 지역에 정착을 한 것과는 달리 팔강을 중심으로 남쪽의 조그만 마을에 정착을 했다. 이 중 가장 눈에 띄는 주거지는 포켕(Fokeng), 크웨나(Kwena), 톨쿠와(Tlokoa), 푸팅(Phuting) 등이 있다. 음페카네 당시인 1820년에 남부 소토는 드라켄스버그를 건너 온 은구니족 난민에 의해서 공격을 받았다. 그 후 모슈슈는 1830년대 후반 난민을 모아 타바 보시우의 산 속 은신처로 이주함으로서 많은 지지자를 획득하게 되었다. 모슈슈는 1830년 이후 영국과 보어인들로부터 자신의 땅을 보호하기 위해서 군사력과 외교적 수단을 선택적으로 사용하며 노력한다. 1868년 그는 오렌지 자유주에 막대한 영토를 빼앗기고 핵심 지역은 바수토랜드(Basutoland)로서 영국 식민지가 된다.

남아공의 두 개의 소토 집단은 남아공의 북부 주(Northern Province)에 사는 북부 소토(Northern Sotho)족과 지금의 자유주(Free State)와 레소토에 사는 남부 소토(Southern Sotho)족으로 나눌 수 있다.

약 1000년까지 남아공의 드라켄스버그 산맥의 서쪽 평원인 하이펠트(High Veld)와 오렌지, 팔, 그리고 투겔라(Gugela)강의 계곡에 이주하여 정착하였다. 그들은 이 지역에 살고 있던 코이산 족의 문화를 흡수하여 통합하고 코이산족 문화를 받아들였다. 약 1400년까지 소토족은 그들의 중심씨족을 만들었는데 같은 조상을 가지고 있는 몇 개의 씨족이 중심이 되었다. 이들 씨족 집단은 후에 북부 소토, 남부 소토, 그리고 츠와나(Tswana ; 서부 소토로 불리기도 함)족 등 3개의 주요 소토족으로 분리되었다.

17세기에 페디족 집단은 북부 소토지역에서 지배적인 종족이 되었고 바페디 제국(Bapedi Empire)을 건설했다. 바페디 제국은 200년 넘게 지속되었고 페디족은 다른 종족이 합류하거나 정복을 통해 정치적으로 더 확장되었다. 그러나 1820년대부터 음페카네(Mpecane)·디파카네(Difaqane ; 드라켄스버그 산맥의 동쪽에 살고 있던 줄루족에 의해 약 20년간 벌어진 침략전쟁으로 전쟁, 파괴, 그리고 기근이 발생)에 의해 붕괴됐다 음페카네 이후에 바페디족은 새로이 형성된 남아공의 가혹한 노동법을 탈출하는 것이 최대의 과제가 되었다. 1860년대에 아프리카너와 세쿠쿠니(Sekhukhuni) 왕이 이끄는 페디족 사이에 전쟁이 발발하였다. 아프리카너는 그 당시 패배했으나 3년 후 스와지(Swazi)족의 도움을 받은 영국군은 페디족을 패배시켰다. 아파르트헤이트 인종차별정책이 1948년에 소개되었고 북부 소토족은 3등 시민으로 전락하게 되었다. 1959년 남아공 정부는 흑인들을 백인들이 사는 지역에서 완전히 분리하는 홈랜드(Homelands) 또는 반투스탄(Bantustans) 정책을 실시했다. 북부 소토는 레보와(Lebowa)로 알려진 홈랜드에 살게 되었지만 이 지역은 조각조각 나누어져 있었다. 레보와는 1994년에 폐지되었다.

- **음질리카지**(Mzilikazi ; 1795~1868) : 그는 19세기 남부 아프리카에 가장 강력한 왕국 중 하나를 건설한 사람이었다. 처음에는 트랜스발에 국가를 건설하였으나 후에 림포포 강(Limpopo River) 북쪽의 짐바브웨에 왕국을 건설했다.
- **모슈슈**(Moshoeshoe) : 그는 소토국가의 창설자로 많은 신망을 받았던 인물이었다. 모슈슈는 큰 재난으로부터 국민들을 보호하기 위해 전쟁과 외교를 적절히 혼합하는 정책을 사용했다. 모슈슈는 적의 공격을 방어하기에 좋은 전략적 요충지인 타바 보시우(Thaba Bosiu ; '밤의 언덕'이라는 뜻)에 수도를 정했다.
- **마쇼파**(Mashopa) : 모슈슈의 셋째 아들로 그는 남부 소토의 지도자가 된다. 그의 아버지가 살아 있는 동안 그는 아프리카너들에 대항해 싸웠고 1870년대에는 바수토랜드를 통치하던 케이프 영국정부에 저항하였다. 그의 저항은 케이프의 지배로부터 그의 영토를 돌려받는데 중요한 역할을 하였고 1898년 전쟁에서 패배할 때까지 계속해서 저항을 했다.

• **세쿠쿠니** : 세쿠쿠니는 페디 족의 왕으로 1860년대에 보어인들과의 전쟁을 지휘했다. 보어인들은 패배했지만 3년 후 영국은 스와지의 도움으로 페디 족을 패배시켰다. 페디족의 왕 세쿠쿠니는 1897년 영국에 의해 패배한 후 포로로 잡혔다.

7.1.4 츠와나

츠와나의 구전 역사는 북쪽에서 온 이주민으로 설명하고 있다. 츠와나족은 지금 약 50여 개의 다른 부족으로 구성되어 있다. 그들은 약 20,000명에 이르는 커다란 마을을 형성하고 살아가고 있었는데 그 이유는 잦은 전쟁에서 살아남기 위해 여러 사람들이 뭉쳐서 모여 살았기 때문이다.

츠와나족은 15세기에서 18세기 사이에 남부아프리카의 중부 지역과 고지대(highveld)의 서부 지역을 차지한 서부 소토족과 경쟁하였다. 강력한 부족 왕국은 이웃을 정복하고 자연 자원을 지배함으로써 권력을 견고히 했다. 하지만 18세기 말에 츠와나 사회의 긴장은 최고조에 달했다. 그들은 칼라하리 사막 인근까지 진출함으로써 그들의 서쪽으로의 진출은 한계에 달하였으며, 1790년과 1810년 사이에 장기적인 가뭄은 목축지와 경작지에 대한 경쟁뿐만 아니라 무역로의 지배에 대한 경쟁도 증가시켰다.

음페카네의 기간 동안 줄루족의 침략과 새로운 정착지를 찾아 이주하는 아프리카너들에 의해 경쟁은 격화되었다. 다이아몬드의 발견 이후, 많은 츠와나인들은 아프리카너와 영국인들의 충돌 사이에 놓이게 되었고 앙글로-보어 전쟁으로 인해 츠와나인들은 고통을 받았다.

1910년 후, 많은 츠와나인들은 다른 아프리카인들처럼 자신의 토지를 빼앗기고 노동력을 착취당하는 상황에 직면하게 되었다. 1977년 아파르트헤이트 정부의 반투스탄 정책 하에, 츠와나족의 홈랜드인 보푸타츠와나(Bophuthatswana)에 '독립'이 주어졌으며, 츠와나인들은 정치적 권리를 행사할 수 있다는데 기대를 가졌었다. 하지만, '독립한' 다른 반투스탄인들처럼 보푸타츠와나는 남아공 정부로부터 재정적·군사적 지원 없이는 존재할 수 없었다. 1994년에 보푸타츠와나는 남아공으로 다시 통합되었고 1994년 4월의 성공적인 민주선거에 중요한 역할을 하였다.

7.1.5 은데벨레(Ndebele)족

은데벨레 왕국은 음질리카지에 의해 트랜스발에서 1820년대 중반에 나타난 강력한 중앙집권적 국가이다. 1830년대까지 은데벨레 왕국은 림포포, 크로코 다일, 몰로포 강 사이의 전 지역을 포함하며 대다수는 정복과 결혼을 통해 흡수된 소토어 사용자들이었다. 수도는 팔 강 유역에서 현재 프레토리아 지역의 북부와 현재 북서부인 마리코 지역으로 여러 번 옮겼다.

1832년 줄루왕국의 통치자 딩가네는 은데벨레 왕국의 힘을 약화시키기 위해 침략군을 고원지대에 보내지만 격퇴 당한다. 그러나 음질리카지는 그리쿠아(Griqua) 침략군과 이후 남부의 보어 이주자(Voortrekker)들의 공격으로 인해 고원지대에서 퇴각을 결심한다. 그리고 1838년 림포포 강을 가로질러 북부 지역으로 이동하여 남서 짐바브웨에에 마타벨레랜드(Matabeleland)라고 알려진 국가를 재창조했다.

또한 다른 은데벨레족 무리들은 다수의 소토족들이 살고 있는 트랜스발(Transvaal)에 정착했다. 따라서 그들의 문화와 언어는 많은 부분에서 소토족을 닮았다.

은데벨레족은 남아공의 북부 주에 살고 있는 종족으로 일반적으로 북부 은데벨레(Northern Ndebele)와 남부 은데벨레(Southern Ndebele)족, 두개의 그룹으로 나누어 볼 수 있다. 그러나 북부 은데벨레족은 소토족으로 흡수되어 더 이상 별개의 인종 그룹으로 구별되지 않는다. 짐바브웨 남부의 마테벨레(Matabele)족 또한 때때로 혼란스럽기는 하지만 은데벨레족으로 불린다. 은데벨레족과 마타벨레족의 역사와 문화는 서로 밀접한 관계를 가지고 있으며, 두 그룹은 종종 하나의 은데벨레족 뿌리에서 나온 것으로 본다.

은데벨레족의 역사는 은구니(Nguni)족과 함께 시작되었으며 은데벨레족은 은구니족에서 기원한 수많은 인종집단 중 하나로 "은데벨레"라는 말은 소토어로 "응구니(Nguni)"라고 불렀다. 역사학자들은 은데벨레족이 아마도 16세기 후반에 무시(Musi) 지도자에 의해 북부와 남부 은데벨레 집단으로 분리되었을 것이라고 추측한다. 이들은 오늘날의 크와줄루-나탈(KwaZulu-Natal)에서 현재 남아공의 북부 주로 이주하였고 북부 은데벨레족은 점점 더 이웃하고 있던 소토족에 흡수 통합되기 시작했다. 18세기에 남부 은데벨레족은 몇 개의 작은 집단으로 나뉘어졌다. 이들 집단 중 2개의 집단이 세력

을 넓히기 시작했는데 작은 집단은 마날라(Manala)가, 큰 집단은 은준자(Ndzundza)가 통치하고 있었다. 은둔자 은데벨레족은 19세기 중반 마보고(Mabhogo) 왕 아래에서 전성기를 맞이한다. 그러나 그들은 1883년 보어인들이 세운 남아프리카공화국(South African Republic ; 트란스발(Transvaal))에 의해서 정복당했다. 모든 준드자의 땅은 압수당했고 사람들은 보어인 농장에서 노예처럼 일해야만 했다.

1973년 인종차별정책 아래 은데벨레족은 크와은데벨레(KwaNdebele)로 불리는 전혀 생소한 땅에 위치한 홈랜드가 주어졌다. 1980년대에 홈랜드 정부와 은데벨레 군주제를 지지하는 사람들 사이에 큰 소요가 발생했다. 이 소요사태로 인해 160명이 사망하고 300명이 유치장에 감금당했고, 수백 명의 사람들이 실종되었다.

7.1.6 벤다(Venda)족

남아공의 북쪽에 살고 있는 벤다족은 다른 남부 아프리카인들과는 아주 다른 언어와 문화를 가지고 있다. 벤다(Venda 또는 Vhavenda ; "벤다의 사람"이라는 뜻)족은 벤다로 알려진 남아공의 북동쪽에 살고 있다. 벤다족은 동아프리카의 대호수 지역에서 남아공의 북쪽 지역으로 몇 번에 걸쳐 이주하였다. 그들의 구전역사에 따르면 그들은 17세기에 말라위 호수주변에서 이 지역으로 내려왔다고 전하고 있다.

첫 번째 도착자들인 반고나(Vhangona)족은 12세기까지 림포포강(Limpopo River)에 도달했다. 토호 야 은도우(Thoho ya Ndou)가 이끌던 벤다족은 17세기쯤에 림포포를 처음으로 건너 현재의 남아공의 북쪽지역에 들어왔으리라 추정하고 있다. 크고 강력한 활은 아마도 이곳에 살고 있던 원주민들을 물리치고 벤다족이 성공적으로 정착할 수 있게 하였으며 일정기간 동안 남아공의 동쪽 지역을 통치했다. 그러나 벤다족의 지배적 권리를 차지하기 위해 토호 야 은도우의 후손들의 경쟁은 벤다족을 분열시켜 몇 개의 소왕국으로 나누어졌다. 1839년 스와지족이 침략한 기간에 국가조직은 파괴되었고 산악지역에 있던 난민들이 벤다족을 구하는데 도움을 주었다. 그러나 19세기의 후반에 기근과 왕위계승 전쟁을 경험했다.

1840년대에 아프리카너들은 벤다에 사우트판스베르그 공화국(Soutpansberg

republic)을 건설했다. 아프리카너들은 상아를 확보하기 위해 벤다족을 고용하여 사냥 정착지를 건설하기도 했지만 보어인들은 벤다족 마을을 침략하여 노예를 공급하기 위해 군대를 창설했다. 그러나 벤다족은 반항했고 1867년까지 그들의 땅으로부터 백인 정착자들을 내쫓았다. 음페푸(Mphephu ; 1868-1924)의 지휘 아래 백인들의 침입에 저항하였으며, 특히 19세기 상아와 총을 교환한 후로 저항을 계속하였다. 그러나 보어인들은 분리되어 있던 벤다족의 소왕국을 고립시키고 침략하여 하나하나씩 정복하였다. 1898년에는 벤다족은 보어인들의 공격으로 림포포 강의 북쪽으로 쫓겨 갔다. 벤다족의 땅은 이후 보어인들이 세운 남아공에 합병되었다.

백인 통치 하에 벤다인들은 인종차별로 고통을 겪었다. 1948년부터 아파르트헤이트 인종차별정책으로 더욱 상황은 악화되었으며 1973년에 남아공 정부는 벤다에 홈랜드로서 자치권을 주었고 1979년 9월, 패트릭 음페푸(Patrick Mphephu)가 대통령이 되어 독립을 이루었다. 야당인 벤다 독립당(Venda Independence Party)이 1973년과 1978년 선거에서 입법부의 다수를 차지하였지만 음페푸는 반대자들을 탄압하여 권력을 유지하였다. 1980년대에 벤다는 부패와 독재정치로 인해 군사정권에 의해 정권이 이양되었다.

7.1.7 **샹간**(Shangaan)/**쏭가**(Tsonga, Tonga)

원래 이 종족들은 모잠비크에 살았는데 동쪽 해안을 따라 더반 쪽으로 내려왔고 동부와 북부 트랜스발의 내륙지역으로 옮겨왔다. 샹간 또는 쏭가라고 불리고 있는데 '동쪽'을 의미하는 어근으로부터 비롯되었으며, 그렇기 때문에 '동쪽으로부터 온 사람들'이란 뜻을 가지고 있다. 쏭가인들은 줄루왕국 북부의 델라고아(Delagoa)만의 배후지에 위치하고 있던 작은 왕국으로 최소한 18세기 초부터 림포포(Limpopo)강을 따라 상아를 채집하러 다녔다. 그들은 델라고아 해변의 포르투갈인들과 은구니(Ngauni)족과 소토족 사이에 중계인으로 역할을 하였다. 19세기 초 은구니 족의 습격이 있는 동안, 많은 쏭가인들이 트랜스발의 서부로 강제로 이주됐다. 이들 중 일부는 1860년대 경 사탕수수 농장에서 일하기 위해 주르펠트를 통해 나탈이나 나탈 이외 지역으로 이주했다. 케이프 지역에서도 모잠비크로부터 쏭가인들을 노동

자로 수입했으며 1870년대에 다이아몬드 광산에서도 일을 하게 되었다.

쏭가 왕국은 1895년 트랜스발이 바다로 향하는 통로를 얻는 것을 막기 위해 1895년에 영국에 의해서 정복되었다. 그 지역에서 포교활동을 했던 스위스 선교사들, 특히 선구자적인 인종학자 알렉산더 주노드(Henri Alexander Junod ; 1863-1934)는 모잠비크 남부의 사람들과 트랜스발 동부의 많은 사람들 모두를 포함하기 위해서 '쏭가(Thonga)'란 용어를 사용하였다. 쏭가의 정체성을 구축하는데 상당한 도움을 주었던 것은 바로 선교회였고, 그 진행과정은 가잔쿨루(Gazankulu)라고 불리는 트랜스발 쏭가에 대한 반투인 분리 정책이 이루어지던 시기였던 1960년대와 1970년대 사이에 남아프리카 정부에 의해서 더 광범위하게 이루어졌다.

7.2 백인(White)

백인이라는 용어는 '유럽인'을 대신하는 말이다. 인종차별시기의 초반에, 인종차별의 완곡한 표현으로 '유럽인', '비유럽인' 이라는 용어가 사용되었다. 하지만 1960년대부터 아프리카너 지도자들이 자신들은 아프리카에 속하기를 요구하면서 '백인'이라는 단어가 '유럽인'을 대신하게 되었다.

남아공에서 두 번째로 가장 큰 인종집단은 백인 또는 유럽인들의 후손이다. 남아공에 정착한 최초의 백인은 1652년에 들어온 네덜란드인들이었다. 그 다음으로 1688년에 프랑스의 위그노 교도들이, 1820년에는 영국인들이, 마지막으로 독일인들이 이주하였다. 그 외에 소수의 백인 인종집단으로 유대인, 포르투갈인, 그리스인, 이탈리아인, 그리고 "로데지안 백인들(Rhodesian Whites)"이 있다. 그러므로 백인들의 인구 구성은 다양한 인종집단으로 구성되어 있다고 볼 수 있으며 크게 두 개의 대별되는 문화와 언어 - 아프리칸스어 화자와 영어 화자 - 로 설명될 수 있다.

남아공이 역사적으로 이주와 이에 따른 식민지화로 인해 문화적으로 인종적으로 다양성을 갖게 되었고, 더욱이 유럽의 백인들이 다른 아프리카 국가들과는 달리 남아공에 대규모로 이주(영국인들만 약 90만 명 정도 이주)하면서 더욱 복잡한 양상을 띠게 되었다. 이렇게 유입된 유럽계 백인들도 인종적으로 문화적으로 다양한 배경을 갖게 되었는데 아프리칸스어를 사용하는 아프리칸스 화자(Afrikaner speakers ; 주로 네덜란드, 독일, 그리고 프랑스 태생들)와 영어를 사용하는 영국계 화자(English speakers)로 나뉘게 되었다. 아프리카너는 남아공에서 태어난 원주민(native of South Africa)으로 생각하며, 자신들은 아프리칸스어를 말하는 백인, 아프리카너(Afrikaner) 국민 또는 농민을 뜻하는 보어 그리고 아프리칸스어를 말하는 아프리카인(Afrikaans- speaking Africans)으로 불리기를 바란다. 영국계와 네덜란드계의 백인의 분열은 토착민들을 인종적 사회적 파트너로서 받아들이지 않았던데 주요 원인이 있었다고 설명할 수 있다.

영국의 지배를 벗어나 아프리카너들의 생존을 도모했던 대이주(Great Trek ; 1885-1840년대 초), 트랜스발 전쟁(Transvaal War ; 1880-1881) 그리고 앙글로 보어 전쟁(Anglo-Boer War ; 1899-1902) 같은 사건들은 아프리카너의 민족주의를 강화시켰으며 1948년 강력한 아프리카너의 민족주의자인 말란(D. F. Malan)이 이끄는 국민당(National Party)이 정권을 잡음으로써 그 동안 점진적으로 실시되어 왔던 인종차별정책인 아파르트헤이트를 국가의 공식적인 정책으로 실시하게 되었다. 약 46년 동안 정권을 유지했던 아프리카너들은 1994년 넬슨 만델라에게 정권을 양도하고 이제는 정치적 권한을 잃어버린 소수 인종집단으로서 미래의 안전을 우려하고 있다.

7.2.1 아프리카너

1652년 네덜란드 동인도 회사(Dutch East India Company)는 네덜란드와 아시아를 항해하는 배가 정박할 수 있는 기항소로 희망봉을 선택했다. 1688년 156명의 프랑스 신교도(Protestant)의 피난민인 위그노 기독교인들이 케이프에 정착했다. 네덜란드 동인도 회사는 케이프타운 주위에 농장을 설립하고 통행하는 배에 필요한 물품을 제공했다. 이주자의 후손들로 아프리카에서 태어난 아이들이 아프리카너로 불렸고 이 용어는 1707년 처음 기록에 보인다. 19세기 초기까지 아프리카너라는 용어는 유럽인 후손들은 물론이고 유럽인·아프리카인·말레이시아인 혼혈에 대해서도 적용되었다. 후에 백인(Whites)으로 불렸던 혼혈조상의 후예들은 칼라드(Coloreds)라고 불리게 되었다. 아프리카너의 자손은 인정하려고 하지 않지만 많은 인종 간 혼혈이 일어났다.

수년간, 네덜란드 당국과 보어(Boer ; 네덜란드어로 '농부'를 뜻하며 역사

적으로 '아프리카너'라고 불림)인 사이의 긴장이 계속되었다. 많은 농민들이 자신들을 억압하는 통치에서 벗어나기 위해 내륙으로 이주하였다. 내륙지역에서는 네덜란드 동인도 회사의 영향에서 벗어날 수 있었고 나아가 아프리카너들은 하나의 민족으로 정체성을 가질 수 있었기 때문이었다. 1806년 영국은 케이프타운을 정복하여 영속적으로 지배하게 되었다. 영국의 통치 하에 살고 싶어 하지 않았던 많은 아프리카너들은 1830년대에 북쪽과 동쪽 내륙지역으로 대이주를 하기 시작했다. 이러한 이주자들을 푸어르트래커('먼저 떠난 사람들'이라는 뜻)라고 불렀으며 이들이 이주와 정착과정은 반투 아프리카인들과 계속적인 전쟁을 통해 이루어졌다. 아프리카 원주민들에 대한 보어인들의 승리는 '신의 신성한 개입'의 증거로서 후손들에게 지금까지도 기념되고 있다. 1838년 피의 강 전투에서 500명의 보어인들이 10,000명의 줄루족을 무찌른 승리는 신과의 약속이 이루어진 것으로 특별히 아프리카너들에게 기억되고 있다.

푸어르트래커는 대이주의 결과 트란스발, 오렌지 자유주, 그리고 나탈리아(Natalia) 등 보어공화국을 건설하게 된다. 영국인들은 이 공화국들을 합병하지만 후에 지금의 나탈이 된 나탈리아를 제외하고 독립을 한다. 1886년 트란스발에서 금이 발견되어, 부를 찾는 수천 명의 탐색자들이 몰려들었다. 영국이 트란스발에 영국군을 보냈을 때 그들은 격렬한 저항에 직면하였고 결과적으로 보어전쟁(Boer War ; 1899-1902)이 발발하게 된다. 오늘날까지도 아프리카너들은 집단 수용소에서 18,000명-28,000명의 여자와 아이들이 영국의 가혹한 처우로 인해 죽어간 사실을 기억하고 있다.

프레토리아의 개척자 기념관

1948년 국민당은 가난한 시

골의 아프리카너들의 지지에 의해 정권을 잡게 되었고 아파르트헤이트(Apartheid ; '분리 발전(separate development)'라는 의미의 인종차별정책)는 정부의 주된 정책으로 채택된다. 이러한 정책은 많은 부분들이 독일 나치의 이념을 받아들여 만들어지게 된다. 대부분의 아프리카너들은 인종차별정책을 지지하였다. 그러나 몇몇은 맹렬하게 비판하였으며, 비인종적인 교회, 불법화된 공산당(Communist Party), 또는 아프리카 민족의회(ANC)의 활동에 참여했다. 반역자로 낙인찍힌 몇몇은 국외로 추방되거나 체포되어 수감되었다.

"아프리카너" 또는 "아프리칸더(Afrikander)"라는 말은 혼용하여 사용되지만 아프리카너라는 표현이 좀 더 현대적이며 상용되고 있다. 20세기 전에 '아프리카너'라는 말은 남아공에서 태어나서 살고 있는 사람들로서 "아프리카의 원주민(native of Africa)"이라는 말로 사용되었다. 20세기에 들어와 이 말의 의미는 아프리칸스어를 사용하는 사람들을 지칭하였다. 20세기 초까지 아프리카너들은 주로 농부들로 도시화되지 못하였으나 1990년대 중반에는 전체 인구의 약 80%가 넘는 인구가 도시에 거주하게 되었다.

이 사람들은 자주 "농부(Boer)", "케이프인(The Cape)", 또는 "케이프 네덜란드인(Cape Dutch)"로 불리었다. 이들은 주로 네덜란드의 후예들이며 독일과 프랑스의 자손들이 포함된다.

1830년대에 영국의 통치를 벗어나 대이주를 하게 되는데 네덜란드 개혁교회(Dutch Reformed Church)와 아프리칸스어의 발전이 이들의 정체성 형성에 지대한 공헌을 하였다. 남아프리카 전쟁(The South African War)은 아프리카너들에게 고통을 안겨주었으며(예를 들어 Concentration Camp) 영국으로부터의 독립과 아프리카너 민족주의를 확고히 하는 계기가 되었다.

1948년 국민당의 정치적 집권을 계기로 아프리카너 민족주의는 1960년대와 1970년대에 전성기를 맞이하였다. 1990년 드 클레르크(F.W. de Klerk)는 인종차별정책인 아파르트헤이트를 폐지하는 장기적 전략을 채택하여 아프리카너 정체성과 생존을 보존하고 모색하게 된다. 1991년 개혁된 국민당 정부는 모든 인종차별정책을 폐지하고 1994년에는 남아공의 첫 번째 비 인종선거가 치러져 아프리카너의 지배와 통치가 끝나게 되었다. 그러나 아프리카너들은 자신들을 아프리카인이 되어야 한다는 생각보다는 미래에 남아공에서 경제적으로 특권을 가진 소수의 인종집단으로 남고 싶어 하고

있다.

- **트랙보어인**(Trekboers) : 아프리카너 농민인 보어인들은 코이코이족 목동과 양, 소 떼와 함께 내륙지역으로 이주를 하였다. 18세기에 트랙보어들은 케이프 식민지에서 멀리 떨어진 내륙지역으로 이주하여 새로운 목조치를 찾으려고 노력했다.
- **스테파누스 두 토잇** (Stephanus du Toit) : 그는 아프리카너 민족주의 (Afrikaner Nationalism)의 대표자로 공통적인 언어, 종교, 그리고 역사를 발전시키는데 지대한 공헌을 하였다. 그는 『우리의 역사와 우리의 언어 (History of our land in the dialect of our people)』라는 논문을 1877년 발행하여 널리 알렸다.
- **보어 공화국**(The Boer Republics) : 1814년 네덜란드는 케이프식민지로 알려진 영토를 영국에 양도했다. 많은 보어인들은 영국 법에 통치 받는 것을 분개했고 1836년 대이주를 시작한다. 반투족의 저항에도 불구하고 그들은 새로운 국가인 나탈, 오렌지 자유주, 그리고 트란스발을 건설했다. 영국은 1843년 나탈을 합병하였으나 1852년에는 트란스발을, 1854년에는 오렌지 자유주의 독립을 인정했다.

7.3 아시아인(Asians)

7.3.1 인도인

1996년에 아시아인들은 남아공 인구 중 2.6%를 차지했다. 1860년에 도착하기 시작한 아시아 공동체의 조상들은 인도인들로 나탈지역의 사탕수수 농장의 노동자로 남아공에 들어오게 되었다. 오늘날에도 아시아인의 약 75%가 크와줄루-나탈과 요하네스버그-프레토리아 지역에서 살고 있다.

1911년 인도인 노동자들의 유입을 중지했을 당시, 약 152,000명의 인도인들이 남아공에 도착했다. 인도인들은 사탕수수 농장 이외에 철도건설과 차 농장에서도 일을 하게 되었는데 거의 노예와 다름없는 노동조건에서 일을 하였다. 5년 간의 계약을 한 번 더 연장한 후에는 자유로운 노동자가 될 수 있었는데 이들은 인도로 돌아가든지 아니면 소규모의 땅을 받아 남을 수 있었다. 대부분의 이주민들은 남자였고 1/3은 여자였다. 백인들은 안정적인 인도인 사회를 만드는데 대해 반대하였다.

대부분의 인도인들은 계약에 따라 남아공에 도착했으나 약 10%는 자신들의 의지에 의해 남아공에 정착하였다. 이들 중 대부분은 서인도의 구자라트(Gujarat)에서 온 상인들이었다. 이들은 부유한 "승객(Passengers)" 이민자로 부유한 사람들이었으며 시민권과 정치적 권리를 주장한 엘리트 그룹이었다. 그러나 이들은 인도인 계약 노동자들의 권익에 소홀하였다. 1893년 젊은 인도인 법률가인 모한다스 마하트마 간디(Mohandas Karamchand Gandhi)는 남아공에서 일을 하기 위해 트랜스발에 도착했다. 인도의 독립운동을 주도했던 간디는 남아공에서 비폭력 저항과 불복종 운동을 처음으로 시도하였다. 몇 년 안에 간디는 남아공 인도인 사회의 중요한 지도자로 부상하게 되었고 승객 이민자들의 권익을 대변하게 되었다.

나탈 주는 1911년 이후 인도인들을 인도로 돌아가게 하기 위해 3파운드의 세금을 부과하였다. 또한 그들은 투표에서 제외되고(1896) 무역 제한법이 제정되었으며(1897) 새로운 이민자들은 유럽어를 습득해야 했는데(1897) 이런 방법을 통해 이민자의 유입을 감소시키는데 성공하였다. 트란스발에서는 인도인들에게 시민권을 부여하지 않았고, 특별히 지정된 지역 내에서만 재산권을 인정하였고(1885) 그들은 패스의 일종인 등록증을 휴대해야만 했다(1907). 오렌지 자유주에서는 재산을 소유하거나 빌릴 수도 없었고(1885) 허가 없이 상업 활동을 할 수 없었다(1890). 1894년에 설립된 '나탈 인도인 회의(Natal Indian Congress : NIC)'는 특히 간디의 주도로 저항운동이 상당히 성공을 거두었는데, 1913년에 최고조에 이른 간디의 "샤티하그라하(Satyagraha ; 비폭력 불복종 운동)" 캠페인은 3파운드의 세금을 철폐하고 인도인들의 결혼에 대한 승인을 얻어내는데 성공하였다. 1913년 새로운 남아프리카 연방 정부는 1913년에, 기존에 남아프리카에 정착한 인도인들의 부인과 자녀들을 제외한 더 이상의 인도인들의 이주를 금지하였다. 연방 이후 수십 년간, 정부는 계속적으로 인도인 공동체를 남아프리카에서 일시적인 거주자로 간주하였다. 1927년 남아프리카 정부와 인도 사이의 케이프타운 협정으로 국가 지원 하에 인도인들의 자발적인 본국 귀환이 이루어졌지만 경제적으로 부유한 승객 인도인들 소수만이 돌아갔다. 전쟁 기간 중에 얀 스무츠(Jan Smuts) 정부는 1941년과 1943년에 백인 지역에 유입되어

있는 인도인들을 조사하기 위해 위원회를 소집하였다. 이로 인해 1943년에 고정(Pegging) 법안이 생겼고 더반의 인도인들이 백인들의 재산을 구입하지 못하도록 하였다.

1946년 남아공에서 정치적, 경제적으로 힘을 얻고 있었던 인도인들은 아시아인 토지 보유법(Asiatic Land Tenure Act)이 만들어지면서 삶과 무역에 치명적인 제한을 받게 되었다. 이후로 인도인들은 허가 없이 토지를 보유하거나 점유할 수 없었다. 젊고 급진적인 지도자의 영향 하에서 NIC는 또 다른 수동적인 저항운동을 전개하였고, 인도정부는 고위행정관을 철수시키고 교역관계를 단절하였으며 UN에 이 문제를 상정하였다.

1948년 치러진 선거에서 아프리카너가 주도하는 국민당의 승리는 인도인들에게 더욱 더 많은 제약과 제한을 받게 하였다. 남아공에서 태어난 사람이건 태어나지 않은 사람이건 인도인들은 모두 공식적으로 이주자로 간주되었고 "본국송환(Repatriation)"이 공식적인 정책으로 의회에서 다루어지게 되었다. 다음 해에 줄루족에 의해 일어난 폭동으로 인해 인도인들이 142명이나 사망한 사건이 발생하게 되었는데 이 사건은 ANC와 NIC가 긴밀한 협의 하에 아파르트헤이트 인종차별정책에 대하여 공동으로 저항하게 만들었다. 특히 1950년 발효된 집단이주법은 인도인들을 효과적으로 백인사회에서 격리시키게 되었고 도시에 있는 그들의 집과 사업체를 포기하고 교외지역에 정착해야만 했다.

1961년 남아공 정부는 공식적으로 인도인들을 영구적인 남아공 국민으로 받아들였다. 1983년 인종차별정책을 반대하는 사람들은 분리시키려는 시도로 새로운 헌법을 발효시켰는데 그 내용은 칼라드와 인도인들에게 제한된 의회선거권을 주는 것이었다. 그러나 다음 해 열린 선거에서 단지 18%의 인도인들만이 선거에 참여했고 1989년에는 인도인들이 선거에 참여하지 않게 되었다. 1991년에 인종차별정책의 폐지는 모든 남아공 국민들이 인종에 관계없이 투표권을 갖도록 만들었고 1994년에는 역사상 첫 번째 비인종선거가 이루어졌다.

- **모한다스 카람찬드 간디**(Mohandas Karamchand Gandhi) : 인도의 법률가로 19세기 후반에 남아공에 왔으며 1914년까지 머물렀다. 불매운동과 시민불복종 운동 등 평화적인 방법으로 저항운동을 이끌었고 그의 가장 중요한 업적 중 하나는 인종에 관련된 법에 대해서 비논리적인, 터무니없는 부분

을 바로 잡았다는 것이다. 그의 전략은 이후 많은 시민권 운동에 의해 채택되었다. 1914년 간디는 인도로 돌아갔고, 그곳에서 독립운동을 이끌었다.

7.3.2 중국인

현재 남아공의 중국인 사회는 1891년부터 산발적으로 일어난 이주로 이루어진 소규모의 집단이다. 초기 이주자들은 대부분이 마다가스카르와 모리서스를 통해 들어온 무역업자들이었다. 금과 다이아몬드의 발견에 따라 많은 사람들이 킴벌리와 요하네스버그로 흘러들었다.

남아공은 1904년 앙골로 보어 전쟁 복구사업으로 노동력이 절대적으로 필요하였다. 이에 따라 수천 명의 중국인들이 복구사업과 금광에 투입되었다. 그러나 이들은 1910년 모두 강제 송환되었으며 현재의 중국인 사회에 영향을 주지 않았다.

아파르트헤이트 하에서 중국인들은 거의 의미 없는 존재였다. 비록 아시안으로 분류되어 비백인 그룹에 들어가 선거권이 없었으나 그들은 백인의 이웃에 살면서 백인학교와 병원에 다닐 수 있는 특권을 누렸다. 그들은 비공식적으로 백인들에게 인정을 받았기 때문에 결코 땅을 소유할 수 없었으며, 또 정치적 권리를 얻기 위하여 흑인들과 함께 투쟁하지 않았다.

남아공 정부에 의해 공식적으로 이주가 금지되었으나, 대만이 아파르트헤이트시기에 가장 활발한 무역 파트너였기 때문에 타이완의 중국인들이 많이 이주하였다. 구세대와 신세대로 중국인 이민자 사회가 나누어지지만 비교적 잘 화합하고 있는 편이다. 가장 강력한 중국인의 가치는 여전히 교육과 성공에 관한 것이다.

1998년 공식적인 외교관계가 대만으로부터 중국으로 바뀌어 중국과의 관계가 강화되고 있는 추세다.

7.4 혼혈인

7.4.1 케이프 칼라드(Cape Colored)[22]와 말레이(Malay)

약 3,600,000명의 혼혈인들이 남아공에 살고 있으며 이 중 약 3,050,000명 정도가 서부 케이프(Western Cape), 동부 케이프(Eastern Cape), 그리고 북부 케이프(Nothern Cape)에 살고 있다. 비록 많은 남아공 사람들이 "케이프

칼라드"라는 말이 아파르트헤이트의 유산이기 때문에 부정적으로 생각하고 있지만 대부분의 칼라드들은 케이프 칼라드가 조상이다. 다른 사람들은 케이프 칼라드들이 오랜 동안 풍부한 문화와 민족 특유의 전통을 갖게 됨으로서 하나의 완전한 인종집단을 형성하여 발전해왔다고 믿고 있다. 케이프 말레이(Cape Malay) 사람들은 말레이 사람, 인도인, 신할리즈(Sinhalese ; 스리랑카의 주요 종족)족, 아랍(Arab)인, 마다가스카르(Madagascar)인, 그리고 중국인들의 혼혈집단이다. 약 90,000명 정도로 대부분 케이프타운 주위에 살고 있다.

1652년 네덜란드 동인도 회사는 네덜란드와 아시아 사이의 기항소로 케이프타운을 건설하였고 네덜란드 선원과 코이코이족 여성들이 결혼하여 살고 있었다. 17~18세기 사이에 아시아와 다른 아프리카의 지역에서 노예가 유입되어 인종 간의 결혼은 빈번하게 일어났고 결과적으로 케이프 칼라드와 케이프 말레이인들이 점진적으로 나타나기 시작했다. 19세기 후반에 이르자 케이프 칼라드들은 독특한 인종집단을 이루었다. 다른 비 백인처럼 케이프 칼라드들은 인종차별 아래에서 고통 받았으며, 대부분이 미숙련 또는 반숙련 노동직의 삶을 살았다. 케이프 말레이인들은 장인, 소규모의 무역업자, 그리고 낚시꾼으로 살았다.

19세기 말에서 20세기 초에 아프리카인들이 서부 케이프에 유입되자 칼라드들은 유럽 이주민들의 반 쪽 피와 식민지 사회의 1세대라는 사실을 기반으로, 아프리카인들과 차이를 주장하였다. 그러나 그들이 정한 범주는 극도로 유동적이고 불명확한 것이었다. 칼라드들은 오랜 기간 백인들과 접촉하였고 백인들과 같은 언어(영어보다는 아프리칸스어)를 사용하였지만, 백인사회에서 받아들여지지 않았고, 남아프리카 인종 계급 사회의 중간적 지위를 차지했다. 피부색이 보다 밝은 칼라드들은 백인사회로 넘어 갈 수 있었다. 케이프 대법원은 1911년에 이 칼라드들과 백인을 확실히 구분할 방법이 없음을 인정하였다. 칼라드들은 흑인과 같은 차별을 받지 않았다. 예를 들어, 그들은 통행증을 지참할 필요도 없었고 원할 때에는 도시 안으로 들어올 수 있었다.

1905년 케이프 학교 위원회 법안(Cape School Board Act)에 따르면 일반 공교육에 대부분의 칼라드는 참여할 수 없었다. 그리고 참정권은 북쪽 지방의 칼라드들에게는 확대되지 않았다. 칼라드들의 경제적 지위는 특히 엘리트 교육을 받은 이들은 직업경쟁에 있어서 흑인보다 백인에게 유리하게 고안된 정부정책에 의해, 1920-1930년대 동안 밑바닥에 머물러야 했다. 1930년대 초, 18세 이상의 백인 남자가 참정권을 갖게 되고 백인여자에게 참정권이 확대되었을 때, 비로소 21세 이상의 경제력이 있고, 교양 있는 칼라드 남자들은 투표할 권리를 갖게 되었다. 인종차별 시대에 칼라드들은 심한 차별을 견뎌냈다. 1950년의 인구 등록법은 칼라드를 구별하기 위해 피부색보다 조상을 강조하였고 그리쿠아(Griquas)인과 말레이인은 하위그룹으로 분류되었다. 혼혈 결혼은 금지되었고 공공시설은 분리되어 사용되었으며, 참정권을 잃게 되었다. 1960년대에 집단 지역 법안(Group Areas Act) 기간 중에 만 명의 칼라드들이 그들의 분리된 지역으로 강제 이주되었다. 백인 우월주의자들은 칼라드들의 '홈랜드(homeland)' 자치구의 설립을 당연하게 생각하였다. 분열된 정당의 형성으로 칼라드 사이에 대단위 분열이 일어났다. 이것은 확대되는 사회 속에서 칼라드들의 상반된 지위를 반영하는 것이었다. 그러나 인종차별 대항의 필요성이 확산되어 1902년 케이프타운에서 칼라드를 위한 첫 번째 주요 정치체인 아프리카 인민조직(African People's Organization : APO)이 형성되었다. 압둘라 압둘라만(Abdullah Abdurahman)의 35년 동안의 지도 아래 APO는 백인주의와 배타성을 합리적으로 조율하였고, 백인들과의 융합과 합자경영을 적극 주장하였다. 더욱 혁명적인 그룹들은 APO의 절제된 방법을 거부하여 1930~1940년에 정치 조직들을 스스로 창단했다. 그들 중 1935년 창단한 국민 해방 운동 연맹(National Liberation League)과 1943년에 비-유럽인 단결 운동(Non- European Unity Movement)에 의해 병합된 반-칼라드 문제 부서(Anti- Coloured Affairs Department)가 가장 두드러졌다. 1956년에 선거권을 박탈당한 것에 대해 칼라드들은 의회에 4명의 백인 의원을 선출하는 다른 권리가 주어졌다. Anti-CAD는 이들 선거에 불참하는 계획을 성공시켰다. 1959년 CAD가 성립되었고, 스스로 수반을 선출하였다. 1968년 의회의 칼라드들의 대표의 기능은 백인들에 의해 폐지되었고, 칼라드 대표 의회(Coloured Persons Representative Council : CRC)가 이를 대신하였다. CRC는 지역자치, 재정, 교육, 복지, 연금과 같은 지역 안의 칼라드의 일들을 관리할 권한이 주어졌다. 이 평의회의 선거에 대해 보이콧하는 것이 다시 주장되었지만, 인종차별 정책은 거부하면서도, 노동당은 선거를 하기로 결정하였다. 1975년 CRC가 폐쇄된 이후, 당국

은 정치에의 칼라드 통합의 새로운 방법을 모색하였다. 1983년 국정에 관한 의회체계의 취임식과 함께, 칼라드의 '자신의 일'을 처리하는 권력을 가진 하원(House of Representatives)이 창단되었다. 칼라드들은 또 다시 이러한 구조에 참여하지 않았으며, 다수의 칼라드들이 다양한 국회 외의 활동에 열중하였다. 이러한 활동은 광범위한 기반의 연합민주전선(United Democratic Front)에 의해 이끌어졌다. 이러한 운동에서, 칼라드란 이름표는 권위주의와 인종차별정부에 의해 붙여진 것으로 여겨져 거부되었다. 또한 칼라드들이 특별한 이익의 계급이라는 생각도 거부되었고, 사람들은 그들 자신을 '흑인'으로 혹은 '억압자'의 소유물로 생각했다. 그러나 다수의 흑인이나 소수의 백인들의 정체성과는 다른 칼라드들의 정체성이 지속되었다. 국민당과 아프리카 민족 회의의 1994년 민주주의 선거는 칼라드의 정체성에 대한 호소가 필요했다. 서부 케이프 지방 선거에서 국민당이 승리한 중요한 원인은 흑인 다수의 정부 하에서의 고용과 안전에 대해 두려워하는 칼라드를 성공적으로 자극한 데에 있다. 1990년대의 약 300만 명의 칼라드들은 남아공 인구의 8%를 차지했다. 꽤 많은 수의 칼라드 공동체가 동부 케이프와 북부 케이프와 하우텡(Gauteng)에 있었고, 칼라드의 2/3이상이 이스턴 케이프에 살고 있다.

매년 칼라드 사회는 1월 2일에 "Tweede Nuwejaar(새해 두 번째 날)"이라는 새해 축제를 연다. 어릿광대의 얼굴을 하고 춤을 추고 전통적인 민요를 부른다. 참가자나 구경꾼이나 모두 많이 마시고 즐겁게 논다.

칼라드 사회는 남아공의 문학에 아주 훌륭한 업적을 남겼다. 대표적인 문인으로 아담 스몰(Adam Small)과 솔 플라끼(Sol Plaatjies)가 있다.

- **압둘라 압두라흐만**(Abdurahman, Abdullah ; 1872-1940) : 20세기 초 가장 중요한 칼라드 정치 지도자 중 한사람인 그는 1905년부터 죽음을 맞이하는 순간까지 아프리카 인민기구(African People's Organization : APO)의 의장으로 활동하였다. 자유노예의 후손인 그는 스코틀랜드의 글래스고우(Glasgow)에서 외과의사로서 교육을 받았으며 케이프타운으로 돌아와 병원을 개업하고 정치활동에 참여하였다. 그는 케이프타운 시위원회(Cape Town City Council ; 1904~1940)와 케이프지방의회(Cape Town Council

; 1914-1940)에서 일한 최초의 칼라드였기 때문에 1930년대 후반에 들어와서는 급진적이고 호전적인 신 칼라드 행동주의자들로부터 많은 비난을 받았다.

- **시크교도 군인**(Sikh soldier) : 19세기 후반 시크교도 군인은 영국 식민지 군대의 일원이었다. 그들의 제복은 검은색, 노란색, 하얀색으로 인종 간의 화합을 상징하고 있었다. 이 시기에 인종정책은 백인이 통치하고 있던 남부 아프리카의 많은 지역에 영향을 주었다.
- **수피 모스크**(Soofie Mosque) : 남부 아프리카에서의 이슬람 건축물의 아름다움을 나타내는 모스크다.
- **케이프 말레이인** : 대부분이 이슬람교도인 케이프 말레이인들은 그들의 종교로 인해 케이프 칼라드와 명확히 구분된다. 이슬람인인 케이프 말레이인들은 전형적으로 엄격한 형식의 옷차림을 한다. 여성들은 일반적으로 긴 드레스나 스커트를 입고 긴 소매와 머리 스커트를 착용한다. 남성은 대부분 페즈(fez ; 테두리가 없는 펠트 모자)나 작은 하얀색 기도용 모자를 착용한다.

7.4.2 그리쿠아족

남아공(South Africa)의 그리쿠아인[23]들은 코이코이족, 산족, 그리고 유럽인 조상의 혼혈로 태어난 인종집단이다. 이들은 유럽인들의 옷을 입고 기독교를 믿었으며 네덜란드어를 사용했지만 백인 아프리카너 사회에 받아들여지지는 않았다. 18세기후반 많은 그리쿠아인들이 북쪽으로 이주하여 정착하기 시작했다. 그들은 팔강과 오렌지(Orange) 강이 만나는 지점의 북쪽에 그리쿠아랜드(Griqualand)를 만들고 정착하였다. 1820년부터 보어(Boar) 농부들이 점점 그리쿠아랜드에 정착하기 시작했다. 그리쿠아랜드의 지도자인 아담 콕 3세(Adam Kok III)는 주인이 없는 땅에 자신의 국가를 세우기 위해 1860년에 약 2,000명의 그리쿠아인들과 그들의 소를 데리고 동쪽으로 이주하였다. 그들은 지금의 레소토의 주인이 없는 비옥한 땅인 드라켄스버그(Drakensberg)의 비탈에 정착했다. 그들은 이 지역에 그리쿠아랜드 웨스트(Griqualand East)[24]라고 불리는 새로운 나라를 건설했다. 1862년에는 콕스타트(Kokstad)를 새로운 수도로 정했다. 이에 따라 원래의 그리쿠아랜드

는 그리쿠아랜드 웨스트[25]로 알려지게 되었다.

1967-1868년에 팔강의 하류지역에 다이아몬드가 발견되었을 때 그 지역은 그리쿠아족의 지도자인 니콜라스 워터부르(Nicholas Waterboer)와 탈핑(Tlhping)족의 추장이 소유권을 주장하였다. 다이아몬드 생산지역에 대한 영토분쟁은 1871년 영국이 이 지역을 그리쿠아랜드 웨스트 영국 식민지로 합병할 때까지 계속되었다.

그리쿠아랜드 웨스트는 1871년 영국에 의해 공식적으로 합병되었고 9년 후 케이프 식민지의 일부가 되었다. 1879년 그리쿠아랜드 이스트는 케이프 식민지에 합병되었다. 1980년대에 4개의 독립한 반투스탄 중 하나인 트란스케이(Transkei)의 영토로 편입되었다. 오늘날 그리쿠아랜드 이스트의 동부와 서부지역은 동부 케이프 주의 일부가 되었다. 이 지역은 현재 크와줄루 나탈(Kwazulu-Natal)의 중심지역이다.

- **아담 콕** 3세(Adam Kok Ⅲ ; 1811~75) : 그리쿠아족은 코이코이족, 산족, 그리고 유럽인의 조상들의 혼혈로 생겨난 인종집단이다. 아담 콕 3세는 1837년부터 1860년대 초반까지 필리폴리스(Philippolis)에 위치한 그리쿠아랜드 웨스트(Griqueland West)의 지도자였다. 콕과 그의 추종자들은 그리쿠아랜드 이스트(Griqueland East)로 알려진 곳에 새로운 국가를 건설하기 위해서 드라켄스버그 산맥(Drakensberg Mountains)을 가로질러 여행했다. 그들의 독립은 1874년 영국이 침략함으로서 짧은 기간 동안 유지되었으며 콕은 최소한의 권력만을 갖게 되었고 다음 해 말에 죽음을 맞이했다.

7.5 코이산족

코이산 족은 코이코이족과 산족으로 나누어지는데 이들에 대해 인류학자인 이삭 스카피라(Isaac Schapera)가 그의 저서 '남부 아프리카의 코이산족 사람들'(1930)에서 코이코이와 산족을 통틀어 사용한 이름이다. 후에 학자들은 이 이름이 그대로 사용하였다. 비록 코이코이 언어가 산 언어와 구별된다 하더라도 역사적 증거는 그들의 차이를 적절하게 구별하는데 어려움이 있었다. 사람들이 묘사하고 있는 존재가 사냥꾼인지 혹은 양치기인가를 확실하게 구분하여 말할 수 없었기 때문이었다.

코이코이족은 그들 스스로를 '인간들 중의 인간들'(코이코이)이라고 부른 전원주의자이다. 15세기 후반 동안 케이프의 남서부에 살았던 사람들은 포르투갈 탐험가들과 우연히 만난 최초의 남부 아프리카인들이었다. 17세기 케이프에 정착한 네덜란드인은 그들의 억양이 심하게 끊기는 것을 흉내 내어 그들을 비하하는 말로 '호텐토트'(Hottentots)라 불렀다.

비록 코이코이족의 기원이 명확하지 않다 할지라도 그들이 현재의 보츠와나(Botswana)와 나미비아(Namibia)의 북부에서 코에(Khoe)어를 사용하는 사냥꾼 무리들 중 약 2,000년 전 최초로 나타났다는 것은 일반적으로 받아들여지고 있다. 이 사냥꾼들이 정확히 어떻게 가축들을 얻었는지는 확실하지 않지만 남쪽으로 이주 중이었던 초기 철기시대 사람들과 접촉하는 과정에서 발생하였음이 유력하다. 이후 코이코이족 자신들은 더 남쪽으로 이동했는데 아마도 그것은 인구증가 압력뿐만 아니라 추가적인 목초지를 얻기 위함이었을 것이다. 즉, 그들이 케이프 반도에 도달할 때까지 북부 나미비아로부터 해안을 따라 남쪽으로 이주했고 그 후에 현재의 동부 케이프에 도달할 때까지 다시 동쪽으로 향했음을 몇몇 증거를 통해 알 수 있다. 또 다른 이론은 일부가 오렌지 강을 따라 서쪽으로 이주했고 또 다른 케이프 코이코이의 조상들은 동부 케이프의 남쪽으로 이주했으며 케이프 반도에 도달할 때까지 해안을 따라 서쪽으로 이주했다는 설이 있다. AD 500년 코이코이족들은 나미비아의 많은 부분과 오렌지 강을 따라서 뿐만 아니라 케이프 해안의 서부, 남부, 동부를 따라 정착했다. 케이프 내륙과 고원의 초원지대는 인구밀도가 낮았다.

코이코이족은 반유목 생활을 하였고 그들의 가축인 소는 중요한 부의 원천이었다. 그들은 겨울과 여름동안 다른 초목지를 찾아 이동하는 정기적인 가축이동의 생활 패턴을 가졌다. 사회적 구조들은 유동적이었고 씨족은 가족과 연관된 거주자들로 구성된다. 침략은 물과 목초지의 통제와 가축을 기르는 부족들 사이에서 빈번하게 일어났다. 코이코이의 거주지는 쉽게 철거할 수 있고 황소의 등에 싣고 이동할 수 있는 갈대매트와 목조구조로 이루어졌다. 그들의 장비 역시 이주를 위해 비슷하게 디자인되었다. 수렵채집인과 그들의 관계는 복잡했다. 후자는 종종 그들의 가축을 약탈했고 또한 그들의 고객들로서 행동했다. 그들은 반투족 말을 하는 다양한 그룹들과 밀접한 유대를 지녔으며 특히 동부케이프 내의 코사족과 오렌지 강 북쪽 탈핑

(Tlhaping) 족과 상호결혼도 하였다.

네덜란드인이 1650년대에 남서부 케이프에 정착한 후에 코이코이족에게 땅과 가축에 대한 압력이 증가하기 시작했다. 일부 네덜란드인은 코이코이족을 노예화시키려고 했지만 나머지는 그들과의 무역 관계를 유지하기 위해서는 그들의 독립을 유지할 필요를 인정하게 되었다. 1659~1660년과 1673~1677년 두 번의 전쟁이 코이코이족과 네덜란드 사이에 일어났는데 두 번째 전쟁에 의해 코이코이족의 자치권이 행사되고 있는 남서부 케이프 내의 광활한 대지에서 네덜란드인들은 확고히 자리를 잡았다. 부족들은 그 지역으로부터 쫓겨나거나 아니면 백인 농장에서 일할 것이 강요되었고 또 그들은 가축을 돌보는 목동 또는 마부가 되었다. 그들의 수는 1713년과 1720년 사이, 1735년과 1767년 사이에 천연두의 창궐로 더 줄어들었다. 코이코이족들은 17세기 중반에 약 200,000명에서 18세기 말 약 20,000명까지 줄었던 것으로 추정된다.

백인의 팽창에 대한 코이코이족의 저항은 과소평가되지 않아야 한다. 18세기 내내 코이코이족과 산족은 백인들의 내륙으로의 진입을 저지하였다. 동부 케이프에서 토지 없는 노동자 계급으로 전락한 코이코이족은 1799년에 무기를 손에 들고 식민 지배자들에 대한 코사족의 저항에 참여하였다. 영국은 이 반란을 진압하기 위해 2년 이상 걸렸다. 일부 사람들은 중부 오렌지 지역을 탈출하는데 성공하였고 그들은 19세기 동안 코라나(Korana)로서 알려지게 되었다. 반면에 다른 사람들은 그리쿠아족에 통합되었다. 대부분의 독립적인 코이코이 공동체는 백인 식민지의 상업적 압력에 맞설 수 없었다. 식민지 내에서 생존한 사람들은 법적으로 자유인이었지만 실제로는 그들의 지위는 케이프 노예들과 크게 다를 바가 없었다. 그들을 노예로 만든 통행법이 1828년 50번 조례에 의해 폐지되었고 점차적으로 코이코이족들은 유색인이라 불리는 공동체에 흡수되었다. 일부 코이코이족은 케이프 정부에 의해 1909년 유색인들을 보존하기 위해 설치되었던 나마꾸아랜드(Namaqualand) 선교본부에서 간신히 생존했다.

"코이산"은 언어학적으로 코이코이족과 산족과 밀접하게 관련이 있다. 남부 아프리카의 최초의 거주자로 알려진 코이산족은 아마도 현재 서부 짐바브웨와 북부 보츠와나에서 기원하였을 것으로 보고 있다. 그들은 사냥과 채집을 하면서 적어도 20,000년 전에 넓은 지역에 분포되어 살고 있었다. 약

2,300년 전에 북부 보츠와나에서 일부 코이산족은 가축을 기르기 시작했다. 이들은 남쪽으로 지속적으로 이동하여 약 2,000년 전에 케이프에 도달하게 되었으며 점진적으로 목축을 주업으로 발전하기 시작했다. 코이코이족은 포르투갈 선원이 케이프에 도달했을 때인 15세기 후반에 유럽인들을 최초로 우연히 만나게 되었다. 16세기에 그들은 정기적으로 소와 양을 주고 철로 만든 물건과 구슬을 사는 등 무역을 계속했다. 17세기에 네덜란드 정착자들이 코이코이족의 목초지 쪽으로 자신들의 영토를 확장하기 시작했다. 그들의 목초지를 빼앗긴 코이코이족들은 수렵 채집 생활을 하며 살아가기 시작했고, 유럽인의 농장에서 노동자로서 삶을 살게 되었다. 비록 자유롭기는 했지만 많은 코이코이족은 자신의 삶에 대해 선택권을 가질 수 없었고 보어인들의 농장에서 일을 해야만 했다. 코이코이족들은 현재 분리된 인종집단으로서 인식되고 있는 케이프 칼라드 인종집단의 형성에 크게 기여하였다.

산족도 코이코이족이 겪었던 비슷한 경험을 하였다. 남부 아프리카 도처에서 자신들의 삶의 터전에서 새롭게 이주하여 온 반투족 이주자들에 의해 쫓겨났다. 반투어를 말하는 사람들은 산족에게 불모의 건조한 땅에 고립되도록 압력을 가하였다. 유럽인 이주자들은 거칠었고, 몇몇의 백인 이주자들은 산족을 보자마자 살해하였다. 19세기에 이르렀을 때, 오직 소수의 산족만이 현재 남아공의 북부 케이프의 반사막 기후의 땅에 남아있게 되었다. 몇몇의 산족은 보츠와나와 나미비아 쪽으로 탈출하여 산족 공동체를 건설하였고 오랫동안 지속되었다. 그러나 그곳에서는 소를 키우는 츠와나족, 헤레로(Herero)족, 그리고 다른 민족들과 경쟁하며 살아가야만 했다.

근대사의 소용돌이 속에서 모잠비크에서 많은 코이산족들이 포르투갈 식민지 군대에 차출되었고 나미비아에서는 남아공 군대에 차출되었다. 그러나 1990년에 나미비아가 독립된 이후, 4000명의 코이산족이 남아공으로 이동하였다. 최근 수십 년간 보츠와나에서는 정부와 소를 키우는 목동들이 합세하여 코이산족들이 차지하고 있던 영토를 빼앗고 칼라하리 사막(Kalahari Desert)으로 조직적으로 이주하게 만들었다. 그러나 1961년 중앙 칼라하리 수렵 보호지구(Central Kalahari Game Reserve)가 설립된 이후, 코이산족과 크웨(Khwe)족의 권리가 보호되었다. 그리고 1996년 오랜 기간의 가뭄과 보츠와나 정부의 관광 사업 장려는 크웨족이 보호지를 이탈하게 만들었다.

8. 인종분리정책 아파르트헤이트

8.1 아파르트헤이트 정책의 배경

아파르트헤이트란 용어는 '분리(segregation)'라는 의미를 갖고 있다. 이 이념에 의하면 모든 종족은 그들 나름의 독특한 운명을 가지고 있으며, 세계에 기여할 문화적 공헌을 갖고 있으므로 이에 따라, 각각 다른 인종들은 종족별로 분리되어야 하며, 그들 노선에 따라 발전할 수 있도록 허용되어야 한다는 것이다. 바로 이런 부족 간, 인종 간 분리에 따른 발전을 구체화시킨 것이 남아공의 홈랜드 정책(Homeland project)이었다.

이 정책에 의하여 흑인들은 그들이 살던 원래의 지역을 떠나 국가에서 정한 새로운 거주지로 이동하여야 했고, 여러 사회, 경제적 제약과 차별을 받게 되었던 것이다. 이러한 법규들이 남아공의 백인들에게 정당화되어 법제화될 수 있었던 이념적 근거를 살펴보면 크게 두 가지로, 첫째, 백인의 타 인종에 대한 우월감. 둘째, 성경에 근거한 종족 간 분리 등으로 나누어 볼 수 있다. 그리고 이러한 이념은 1943년 남아프리카의 미래를 계획하기 위해 젊은 지식인들이 중심이 되어 구상한 헌법 초안에서 제시되었는데, Die Transvaler신문의 편집장인 페르부어르트(D.H.Verwoerd)는 아파르트헤이트정책을 묘사하면서 사람들의 생활공간을 가장 효과적으로 사용할 수 있게 하고, 모두를 행복하게 해주며, 인종 간 충돌을 없게 할 수 있는 바람직한 정책이라고 설명했다.

먼저 그들의 백인 우월감을 살펴보면, 이것은 백인우월 인종론에 기초한 것으로 바스캅(Baaskap)[26]이란 용어로 대표될 수 있다. 그들은 흑인은 백인보다 열등한 존재로 취급하며 정치, 경제 등의 여러 측면에서 백인과 동등한 권리를 누릴 수 없다고 주장한다. 이러한 주장의 근거는 1969년에 발간된 한 과학 잡지에서 "수학에서 흑인의 무지는 앞이마의 미개발에 그 원인을 찾을 수 있다."고 한 데에서도 단적으로 알 수 있다. 또한 그들은 성경에서 백인 우월의 근거를 제시하기도 하는 데, 창세기 9장 25절 "가나안은 저주를 받아 그 형제의 종들의 종이 될 것이요."라고 되어 있는 부분으로, 이것을 인종분리자들은 백인 인종우월론에 대한 성서적 근거로 삼고 있다. 그러나 아파르트헤이트 정책에 의한 인종적 우월감은 인종의 우생학적 측면에서 볼 때 어떤 과학적 근거도 없는 것이며 단순히 백인 지배를 합리화하기 위한 방편으로 사용되고 있는 것에 불과하다. 오히려 문화인류학이 발달하면서 이러한 인종적 우월감은 단순히 "인종 중심주의의 편견"에 불과하며, 인종에 따른 생물학적, 지능적인 아무런 근거도 없고, 단순히 문화적 차이에 따른 변이일 뿐이라고 주장되고 있다.

두 번째로, 그들은 "성경에 근거한 종족 간 분리"를 아파르트헤이트정책의 이념적 근거로 내세우고 있는데, 이는 남아공 백인의 60% 이상을 차지하는 아프카너들이 신봉하는 네덜란드 개혁교회의 캘비니즘(Calvinism)에 의하여 지지되고 있다. 그들은 인종의 다양화·영토분할이라는 신의 계율을 정당화하기 위하여 구약성서와 신약성서의 몇 구절을 사용하고 있다. 구약에서는 신명기 32장 8절로 "지극히 높으신 자가 열국의 기업을 주실 때 인종을 분정하실 때에 이스라엘 자손의 수대로 민족의 경계를 정하셨도다." 또, 신약의 사도행전 17장 26절에서는 "인류의 모든 족속들을 한 혈통으로 만드사 온 땅에 거하게 하시고, 저희의 연대를 정하시며 거주의 경계를 한하셨으니"등을 인용, 사용하고 있다. 백인 정착자들은 흑인의 노동력을 착취하기 위한 수단으로 성서까지 인용하는 철두철미한 만행을 보였다. 따라서 아파르트헤이트정책은 아프리카인을 영토적으로 지배하고 인종적으로 착취하는 식민지적 성격을 가진 정책으로 볼 수 있을 것이다. 1959년 네덜란드 개혁교회는 모든 민족과 인종이 분리되는 것은 '신의 뜻(Will of God)'이라고 천명했으며 아파르트헤이트정책에 대한 공식적 입장을 지지 표명하였다. 그러나 20세기 말에 와서 서서히 드러나기 시작한 아파르트헤이트정책의 변화는 이러한 이념적 근거들로는 더 이상 유지할 수 없는 상황에까지 이르게 되었음을 단적으로 보여주는 것이다.

현재 우리가 살고 있는 이 지구상에는 지역에 따라 그 정치·문화적 특수성에서 인종차별정책이 완전히 불식되고 있지 않으며, 아직도 인도주의적인 면에서 범죄를 저지르고 있는 곳이 없지 않다. 그러나 인종차별정책을 실정법으로 운용한 나라는 남아공의 아파르트헤이트 정책이 유일무이한 경우라고 할 수 있다.

바꾸어 말하면 실정법으로 명시화되어 사용되었던 남아공의 아파르트헤이트 정책은 철저히 백인우월 사고방식에 기반을 두고 있으며, 그것은 이른바 그들의 종교관과 밀접한 관련을 맺고 있다. 오늘날 남아공에는 약 450만의

백인이 거주하고 있으며 그중 약 60%인 250만여 명이 네덜란드의 보어계 후손인 아프리카너(Afrikaners)들이다. 아프리카너들은 1948년 이후 계속해서 국민당의 핵심구성원들이었으며, 그들의 종교관은 16세기 프랑스 종교 개혁자 캘빈(J. Calvin)이 주창한 캘빈주의를 신봉[27]하고 있다.

캘빈주의는 신의 절대성과 의지에 기초한 정치를 주장한다. 즉 모든 것은 신의 의사에 달려 있으며, 신은 그 자유의 은총에 의하여 어떤 자는 구하고 다른 자는 멸망시킨다고 믿는 것이다. 이러한 캘빈주의의 예정설은 서구사회의 합리주의 정신을 받아들이면서 신의 의지에 의한 재화획득의 긍정, '선택된 자'로서의 백인의 우월성을 확립하였으며 그것이 인종 차별사상의 발생을 가능케 하였다.

바로 이러한 캘빈주의의 종교적 예정설이 아프리카너들이 고집하는 바스캅의 기반이며, 이것이 법에 의한 제도적 정착으로 남아공 사회에 적용됨으로서 아파르트헤이트는 하나의 생활패턴으로까지 간주되기에 이르고 있다.

아프리카너들에 있어 소위 그들의 라거 정신(Laager spirit)[28]에 입각한 아프리카너 민족주의(Afrikaner Nationalism)의 기치 하에 자신들의 응집력을 견고히 다지고 있는 것은 마치 유태인들이 마사다 정신(Masada spirit)[29]에 응집력의 구심점을 찾으면서 시온주의에 집착하는 것과 같은 극한 상황에서의 방위 본능적 일면을 보여주는 것으로 간주된다.

아파르트헤이트 인종차별정책은 남아공에서 역사적으로 만들어져 온 인종적 격리와는 그 수준과 이념이 다르다. 왜냐하면 법에 의해 강제되고 유지되고 있기 때문이다. 원주민(후에 반투족) 문제 장관(Ministry of Native Affairs ; 1910년 처음으로 만들어짐)인 헤르츠그(J,B,M Hertzog)는 인종차별정책의 뼈대를 형성하는 정책과 법을 기안하기 시작했다. 비록 많은 정책들이 1948년 이전에 만들어졌지만 이후 더 넓은 범위로 확대되고 강제되었다.

인종차별의 핵심은 모두에게 투표권이 주어지는 것을 부정하고 오직 백인들만 가진다는 것이다. 다른 인종차별정책들과 마찬가지로 투표권 역시 긴 역사를 가지고 있다. 19세기 처음으로 세워진 아프리카너 공화국은 오직 아프리카너 남자만 투표하도록 허가했다. 또한 영국인은 케이프 이외 지역에서의 흑인 투표권을 부정하는 법을 통과시켰다. 케이프 안에서도 교육과 재정적 조건을 만족시키는 소수만이 투표권을 가질 수 있었다. 인도인과 칼라드 투표자는 1983년에 3원제 의회제도에 의해 투표권을 행사할 수 있었지만 의미가 없는 숫자였으므로 백인 통치와 지배는 계속 될 수 있었다. 백인을 제외한 그 어떤 인종도 자신들의 권리인 투표권을 행사할 수 없었다.

재배치 정책은 흑인들이 백인 도시에 밤새 머무르는 것을 제한하고 사람들을 도시지역에서 격리시키기 위해 만들어졌다. 1913년 원주민 토지법(Native Land Act)이 제정된 이후 남아공 흑인들은 원주민 보호지에서만 땅을 사거나 빌려주는 것이 허락되었다. 인구의 60%가 넘는 인원이 고작 전 국토의 7.3%(후에 13%로 증가)에 살도록 제한되었다. 토지를 소유할 수 없게 됨으로서 흑인들은 농장이나 광산에서 일손을 필요로 하는 백인들을 위해 일해야만 했다. 1948년 집단지역법(Group Areas Act)에 따라 공식적으로 지정된 각각의 인종들이 각각의 주거지역과 업무지역에 살게 되었고 이를 위해 강제적으로 이주시켰다.

1960년대까지 보호지는 많은 인구에 자원은 부족했으며 기아가 만연함으로서 살아가기가 어렵다는 것이 명백했다. 그럼에도 불구하고 1959년 260개의 보호지가 몇 개의 홈랜드 또는 반투스탄(Bantustan)으로 지정되었다. 분리주의정책에도 불구하고 1948년에 흑인의 60%가 백인지역에서 살았다. 그러나 1960년에서 1983년 사이 약 3백만 명이 반투족의 자치구로 퇴거당했다.

인종장벽(color bar)은 숙련된 기술자로 일할 수 있는 방법을 차단함으로서 대다수 흑인들의 진출을 방해했다. 예를 들어 비공식적인 인종장벽은 광산업에 오랫동안 존재했었다. 흑인들이 저임금 비숙련직에 머물렀던 반면 백인은 감독직과 숙련직을 차지했다. 1922년 흑인들을 관리직으로 승진시키려했을 때, 백인 광산업자들에 의해 거의 내전에 가까운 파업과 데모가 발생했다. 2년 후 국민당은 백인노동조합의 지지로 힘을 얻게 되었고 즉시 인종장벽을 합법화 하였다.

1955년 반투 교육법(Bantu Education)이 통과된 이후 많은 학생들이 높은 수준의 학문교육을 받을 권리를 박탈당했다. 대신 낮은 수준의 교육이 원주민(반투족)부(Department of Native (Bantu) Affairs)에 의해 승인되어 제공되었다. 이에 따르지 않은 학교는 폐교되었고 저항하는 교사는 해고되었다.

이 법령 하에 남아공인들의 신분증은 '인종'에 의해 분류되고 기재되었다. 예를 들어 그들이 어느 지역에서 살 수 있고, 어떤 일을 할 수 있으며 누구

와 결혼할 수 있는지 따위를 결정하는데 사용되었다.

첫 번째 통행법(pass law)인 호텐토트 조약(Hottentot Code)은 1809년 영국인에 의해 케이프 식민지에 소개되었다. 이 법령은 모든 코이코이족들은 지정된 거주 지역을 가지며 여행할 때에는 고용주의 확인을 요구했다. 이 법은 코이코이족들이 통행권을 얻기 위해 아프리카너들의 농장에서 강제로 일을 해야 하는 것을 의미했다. 비록 영국 이주자들을 위한 노동력을 공급하기 위해 이 법은 몇 년 후 폐지되었지만 이 법은 이후 제정되는 많은 법의 시초가 되었다. 통행법은 흑인들을 백인들의 도시에 접근할 수 없도록 하고 다른 흑인들을 홈랜드로 강제로 돌려보낼 수 있었으며 백인들에게 계속적인 노동력을 안정적으로 공급할 수 있게 만들었다.

8.2 남아연방(Union of South Africa)과 1948년 이전의 아파르트헤이트 정책

아파르트헤이트는 1948년부터 1991년까지 남아공에서 시행된 인종격리, 차별, 그리고 백인의 통치를 일컫는 용어다. 인종차별이 공식적으로 소개되기까지 인종차별주의적인 정책들은 남아공에서 300년 넘게 시행되었다. 17세기 케이프에 이주한 네덜란드인들은 현지 코이코이족과 준 노예관계를 성립시켰다. 보어인들은 값싼 농장 노동력을 확보하기 위해 아프리카와 다른 지역에서 노예들을 수입하기 시작했다.

19세기에 영국은 네덜란드로부터 케이프 식민지를 빼앗았다. 1807년 노예를 합법적으로 소유할 수 있었지만 노예무역을 금지시키고 1820년 약 4,000명의 영국인들이 케이프로 이주해왔다. 합법적인 노예구매와 무임노동력을 사용할 수 없게 됨으로서 아프리카너들은 어려움을 겪게 되었다. 이것은 1833년 영국 노예제도 폐지로 이어졌다. 다른 변화와 함께 이러한 상황은 아프리카너의 생활방식에 대한 중대한 위협이 되었고 1836년 그들은 영국으로부터 구속받지 않고 자유롭게 살기위해 아프리카 내륙지방으로 이주하기 시작했다. 대이주 과정에서 세워진 아프리카너 공화국은 당연히 아프리카너 자결권과 원주민을 통치할 권리를 중요한 요소로 포함하게 되었다.

1870년대와 1880년대 남부 아프리카에서 발견된 어마어마한 양의 다이아몬드와 금 매장량을 확보하기 위해 영국인들은 남아공을 무력으로 정복했다. 앙글로-보어전쟁에서 아프리카너들이 패배했으나 전쟁 중 영국인들의 잔혹성에 대한 영국에서의 자유주의 반동은 앙골로-보어 우호관계를 만들어 나가기를 촉구했다. 1910년 영국 식민지들과 아프리카너 공화국들은 백인이 통치하는 남아연방으로 통합되었고 아프리카너인 루이스 보타(Louis Botha)가 이끄는 남아프리카당(South African Party)이 여당이 되었고 보타는 첫 번째 수상이 되었다. 그는 영어를 사용하는 백인들과 부유한 아프리카너들에게 유리한 정책을 실시하였다. 아프리카너 민족주의는 1914년 헤르쵸그에 의해 국민당(National Party : NP)이 조직됨으로써 처음으로 정치조직화하게 된다. 1924년 소규모의 노동당(Labour Party)과의 선거 조약에 따라 헤르쵸그는 첫 번째 수상이 된다. 그의 정부(1924-1929)는 비숙련 백인 노동자들을 흑인 노동자들과의 경쟁으로부터 보호했고, 자본주의 농부와 생산자를 보호했다. 헤르쵸그는 1929년 다시 수상으로 뽑혔으나, 1930년부터 1933년 사이의 불경기는 국민당의 힘을 약화시켰다. 헤르쵸그와 스무츠는 1933년 연합 내각을 구성하고 1934년에는 새로운 정당인 연합당(United Party : UP)을 세운다. 1934년부터 1948년에 걸쳐 실권을 갖게 된 UP는 영어화자 백인들과 상당수의 아프리카너들에 의해 지지를 받게 된다.

1930년대 중반, 특히 제2차 세계대전 중에 제조 산업은 빠른 성장을 맞이하게 된다. 남아공의 백인과 흑인들은 시골지역에서 도시지역으로 대규모로 이주하게 되었지만 이들의 지위는 같을 수가 없었다. 산업화와 도시화는 차별이라는 합법적 구조 속에서 발생한다.

인종차별에 관한 법들은 산업, 토지, 거주지, 행정제도, 그리고 정치적 영역에서 인종집단에 따라 다르게 적용되었다. 차별제도에서 핵심적인 요소는 시골지역의 '보호지(reserves)'와 도시지역의 분리된 '흑인 거주지(Township)'를 규정하는 것이며 인종에 따라 직업을 제한하고 처우도 달리 하는 것이었다.

1934년 말란(Daniel F. Malan)은 "순수한" 국민당(Purified National Party)을 만들었다. 배타적이고 차별적인 인종적 정체성을 내세웠던 말란의 국민당은 아프리카너 노동자들, 전문직 종사자들, 소수의 사업가, 그리고 금융 자본가들로부터 지지를 받았다. 1939년 9월 헤르쵸그의 반대를 무시하고 독일과의 전쟁을 선언한 스무츠의 결정에 대해 백인들은 분열되었고 이후 헤르쵸그가 사임하고 스무츠가 수상이 된다.

1934년부터 높아진 금값은 국가의 수입이 늘어난 것을 의미했으며 2차 산업에 투자할 수 있는 자본을 축적하게 되었다. 전쟁은 수입 대체물의 제조업과 남아공의 가장 큰 경제적 분야였던 농업과 광산업의 발전을 가속화시켰다. 1940년대는 중요한 정치적 영향과 함께 경제적 사회적 변화가 가속화되었던 시기였다. 그 10년 간은 더 급진적인 아프리카인들의 저항과 항쟁을 자극했고, 백인의 특권과 지배를 어떻게 최대한 효과적으로 지속할 것인가에 대한 백인 주요 지배계층의 분화를 촉진하였다.

보어인들은 수적인 우세를 바탕으로 이후 남아프리카 연방의 정권을 계속 장악하였다. 1911년의 첫 선거에서 스무츠(Smuts)와 보타(Botha)가 이끄는 보어계의 남아프리카당[30]이 승리한 이후 1948년 아파르트헤이트정책을 내건 국민당[31]이 승리하기까지 남아연방의 정권은 줄곧 보어계 정당들이 장악해 왔다.

이들 보어계 정당들의 지배 하에서 남아연방의 인종차별은 더욱 심화되었다. 이전의 케이프 식민지에서는 1841년 영국정부의 "주인 및 하인 칙령"(The Masters and Servants Ordinance)에 따라 과거 노예였던 사람들에게도 사회적으로 동등한 권리가 주어졌으나, 보어인들은 이러한 정책을 되돌려 놓았다.

1913년 보타(Louis Botha) 수상의 남아프리카당 정부는 원주민 토지법(The Native Land Act)을 입법하여 흑인들이 소유할 수 있는 토지를 전국토의 10%이하로 제한하였다. 아프리카인들이 유럽인들로부터 토지를 구매하거나 임차할 수 없었다. 흑인들의 소유가 허용된 지역들은 보호지역(Reserve)으로 불렸으며, 훗날 반투스탄 또는 홈랜드(Bantustan, Homelands) 정책이라는 흑인 격리정책에 이용되었다.

광산의 개발은 백인과 아프리카인의 삶을 근본적으로 바꾸어 놓았다. 백인들은 광산을 소유하고 숙련된 기술자로 직업을 가질 수 있었으나, 아프리카인들은 이주 노동자로서 엄격하게 통제되었고 비숙련 노동직에 고용되었다. 이러한 변화는 삶의 모습을 분명하게 윤곽지었다.

수년 후 대부분이 농부이거나 도시 노동자의 하층민이었던 아프리카너들은 이익이 많이 나는 광산업, 숙련된 전문가, 군대 그리고 공무원으로 일하는 영국인들에 대해 분개했다. 아프리카너 민족주의는 영국인의 제국주의와 통치의 결과 출현하게 되었고 폭넓게 발전되었다. 이러한 민족주의는 아프

리카너들의 이익을 대변하기 위해 1914년 국민당이 만들어 진 이후 흑인들에 대해 그 화살이 돌려지게 되었고 1924년 실질적인 힘을 갖게 되었다. 그러나 이러한 상황은 영어를 사용하는 영국계 백인이 아파르트헤이트를 시행하는데 있어 아프리카너와 결탁하지 않았음을 뜻하는 것은 아니다.

1934년 국민당(NP)은 아프리카너와 영어 사용 백인들의 이익을 대변하기 위해 다른 당과 합당하여 연합당(United Party)[32]을 만든다. 국민당의 나머지 추종자들은 브르더르본드(Broederbond ; 영향력 있고 비밀스런 아프리카너 민족주의자 모임)[33]와 다니엘 프랑소와 말란(Dr Daniel François Malan)이 이끄는 다른 극단주의 아프리카너에 의해 부활되었다.

8.3 국민당의 인종차별정책과 홈랜드 정책

1948년 말란이 이끈 국민당이 집권하면서 인종차별 정책은 극도로 노골화되었다. 국민당은 '격리'라는 의미의 아파르트헤이트 정책을 공약으로 내세웠으며, 이것은 흑인에 대한 단순한 차별을 넘어 정치 · 경제 · 사회 · 문화 등 모든 분야에서 백인과 흑인을 완전히 격리시킨다는 목표를 지닌 것이었다.

말란은 모든 흑인을 특별 보호지로 보내고 오직 백인주도의 경제체제를 유지하며 신이 명령한 '흑인들로부터 문명을 지킬 것'을 약속했다. 이 메시지는 직업상 흑인 다수와의 경쟁에 두려워하던 많은 백인 노동자들에게 영향을 주었다. 인종차별정책은 또한 광산주와 백인농민에게 그들의 유리한 지위를 지속하게 해줄 수 있었기 때문에 환영받았다. 값싼 흑인 노동력을 이주 노동자로 안정적으로 공급할 수 있었기 때문이었다.

그들은 아프리카인들은 도시에서는 영원히 거주할 수 없게 해야 한다고 주장했다. 아울러 인종차별을 좀 더 광범위하고 체계적으로 만들어야 한다고 제안했다. ANC의 정치적 활동과 흑인 노동조합운동에 대해 노골적으로 적대감을 표출했다. 1948년 5월 아파르트헤이트라는 인종차별정책을 주장한 국민당의 노선은 아프리카너의 단결을 이끌어 내 근소한 차이로 선거에서 승리하게 하는 요인이 되었다.

이에 따라 말란 정부는 아파르트헤이트 정책을 본격적으로 추진하기 시작, 1949년 혼합결혼금지법(The Prohibition of Mixed Marriage Act), 부도덕법(Immorality Act), 인구 등록법(The Population Registration Act), 집단

거주 지역법(The Group Areas Act), 그리고 공산주의 탄압법(The Communist Act) 등을 제정하였다. 혼합 결혼 금지법은 말 그대로 백인과 유색인종 간의 혼인을 불법화한 것이며 부도덕법은 혼합 결혼 금지법을 넘어서 백인과 유색인종 간의 결혼은 물론, 교제나 성행위까지를 포함한 모든 행위를 금지한 것이다. 또한 인구 등록법은 남아공의 인종을 법적으로 백인, 반투혼혈인, 인도인, 흑인으로 신분을 구분하여, 제도적으로 통치하려는 의도로서 제정된 법이었다. 집단지역법은 유색 인종을 백인 거주지로부터 쫓아냈으며, 이에 따른 노동력의 감소는 일부 흑인들에 대하여 백인 지역으로의 제한적 출입을 허용함으로써 충원하였다.

그리고 1951년에는 반투 통치 기구법(The Bantu Authorities Act)을 제정하여 흑인지역을 부족 통치기구, 지방 통치 기구, 지역 통치 기구 등으로 분리 설정하여 행정의 용이성과 아울러 자치화의 초석을 제공하였고 분리 대표 투표자법(Seperate Representation of Voters Act, 1951)을 통과시켜 그때까지 케이프 칼라드에게 주어졌던 보통 선거권을 박탈하였는데 1956년에야 실제로 실시되었다.

또한 계속하여 원주민법 수정법(Naw Law Amendment Act, 1952), 형법 수정법(Criminal Law Amendment Act, 1953), 원주민 노동쟁의 조정법(Native Labor Settlement of Dispute Act, 1953), 제 시설 분리법(Separate Amenities Act, 1953)을 제정하였으며 같은 해에 제정된 반투 교육법(Bantu Education Act, 1953)은 백인과 유색인종의 교육정책에 대한 기본법으로 원주민에 대한 교육관리 및 통제를 원주민 자치에 둠으로써 원주민들의 서구교육에 대한 제한을 간접적으로 하게 되었다. 이외에 자동차 운수 수정법(Motor Cars Transport Amendment Act, 1955), 폭동 집회법(Riotous Assemblies Act, 1956), 대학교육 확대법(Extension of University Education Act, 1959)으로 이어졌다. 아파르트헤이트정책의 지속적 법제화는 1959년 페르부어르트 수상이 반투 자치 촉진법(Promotion of Bantu Self-Government Act, 1959)을 발표하면서 분리발전의 기본 틀이 세워지게 되었다.

이렇게 함으로써 남아공 백인지배정부는 정치·경제·사회의 모든 분야에 걸쳐 백인사회와 비 백인사회를 완전 분리시켰다. 더욱이 전술한 1959년의 대학교육 확대법에 의하면 그때까지 비백인 학생의 입학이 허용되던 케이프타운 대학과 나탈 대학, 비트바터르스란드 대학에 대한 유색인종의 입학이 금지되었으며, 또한 같은 해에 만들어진 반투 자치 촉진법은 남아공 흑인을 종족별 반투 민족 단위(Bantu National Unit)로 분류하여 소위 자치구인 홈랜드를 설정하여 흑인들의 거주제한을 규정함으로써 남아연방에 있어서 흑인의 축출을 제도화하였다.

1959년 페르부어르트(Verwoerd) 수상은 전면적 아파르트헤이트를 구상, 분리발전의 원칙에 근거한 반투 자치 촉진법(The Promotion of Bantu Self-Government Act)을 발표하였다. 흑인의 종족별 단위에 기초한 개별국가의 건설은 백인사회와 흑인사회의 완전 분리를 전제로 하여 분리발전(separate development)을 지향하는 것으로서 그 궁극적인 목적은 남아공의 흑인을 그 종족에 따라 개별적인 홈랜드에 귀속케 함으로써 자동적으로 남아공의 국적을 잃게 만들어 흑인으로 하여금 자기 조국에서 외국인의 신분이 되게 하는 데 있었다. 이 법의 실행은 1971년 반투 홈랜드 법(Bantu Homelands Constitution Act)이 제정되면서 더욱 촉진된다. 1976년 트란스케이 공화국이 독립한 이후 모두 4개의 홈랜드가 독립하였으며 이를 포함하여 모두 10개의 자치지역이 생겨났다.

1970년에 제정된 반투 홈랜드 시민법에 의하면 공화국에 거주하는 흑인들은 그들의 출생지와는 관계없이 남아공의 시민이 아니며 '홈랜드'의 시민임을 명시하고 있다. 그렇게 되면 흑인들은 남아공에서 이주노동자에 불과하기 때문에 참정권 운운의 정치적 권리요구는 애당초 성립되지도 않으므로 남아공의 백인지배는 흑인의 저항이 완전히 배제된 상태에서 이루어질 수 있었다.

반투 자치촉진법은 위와 같은 목적에서 제정되었으며 1959년의 법제정 당시 8개 반투 민족단위(Bantu National Unit)를 설치하였다. 그 뒤에 2개 지역이 더 추가되어 모두 10개의 홈랜드 계획이 추진되었으며, 이미 1976년 10월 26일의 코사족의 트란스케이, 1977년 12월 6일의 츠와나족의 보푸타츠와나(Boputhatswana), 1979년 12월 13일의 벤다족의 벤다, 그리고 코사족의 시스케이가 1981년 12월 4일에 독립하였다. 10개의 홈랜드 중 독립을 하지 않은 6개의 홈랜드는 북북 소토(North Sotho)족의 레보와, 은데벨레족의 꾸와은데벨레(KwaNdebele), 샹간족과 쏭가(Shangann and Tsonga)족의 가잔쿨루, 스와지족의 캉그와네(Kangwane) 혹은 스와지(Swazi), 남부

소토(South Sotho)족의 꾸와꾸와(Qwaqwa), 줄루족의 꾸와줄루(KwaZulu) 등이었다.

보푸타츠와나와 아직 독립되지 않은 레보와는 비교적 지하자원이 풍부한 곳으로 알려져 있으나 백인 정부는 유명한 다이어몬드 광산과 금광산은 자기들의 소유지역으로 정했기 때문에 시스케이, 꾸와꾸와, 스와지만이 단일 영토이고 나머지 7개의 홈랜드는 백인지역에 둘러싸인 여러 개의 영토로 구성되어 있어 독립국가의 운영 면에서 어려움이 많았다.

반투 홈랜드 계획은 명목상 독립을 허용하지만 실제에 있어서는 남아공에 의존하여야만 그 존립이 가능한 것이며, 특히 재정적으로는 남아공의 지원 없이는 그 지탱이 가능치 않았다. 남아공이 추진했던 홈랜드 계획은 세계여론의 신랄한 비판을 받았는데 이미 독립을 한 홈랜드 국가에 대해서도 그 합법성을 국제사회는 인정하지 않았고 홈랜드 계획을 "아파르트헤이트정책의 아이들(children of Aparthei)"이라고 비꼬기도 하였다.

푸어르스터의 반투홈랜드 정책은 두 가지의 모순과 경제적 어려움을 흑인 아프리카인들에게 주게 되었다. 첫 번째는 자기들의 조국에서 남아공의 국적을 소멸 당하게 됨으로써, 국제적으로 무국적자가 되어버린 것이다. 즉, 그들은 그들이 속한 홈랜드의 시민으로 등록되면서 남아공의 시민권은 취소되어 버렸던 것이다. 이것은 흑인들을 백인지역에서 축출하려는 남아공 백인들의 술수에 의한 것이었다. 더구나 흑인들이 홈랜드로 배정받은 지역은 전국토의 13%로 전인구의 70% 이상을 차지하는 아프리카인들로서는 엄청난 불균형적 지역 배분이었던 것이었다.

두 번째의 문제점은 경제적인 어려움으로 프레토리아 정부에 의하여 자치를 부여받은 대부분의 홈랜드는 백인 정부에 경제적으로 의존할 수밖에 없는 상황이었다. 이들은 세입의 60% 이상을 백인 정부의 지원금에 의존하고 있으며 백인 정부에 비하여 지역의 경제적 효용가치도 낮아 자체의 경제순환이 지극히 어려운 실정이었다. 백인 정부는 표면적으로는 독립을 부여함으로써 외국인들에게 발전 가능성을 그럴듯하게 보여 주었으나 실제적으로는 필요한 만큼의 경제적 지원은 하지 않았다.

이러한 남아공의 반투홈랜드법의 분리발전정책은 백인 우위의 유지와 자본주의 발전을 유지하는데 있어서 다음과 같은 정치적·경제적 기능을 목표로 하였다. 먼저 정치적으로는 두 개의 주요 목표를 제시하였는데 첫째는 분할하여 통치(Divide-Rule Mechanism)하며, 둘째는 아프리카 흑인들에 대한 통치를 쉽게 하여 경제적으로 남아공의 자본주의 발전에 이용할 수 있도록 하는 것이었다. 이것은 홈랜드법에 의하여 흑인들의 노동이 이주 노동으로 간주됨에 따라 노동 비용이 상대적으로 낮아짐으로써 초래된 비용절감 효과에 따른 것이었다.

지금 현재 9개주로 되어있는 남아공 각주의 모어 사용 인구비율은 과거 아파르트헤이트 인종차별정책에서 시행된 홈랜드 정책을 한눈에 알아볼 수 있게 한다. 예를 들어 아프리칸스어는 북부 케이프(Northern Cape), 서부 케이프 그리고 하우텡 순으로 많이 사용되고 있는데 하우텡주는 상업 중심지로서 백인 아프리카너가 상대적으로 많이 거주하고 있다. 영어는 서부 케이프, 크와줄루-나탈(KwaZulu-Natal) 그리고 하우텡 순으로 나타나고 있는데 서부 케이프에서는 케이프를 중심으로 영국계 백인들이 많이 거주하기 때문에, 꾸와줄루-나탈은 주로 인도인들이 영어를 사용하기 때문에, 하우텡에서는 상업 및 교역의 중심지로 영어가 공용어로서 강력히 사용되고 있기 때문이다.

상대적으로 부강하고 잘 무장된 남아공은 아파르트헤이트 정책을 보호하기 위해 이웃하고 있는 국가들을 지배할 수 있었다. 협박, 파괴, 군사행위 그리고 전복 같은 방법이 정권을 흔들기 위해 사용되었다. 남아공은 이웃하고 있는 아프리카인 국가에 대해 위협을 느꼈고 이에 따라 불법적인 로데시아(Rhodesia ; 현재의 짐바브웨(Zimbabwe)) 백인 정부를 지원하게 되었다. 게릴라 근거지를 제거하기 위한 노력이라는 핑계로 남아공은 많은 이웃 국가들을 침략했다. 앙골라(Angola)는 침략당하고 파괴되었으며 모잠비크(Mozambique)의 반란군을 남아공이 지원함으로서 오랫동안 내전이 지속되었다. 동부와 중부 아프리카 국가들은 전쟁지역으로부터 발생한 피난민의 유입 때문에 피해를 입었다. 나미비아는 1990년대까지 불법적으로 남아공에 의해 점령당했고 인종차별정책이 실시되었다. 남아공은 경제적으로 남아공의 온정에 의지할 수밖에 없던 레소토와 스와질란드에 대해 남아공의 인종차별정책을 지지하도록 강요당했다. 이러한 목적을 달성하기 위해 국경봉쇄 정책을 사용했다.

1953년 제 시설 분리법 (Separate Amenities Act, 1953)에 의해 건물의 계단도 인종에 따라 다르게 이용하여야 했다.34

- **시설의 격리** : 1952년 불복종 운동인 저항 운동(Defiance Campaign)이후 정부는 1953년 시설 분리법(Separate Amenities Act)을 공표하였다. 다른 인종들에게 격리된 시설이 주어져야 했고 이는 공원의 벤치, 해변, 하물며 계단까지도 포함되었다. 또한 법령은 시설들이 동일한 기준을 가질 필요가 없다고 규정하고 있다.
- **통행법**(Pass laws) : 인종차별정책 시행 기간 중 통행법은 인종격리를 집행하기 위해 사용되었다. 만약 흑인들이 백인 타운에 있다면 그들은 고용주의 확인(도장이나 스템프를 사용)이 있는 통행권을 지참해야만 했다. 경찰은 언제든 통행권 검사를 위해 사람들을 조사할 수 있었다.
- **홈랜드** : 몇몇 홈랜드는 1970년 '독립(independence)'이 주어졌다. 이 독립은 단지 정부가 시설의 규정과 그 자체에 관계하지 않도록 하는 구실로 남아공에서만 인정되었다. 더욱 중요한 것은 홈랜드의 주민들은 '외국인'처럼 남아공에서 그 어떤 권리도 부정되었다. 홈랜드는 전적으로 외부 지역에 종속되어 노동력만 공급하는 곳이 되었다. 산업시설들은 홈랜드의 내부가 아닌 국경지역에 건설되도록 장려되었다. 부텔레지(Buthelezi)와 꾸와줄루의 수상을 제외한 대부분의 홈랜드 지도자들은 인종차별 지지자들이었다.
- **흑인자치지구**(Townships) **순찰** : 무장한 경찰에 의한 정기적 순찰은 흑인자치지구를 마치 전쟁지역처럼 만들었다. 많은 사람들이 백인이 사는 도시에서 정부가 만든 흑인자치지구로 강제로 이주되었다.
- **샤프빌 학살 사건**(Sharpeville Massacre) : 1960년에 새롭게 구성된 범 아프리카회의에 의해 조직된 샤프빌 경찰서 밖 시위는 경찰에 의해 무자비하게

진압되었다. 69명이 죽었고 100명이 넘게 다쳤다. 생존자들의 대부분은 뒤에 총살되었다.

- **반역재판**(Treason Trial) : 넬슨 만델라를 포함한 1952년 저항 운동(Defiance Campaign)에 관련된 156명에 대한 1956년 반역 재판(Treason Trial)은 1961년까지 지속되었다. 피고인의 비폭력원칙은 그들이 폭력을 선동했다는 정부의 주장을 반박함으로써 마침내 모든 고소는 기각되었다. 재판은 세계적으로 반아파르트헤이트 운동을 위한 국제방어와 원조기금(International Defencse and Aid Fund) 설립을 이끌어내는 등 국제사회의 이목을 끌었다.

9. 아프리카 흑인들의 초기 저항

백인들의 지배가 확립된 후 흑인들은 한동안 노예가 되었다가 1833년의 노예해방 조치에 의해 모두 자유인이 되었다. 그 후 케이프 식민지에서는 흑인들에게도 형식상 백인들과 동등한 권리가 주어졌지만. 이들의 사회적 지위는 여전히 매우 낮았다. 또한 일정한 재산을 지닌 사람들에게만 참정권이 주어진 결과, 흑인들의 대다수는 계속 선거권을 지니지 못했다

이런 가운데 19세기말부터는 흑인들의 근대적인 사회 조직들이 생겨나 교육 및 인권 신장을 위한 활동을 전개하기 시작했다. 1882년에는 최초의 흑인 정치 조직인 케이프 원주민 교육위원회(The Gape Native Education Association)가 생겼으며, 1884년에는 최초의 반투어 신문이 생겼다. 또한 흑인 교회들을 중심으로 인권 신장을 위한 대중운동이 서서히 펴져 나갔다.

정치적으로 의식 있는 칼라드들은 1902년에 아프리카 인민조직(African People's Organisation : APO)[35]을 설립한다. 오랫동안 압둘라 압두라흐만(Abdullah Abdurahman)[36] 의장의 지도 하에 APO는 정치적 권리를 찾기 위해 노력하는 한편, 때때로 아프리카인 정치단체들과 연합하여 활동했다.

한편 나탈과 트랜스발의 인도인들은 1893년부터 1914년까지 남아공의 인도인 회사에 변호사로 일했던 간디(Mohandas Karamchand Gandhi)를 중심으로 인종차별적인 법 제정에 항의하였다. 1906년부터 1908년 사이에 간디는 인도의 독립운동 당시 사용했던 수동적 저항운동인 샤티아그라하

(satyagraha)을 발전시켰다. 인도인들은 1860년대부터 사탕수수 농장의 계약 노동자로 대거 유입되었는데, 정부가 이들의 도시 통행을 제한하려는 목적에서 통행증(pass)을 발급하자 파업으로 대항한 것이다. 이들의 저항은 간디의 비폭력 저항 의식이 세계의 관심을 모으면서 일정 부분 성공을 거두었다.

1909년 새로운 남아연방의 결성을 위한 헌법 초안이 전적으로 백인들의 지배에 초점을 맞춘 것으로 드러나자, 흑인들은 전국 원주민 회의(The National Native Convention)를 소집하여 항의하였다. 이들의 노력은 실패하였으나 이때의 경험을 바탕으로 1912년 1월 불름폰테인(Bloemfontein)에서 남아프리카 원주민 회의(South African National Congress : SANC)라는 명칭으로 시작된 전국의 흑인 대표들이 모여 결성한 아프리카 민족회의(South African National Congress : ANC로 1923년 명칭변경)는 그 후 흑인 저항운동의 핵심 세력이 되었다. 이 조직의 첫 번째 지도자는 존 랭갈리발렐레(John Langalibalele)였다. 듀베(John L. Dube) 의장, 월터 벤슨 루부사나(Walter Benson Rubusana) 부의장, 솔로몬 체키쇼 플라끼(Solomon Tshekisho Plaatje) 사무총장, 픽스리 칼나카 세메(Pixley Kalsaka Seme) 회계원 등이 중요한 인물이었다. 이 당시 ANC의 역할은 백인 정부에 호소하여 모든 남아공 사람들에게 동등한 권리를 보장하도록 설득하는 수동적 자세였다.

제1차 세계대전 이후로는 사회주의 사상의 확산 및 경제사정의 악화 등으로 노동운동이 활기를 띠면서 1919년에는 글레멘츠 카달리에(Clements Kadalie)가 이끄는 최초의 흑인 노동조합인 산업 및 상업 노동자 조합(Industrial and Commercial Workers Union : ICU)이 생겼다. 이 조직은 한때 조합원 10만 명을 확보한 최대의 흑인 저항 단체로 중요한 역할을 했으나, 1928년 조직이 분열된 이후 차츰 힘을 잃게 되었다. 이 조직의 활동은 대중들의 지지에 기반을 둔 아프리카인 최초의 정치적 움직임이었다.

1934년 헤르쵸그(Hertzog) 수상의 연합당 정부가 들어서면서 흑인과 아시아계 유색인종의 인권을 제한하는 일련의 법안들을 준비하자 새로운 저항운동이 촉발되었다. ANC는 소수의 아프리카인 중산층의 권익을 주로 대표하고 있었다. 대표단의 행동과 항의는 다른 3개의 주에 케이프의 선거권을 확대하고 교육받은 아프리카 엘리트들의 권익을 보장하기 위한 것이었다. 비록 ICU의 성장이 ANC를 1927년과 1930년 사이에 조시아 구메데(Josiah Gumede)의 지도 하에 더 극단적 자세로 몰아가지만, 그들의 지도력은 자의식을 가지고 있었고 온건한 노선을 택하고 있었다. 강렬한 아프리카 민족주의가 1930년 중반 등장하고 계속되고 있는 차별적인 법률제정에 대한 항거로 1935년 12월 전 아프리카인 회의(All African Convention : AAC)가 출현했다.[37] 또한 1935년 ANC 정기회의에 최초로 인도인 및 유색인종의 대표가 함께 모여 새로운 연합조직을 결성했다. 법적 장애물이 있음에도 불구하고, 아프리카의 도시 인구는 1911년 약 50만에서 1946년 약 170만으로 증가하였고, 새로운 도시의 거주자들은 많은 다양한 조직으로 흡수되고 있었다. 비록 전쟁이 일자리를 창출했지만, 터무니없는 주택의 부족과 인플레이션으로 인해 도시에서의 생존을 극단적으로 힘들게 만들었다. 아프리카의 노동자들 사이에 퍼져나간 파업과 노동조합 운동은 슬럼가인 불법거주지의 확장과 생계비에 대한 저항운동으로 나타났다. 특히 비트바터르스란트의 상업중심지에서 마라비(Marabi)로 알려진 특색 있는 대중문화가 꽃을 피웠다. 이 명칭은 폭넓은 음악 형태에서 유래되었으나 집합적인 원조, 오락, 그리고 도시의 가난을 누그러뜨렸던 자선조직과 관련이 있었다. 시골 지역에서는 아프리카 독립교회(African Independent churches)와 학교, 흑인 분리 독립주의(Garveyism : Marcus (Moziah) Garvey : 가베이는 자메이카 출신의 흑인 운동 지도자로 흑인을 분리하여 아프리카에 흑인 자치 국가 건설을 주장. 1887-1940), 그리고 전통적인 지도자인 족장에 대한 대중적 지지와 후원이 양차대전 사이에 두드러졌다.

1921년 설립된 남아공 공산당(Communist Party of South Africa : CPSA)은 처음에는 백인 노동조합에서 독자적으로 활동했다. 그러나 1925년부터는 아프리카인 회원을 적극적으로 받아들였고 1928-1929년 사이에 흑인 다수의 통치를 요구하며 ANC와는 더욱 친밀한 관계를 갖게 된다. 1950년 CPSA는 불법적인 조직으로 선언되었고 공산주의 탄압법(Suppression of Communism Act)에 의해 탄압받았다. 이 법은 이후 아파르트헤이트 정부에 대한 저항을 효과적으로 제압하는 아주 강력한 수단이 되었다. 1953년 지하에서 활동하게 된 CPSA는 남아공 공산당(South African Communist Party : CPSA)으로 재편되었고 1990년까지 불법화 되었다.

대략 1930년까지 이러한 상황이 지속되었다. ICU는 전력을 다해 투쟁하

였고 ANC는 작고 실효성이 없는 압력단체였으며 공산당은 논쟁을 계속함으로써 스스로 무너져 가고 있었다.

그 후 국민당의 집권으로 인종차별이 더욱 노골화되자 흑인들의 저항운동도 급진적으로 변해갔다. 1952년 6월 ANC는 인도인 단체들과 연합해 대규모 시위를 전개하였다. 이 시위는 8,000여 명이 투옥된 사상 최대의 비백인 시위로 ANC의 힘을 과시하는 계기가 되었으나, 실질적인 성과는 전혀 거두지 못하였다.

양차 세계대전을 거치면서 남아공은 제2의 산업혁명을 맞이하게 되었다. 이때 조직된 노동조합은 아프리카인들의 합법화된 유일한 정치대표가 되어 갔다. 불만에 대한 표출은 단지 노동조건에만 국한되지 않고 정치적인 분야에도 확대되기에 이르렀다. 제일 처음에 조직된 노동조합은 광산 노동조합(African Mine Workers' Union ; 현재는 National Union of Mine Workers로 바뀌었다)이었다. 이 조직은 남아공에서 가장 크고 강력한 노동조합이 되었다. 오늘날 가장 강력한 노동조합은 남아공 노동조합단체(Congress of South Af rican Trade Unions : COSATU)와 국가 노동조합 위원회(National Council of Trade Unions : NACTU)이다.

1944년에는 안톤 렘베데(Anton Lembede)와 넬슨 만델라(Nelson Mandela) 등을 중심으로 ANC 청년연맹(The Youth League)이 결성되어 시위와 파업 등의 적극적인 투쟁 방식을 사용하여 대규모의 대중운동을 주도하기 시작했다. 이 당시 월터 시술루 그리고 올리버 탐보 등이 중요한 역할을 하였다. 1945년 ANC는 클립타운(Kliptown)에서 일부 백인 단체들까지 참가한 회합을 갖고 "모든 인종의 공존"을 표방한 자유 헌장(Freedom Chart)을 채택했으나, 그 후 순수한 흑인운동을 주장하는 세력의 이탈로 조직이 분열되었다.

성공적인 대중 정치 동원의 첫 번째 예 중 하나는 1952년의 불복종 저항운동(Defiance Complain)이다. 인도인과 다른 집단들 그리고 지원자들과 함께 ANC는 전국에서 부당한 법에 대해 불복종 운동을 주도했다. 이 운동은 폭력의 발발 후에 중지되었다. 정부에 의한 보복은 종종 가혹했다. 인종차별로 인해 야기된 사회불안을 통제하기 위해 경찰병력을 증가시켰다. 고문과 스파이들이 널리 이용되었고 경찰의 감금으로 많은 사람들이 죽었다. 그들의 활동을 중지시키기위한 정치적 활동의 제한과 금지 같은 보다 인도적인 통제 방법들이 시행되기 시작했다.

10. 아프리카 흑인들의 후기 저항

로버트 소부크웨(Robert Sobukwe)를 중심으로 한 강경파들은 1958년 범아프리카 회의(Pan-Africanist Congress : PAC)라는 새로운 조직을 결성하였다. 이들은 순수한 아프리카인들의 아프리카 건설을 주장하며 보다 급진적인 투쟁을 선호했다.

1960년 샤프빌 사건[39]

1960년 3월 PAC가 조직한 통행법 반대(Anti-Pass Laws) 시위와 ANC의 전국적인 불복종 운동은 샤프빌에서 경찰의 발포로 69명이 사망하고 180명이 부상하는 유혈사태를 초래했다. 이 사건은 아파르트헤이트의 결과 일어난 직접적인 유혈 사태이며 세계적인 비난을 받았다. 3월 21일 샤프빌의 날은 아프리카너의 대이주와 같이 아프리카인들의 민족주의를 고취시키는 날이 되었다. 이 사건 이후 PAC와 ANC는 모두 불법화되었으며, 남아프리카의 인권문제가 본격적으로 세계의 관심을 모으기 시작했다. 이후 흑인 저항 운동은 폭력화되었다.

1960년 샤프빌(Sharpeville)에서 통행증을 불사르고 있는 모습[38]

1961년 샤프빌 사건 후 인근 국가로 망명한 ANC 와 PAC의 지도부는 각각 민족의 창(Umkhonto We Sizwe : MK)과 포코(Poqo)

라는 무장투쟁 조직을 결성하고 테러 활동을 전개하기 시작했다. 그러나 1962년 만델라의 체포와 1963년 리보니아(Rivonia)에서 핵심 인사들이 대거 검거되고 만델라와 시술루를 비롯한 지도부는 1964년 무기징역형을 선고받고 수감됨으로서 조직은 심각한 타격을 입게 되었다. 이후 ANC는 국제사회의 반 아파르트헤이트 조직과 함께 활동무대를 해외로 옮겨가게 되었다.

1961년 아프리카 민족회의의 의장이었던 올리버 탐보는 아프리카 민족회의의 해외지국 설립을 위해 남아공을 떠났다. 그는 잠비아(Zambia)의 루사카(Lusaka)에서 게릴라전을 계획하고 재정을 확보하고 해외 무장투쟁 기지를 확보 했다.

이후 흑인 저항운동은 학생 단체들과 노동운동 단체들을 중심으로 전개되었다. 스티브 비코(Steve Biko)가 주도하는 흑인 의식 운동이 저항운동의 핵심을 담당했다. 국민당은 1953년 반투교육법(The Bantu Education Act), 1956년 산업중재법(The Industrial Conciliation Act) 등을 통해 흑인에 대한 교육과 취업을 제한하였는데, 학생과 노동단체들은 주로 이러한 차별의 철폐를 요구하였다.

1970년대 초에 들어와 경제상황이 악화되면서 실업이 늘어나자 각지에서 파업이 빈발했으며, 1976년 7월 16일 소웨토(Soweto ; 요하네스버그 남서 지구(The southwestern township of Johannesburg)의 약자)에서는 대규모 폭동이 일어났다. 1976년 남아공 정부는 영어 대신에 아프리칸스(Afrikaans)어[41]를 아프리카인들의 학교에서 교육 수단으로 사용하도록 공포하였다. 이 법은 흑인 사회 - 특히 젊은이들에게 - 에 저항운동의 불을 댕겼다. 영어와 아프리칸스어는 모두 공식어였지만 아프리칸스어는 압제자들의 언어라고 여기고 있었기 때문이었다. 1977년 10월에 막을 내린 이 사건은 전국적으로 퍼져 나갔고, 약 700명이 사망

1976년 소웨토(Soweto) 폭동[40]

하였고 수많은 부상자가 발생하였다. 샤프빌 사건은 부모들의 저항이었고, 소웨토는 자식들의 반발로 평가되고 있다.

이 사건 이후 다수의 흑인들이 ANC와 PAC의 무장투쟁조직에 가담해 이들 조직이 크게 강화되었으며, 국민당 정부는 흑인들에 대한 유화정책을 강구하게 되었다.

1970년대 말부터 흑인들의 무장투쟁에 의한 피해가 늘어나는 가운데 정부는 소수의 흑인 중산층 및 인도인과 아시아계 유색인종에 대한 유화책으로 국면을 수습코자 하였다. 그 결과 1984년에는 헌법 개정으로 인도인 및 유색인종이 자신들의 의회를 구성할 수 있게 하여 소위 3원제 의회(Tricameral parliament)를 만들었다. 이러한 헌법 개정은 아프리카인들에게 분노를 자아내게 하였다. 비록 홈랜드에서 자신들의 대표를 선출할 수 있다고 하지만 이들은 꼭두각시 정부였기 때문이었다. 불만은 전국적으로 일어나 주택 임대비의 상승, 계속되는 강제 이주, 그리고 악화되고 있는 흑인교육이 주된 목표가 되었다. 이때 경찰의 스파이나 정부제공자에게 가공할 만한 목걸이 화형식(necklace)이 이루어지기도 했다.

한편 1978년 수상에 취임한 보타(P.W.Botha)는 헌법 개정 후 대통령이 되었다. 1985년 3월 위텐하게(Uitenhage)에서 샤프빌 학살 5주년 기념식이 끝난 후 경찰의 발포로 다시 20명이 사망하는 사건이 발생했다. 이 사건 이후 각지에서 소요가 잇따라 사상자가 늘어나자 정부는 인종 간의 결혼금지 및 공공장소에서의 인종차별을 철폐하는 등의 유화책을 발표했다.

그러나 이후 보타 대통령은 백인 극우단체 및 국민당 내 강경파들의 압력에 밀려 다시 강경노선으로 선회하기 시작했다. 1985년 10월에는 흑인 단체들과의 대화를 촉구한 EC 사절단의 제의를 일축하고 보츠와나, 짐바브웨, 잠비아 등 인근 국가들을 습격했으며, 1986년 6월에는 강력한 비상계엄(state of emergency)을 선포하였다. 약 8500명이 감금되었고, 수천 명이 생명을 잃었다.

이후 남아공은 국제사회로부터 강력한 제재를 받게 되었다. 1986년 9월 EC와 미국의회가 남아공에 대한 신규 투자 및 주요 상품의 교역 금지 조치를 결의한데 이어 세계 각국들도 잇달아 제재조치를 발표했다. 이러한 제재 조치들은 남아공 경제를 크게 악화시킨 주요인으로 작용해 국민당 정부를 곤경에 빠뜨렸다. 1987년에 이르러 일련의 폭동은 가라앉았으나, 흑인과 백

인들은 과거에 비하여 더욱 정치화되었고 양극화되었다. 결과적으로 국제사회의 비난과 경제적 악화는 남아공이 민주화를 향한 평화적인 방법을 심각하게 모색하는 계기가 되었다.

1989년 1월 보타 대통령이 뇌일혈로 쓰러짐으로써 남아공 정국은 커다란 변화의 계기를 맞게 되었다. 보타 대통령은 얼마 후 국민당 당수직을 사임해 교육부 장관이던 드 클레르크가 새로운 당수가 되었다. 이어 8월에는 대통령직도 사임해 드 클레르크가 대통령에 취임하였다. 드 클레르크 대통령은 취임 직후부터 국가 비상사태를 해제하는 등 혁신적인 개혁조치들을 과감히 시행해 남아공의 역사를 바꾸어 놓은 주역이 되었다.

11. 아파르트헤이트 정책의 붕괴

아파르트헤이트 인종차별정책의 성공은 오래가지 못했다. 1966년 페르부어르트가 암살당한 뒤 법무장관 폴스터르가 수상이 되었다. 그가 통치한 1973-1978년 사이에 많은 위기를 맞이하게 되는데 그중 하나가 경제적 문제였다. 1970년대 초반의 국제적인 경제 후퇴는 국내 경제를 강하게 위협했다. 경제 성장이 저하됨에 따라 인플레이션이 발생하고 고용률이 현저히 떨어졌다. 또한, 해외기술과 자본재에 대한 수입 의존도가 높아지고 국가재정은 균형을 맞추기 어려웠다. 두 번째 위기는 산업적 정치적 저항에 관한 것이었다. 1973년 파업의 물결이 급격하게 성장한 흑인 노동조합을 중심으로 퍼져나갔다. 스티브 비코가 주도한 흑인 의식 운동(Black Consciousness)은 흑인 학교와 대학을 아파르트헤이트 저항의 핵심지역으로 만들었다. 1976년 6월의 소웨토에서 일어난 저항운동에 경찰은 어린 학생들에게까지 무차별적으로 발포하여 살해함으로서 저항이 전국적으로 퍼져나갔다. 이 사건은 샤프빌 사건 이후 저항운동에 활기를 불어넣었으며 이후에 남아공의 정치형태를 크게 변화시켰다.

세 번째 위기는 지정학적 요인이 크게 작용하였다. 1973년에 포르투갈 파시즘이 몰락했고, 1974년 모잠비크에서 프렐리모(Frelimo)가 승리했으며 1975년 앙골라에서는 앙골라인민해방운동(Movement for the Liberation of

Angola : MPLA)이 승리를 했고, 앙골라에 파견된 남아공 군대가 패주했다. 그리고 로데지아에서는 이안 스미스(Ian Smith)가 짐바브웨의 게릴라들에게 패배했다. 다시 말해서, 힘의 지역적 균형이 깨졌다는 것이다. 마침내, 1970년 후반부터는 남아공에 대한 국제적인 적대감이 새로운 형태를 띠며 위협을 하게 되었다. 남아공에 대한 무기 수출이 금지되고 많은 국제사회에서 추방당하였을 뿐만 아니라 남아공에서 생산된 제품을 거부하고 외국의 은행과 회사들은 투자를 회수하기에 이르렀다.

도덕성에 대한 무관심, 정부의 경제적 위기는 많은 위기상황을 불러왔다. 1948년 선거 이전에도 분리 정책이 가져오는 문제는 명백하게 드러나고 있었다. 정부는 보호지에 추방된 흑인 노동력이 경제발전에 중요한 요소라는 것을 깨닫게 되었다. 또한 흑인 노동력은 잘 교육받고 효과적으로 이동할 수 있어야 했지만 인종차별정책 하에서는 불가능했다. 특히 건설 분야 고용주들은 자주 발생하는 결원을 채우기 위해 인종장벽을 무시했다.

1980년대 들어 보타가 이끄는 남아공 정부는 흑인을 비롯한 유색인종에 대해 유연한 자세를 보이기 시작했다. 이러한 자세전환의 배경에는 여러 가지 요인이 있을 수 있겠으나 우선 경제적인 문제를 들 수 있다. 아파르트헤이트로 인해 남아공 내에 야기된 불안정한 상황은 지난 20여 년간 남아공의 경제력을 내리막길로 치닫게 만들었다. 1960년대의 성장률이 평균 5%였던 데 반해, 1970년대에는 3%, 1980년에 들어서는 1%미만으로 격감해 버린 것이다. 더욱이 대부분의 경제성장은 재정부문과 서비스 분야에서 이루어진 것이고, 농업, 제조업, 광업, 건설업 등은 하락세를 면치 못하여 전체 경제에 대한 기여도가 지극히 미미한 상태였다. 높아지는 흑인 실업율도 불안을 심화시킨 원인이 되었는데, 1985년 흑인의 실업률은 30%였으며, 일부 지역에서는 50-75%까지 나타났다. 한편 남아공 정부로서는 매년 3%씩 늘어나는 경제활동인구에 일자리를 주기 위해 연 5%의 경제성장이 필요한 실정이다. 아파르트헤이트에 의한 경제적 차별은 인구의 다수를 점하고 있는 흑인의 구매력 증가를 불가능하게 하여 남아공의 경제성장에 결정적인 장애요인으로 작용하였다. 1984년 백인 가정의 연평균 수입이 22,000란드인데 비해 흑인 가정은 3,300란드로서 7:1의 비율을 나타내고 있었다.

또한 남아공 정부가 아파르트헤이트 정책을 유지하기 위해 쓰는 비용도 계속 증가하여 재정에 부담을 주고 있었다. 1985-1986 회계연도에 남아공

정부가 지출한 아파르트헤이트 정책 유지비는 최저 2,800만 란드에서 최고 5,700만 란드로 추정되고 있다. 이러한 추정치는 개인 또는 비정부 기구에 의해 지출된 내용은 포함하지 않은 것이므로 실제 지출된 액수는 더 많다고 보아야 한다. 남아공 정부 예산중 10-21%가 아파르트헤이트 유지를 위해 설치된 기구의 운영을 위해 쓰였고, 이 밖에 정부 지출 중 약 12%가 인종간의 분리를 유지, 강화시키고 아파르트헤이트 정책의 새로운 프로그램을 개발하는데 투입되었다.

위에서 언급한 경제적인 이유와 그 밖의 정치적·외교적 요인으로 인해 남아공 정부는 유화적 제스처를 사용하지 않을 수 없는 상황이 되었다. 1980년대 초반에 남아공 정부가 취한 조치 중 가장 주목할 만한 것은 1983년 11월 국민투표에서 통과된 새로운 헌법의 발효라고 할 수 있다. 이 법의 핵심은 3원제 의회에 있는데 이는 백인들의 참정권 독점에 대한 비난을 무마하기 위해 유색인종들도 대표를 선출, 백인대표와 함께 의회를 구성하는 것을 인정한 것이었다. 즉 흑인계층을 제외한 250만의 케이프 칼라드와 80만의 아시아인(주로 인도계)들에게 제한된 참정권을 허용, 그들의 대표를 뽑아 의회로 보낼 수 있게 한 것이다. 새 헌법은 겉으로 보기에는 남아공 백인정권의 점진적인 개혁의지를 담고 있는 듯하였으나 실제적으로는 내부에 큰 결점을 안고 있었다. 즉 2,400만에 달하는 흑인 계층에 참정권을 주지 않음으로써 흑인들의 감정을 폭발시키는 또 하나의 계기를 만들어 놓은 것이다.

1984년 8월 실시된 3원 구성을 위한 선거에는 칼라드 유권자의 30%, 인도인 유권자의 20%만이 참가하였으며, 소웨토에서는 흑인들의 폭동이 1주일간 계속되었다. 연합민주전선(United Democratic Front : UDF) 등 반아파르트헤이트 단체는 유색인종 유권자들에게 선거의 보이콧을 요구하였고, UN안보리는 미국과 영국이 불참한 가운데 새 헌법이 "무효(Null and Void)"라고 비난했다.

1985년 2월에는 크로스 로드(Cross Road) 지역에서 흑인들을 강제 이주시킨다는 소문이 돌자 폭동이 발생, 진압과정에서 흑인 18명이 사망하는 사태가 발생했고, 보타 대통령은 이 사태의 무마를 위해 넬슨 만델라의 석방 고려와 각종 제재조치를 완화하겠다고 발표했다. 4월, 정부는 혼합결혼 금지법과 부도덕법을 폐지할 것을 제안하는 등 유화정책에 주력했다. 그러나 계속적인 폭동으로 3월에 17명, 4월에는 19명이 사망했으며 7월에는 심각한 대규모 사태로 확산, 정부는 25년 만에 처음으로 36개 폭동 발생 지역에 비상조치를 선포했는데, 이러한 강경책은 10개월여 간 계속된 흑인들의 강력한 반발에서 기인한 것이었다. 이 기간 동안 500여 명에 달하는 흑인들이 진압과정에서 사망했는데, 이는 일부 백인들의 비난까지 불러일으키게 된다. 야당인 진보연합당(Progressive Federal Party)의 페드릭 반 질 슬라버트(Ferderik Van Zyl Slabbert)는 정부 정책에 대한 비난의 강도를 높였으며, 흑인계층에서도 투투(Tutu)주교의 온건노선 주장보다는 ANC의 군사적·폭력적 노선에 더욱 동조하는 현상을 보였다.

1985년 8월 보타 대통령은 더반(Durban)에서 있었던 연설에서, 기대와는 달리 모호한 타협안을 제시하는데 그침으로써 국내외에 실망을 안겨 주었다. 그는 "우리를 너무 밀어붙이지 말라(Don't push us too far)"고 주장하였으나 투투 주교는 이 연설에 대해 "황폐화(Devastated)"되었다고 평했으며, ANC는 무장투쟁을 계속할 것을 주장하였다.

그로부터 한 달 뒤 보타 대통령은 국민당 지부의 연설에서 4개 홈랜드의 도시 근교에 주거하는 흑인들에게 향후 시민권을 주는 문제를 검토하겠다고 선언하였으나, 정치적 권한은 여전히 제한될 것임을 시사했다. 1986년 2월에는 보타 대통령이 홈랜드 및 여타 흑인 지도자들과 대화를 갖겠다고 밝혔으며, 3월에는 비상조치를 해제하여 국내외로부터 환영을 받았다. 4월에는 통행법의 효력을 정지시키고 이 법을 어겨 구금 중이던 245명의 흑인들을 석방하였다. 이러한 화해조치는 남아공 내 흑인들의 저항과 미국을 비롯한 서방세계의 대남아공 경제제재조치 위협에 위기감을 느낀 남아공 정부가 내놓은 카드였다.

그러나 1986년 5월을 기점으로 남아공 정국은 다시 긴장하기 시작, 5월 1일 노동절에는 COSATU 주도 하의 총파업으로 50만 명의 흑인 노동자들이 파업에 돌입하였으며, 6월에는 남아공 군대가 ANC의 군사시설 파괴를 목적으로 인근의 잠비아, 짐바브웨, 보츠와나 국경지대를 공격, 긴장이 고조되었다. 급기야 6월 1976년 소웨토사태 기념행사를 막는다는 구실 아래 보타 대통령은 다시 비상사태를 전국에 선포하였으며, 셔츠에 47개의 반아파르트헤이트 조직 이름을 새긴 것을 착용하는 것조차 불법화시켰다.

이러한 강경 분위기가 지속되는 가운데 백인들만으로 구성되는 의회

(House of Assembly)의 1987년 선거에서 국민당은 52% 지지를 얻었다. 그러나 그보다 놀라운 것은 아파르트헤이트 정책을 수정할 것을 촉구해온 진보연합당(The progressive Federal Party)의 의석이 줄어들고 이 정책의 강화를 주장해온 극우 보수당이 26%의 지지를 얻어 22석(전체 166석 선출 중 국민당은 123석 차지)을 차지하게 된 것이었다. 이는 백인들이 서방국가 등 외부로부터의 제재조치보다는 흑인폭동에 의해 크게 영향 받아 백인들 자신의 안전문제를 우선적으로 선택했음을 보여주는 것이었다. 보타정부는 이에 놀라 1989년으로 예정되어 있던 총선거를 1992년으로 연기하려 하였고 1988년 3월 17개 반아파르트헤이트 조직을 모두 불법화시켰다. 그 주 대상은 UDF였는데, 이에 대해 투투 주교는 "반대자의 모든 합법적 저항방법을 없애려 한다."고 반발했다. 그러나 세력이 신장된 극우보수당은 3원제 철폐, 통혼금지법의 부활 등 더욱 강경한 요구를 하고 나섰다. 한편 1986년 비상사태 선포 이후 구금·체포된 흑인은 3만 명을 넘어서고 있었다. 1988년 6월 비상사태 선포 2주년에 항의하기 위해 70만 조직원을 거느린 COSATU가 주도한 총파업에는 요하네스버그에서 흑인노동자의 80%가 가세하는 등 전국적으로 200-300만의 흑인노동자가 참여했다. 1988년 후반기에 들어와서 보타행정부는 다시 유화 제스처를 쓰기 시작하여 인근 흑인 국가들에 대해 경제원조의 용의가 있음을 밝히는 등 관계개선에 노력하려는 의도를 보였다. 1989년 8월 보타 대통령이 물러나고 드 클레르크가 후임으로 당선되면서 상황은 극적으로 전환되기 시작했다.

드 클레르크는 5년 내에 흑인들의 직접 선거권 인정, 각 인종집단에 의한 정치구조문제의 독자적 해결 원칙의 천명, 전체인종에 영향을 미치는 '일반문제'는 함께 결정한다는 현행제도를 흑인에게까지 확대 적용하겠다고 발표하는 등 개혁의지를 나타냈다. 결국 남아공 정국은 백인정권이 흑인 계층과 타협, 기득권을 양보하는 가운데 상호활로를 모색하려 하였다.

남아공 정부가 강경 일변도의 비백인 탄압정책에서 전환하여 유화적인 태도를 보인 데에는 여러 가지 요인이 있을 수 있다. 그중 가장 중요한 원인으로 꼽을 수 있는 것은 비인간적, 비도덕적인 아파르트헤이트 정책에 대한 흑인들의 강력한 저항 움직임이라 할 수 있으며, 특히 흑인들의 저항을 조직적으로 전개할 수 있도록 이끌어온 반아파르트헤이트 조직의 역할은 매우 중요했다. 이러한 조직들은 대부분 남아공 정부에 의해 불법화되었으며 지도자들 또한 장기 투옥되어 있는 상태였지만 남아공 내의 흑인들에게 막강한 영향력을 행사했다. 그 조직들 중에서 가장 우리의 주목을 끄는 것은 1912년에 창설된 후 1960년에 불법화되어 국외로 추방된 ANC와 1983년에서 1984년에 걸쳐 투투 주교 등이 모여 만든 연합민주전선(United Democratic Front : UDF) 등이다.

1912년 결성된 ANC는 1960년 샤프빌 사건 이후 불법화되었다. 이 기구의 지도자였던 만델라는 1964년 이래 투옥되어 있었다. ANC는 이후 폭력을 주요 수단으로 사용하기 시작했는데, 이는 평화적인 방법으로는 아파르트헤이트 정책을 폐기시킬 수 없다는 결론에 도달했기 때문이다. 앙골라, 모잠비크, 잠비아 등에 기지를 두고 1986년 1월 전면적인 "인민전쟁"을 선언한 이후, 본격적으로 남아공 내 정부기관, 군 시설을 공격하고 도시테러를 자행하며 사보타지를 주도하는 등 강경한 활동을 하고 있었다.

ANC는 사회주의 경제와 산업시설의 국유화 등을 강령으로 내세우고 있는데, 1963년 이래 소련과 친교관계를 맺어왔다. 특히 무기 조달에 있어 소련 및 바르샤바 조약 국가들과 외교관계를 맺고 있었다. 이 기구의 조직원은 대개 남아공에서 인근 국가로 탈출한 흑인들인데, 소웨토 사태 이후 약 4,000여명이 합류하였고 ANC 전체 조직원 약 9,000명 중 5,400명이 군인(200-300명은 남아공 내에서 활동)이며, 나머지는 행정·교육 등에 종사하고 있었다. 1980년부터 1986년 중반까지 ANC의 무장조직인 민족의 창(MIC)이 벌인 전투는 모두 500여 회에 달하고 있었다.

ANC는 일종의 망명 정부적인 성격을 스스로 갖추고 활동을 하고 있었으며, 이에 대한 긍정적 평가와 함께 부정적 평가도 수반되고 있었다. 긍정적인 측면은 남아공 내 흑인들의 무기력감을 일깨워주고 보다 현실적인 활동을 전개함으로써 외부세계에 자신들의 존재를 알렸을 뿐만 아니라, 군사적 활동 등 과격한 수단을 사용함으로써 아파르트헤이트 정책의 실질적 완화를 이끌어 내는데 ANC가 큰 역할을 하고 있었다는 것이다. 반면 부정적인 측면으로는 군사적 활동에 의해 남부 아프리카에서의 긴장을 한층 고조시켰고, ANC 내에서 공산주의자들이 활동하고 있다는 의구심을 서방국가들이 갖고 있었다는 점을 지적할 수 있다. 실제로 ANC는 남아공 공산당과 60년이 넘는 우호관계를 유지하고 있었으며, 1985년 1월 미국무성 보고서는 ANC 집행위원 30명 중 21명이 공산당원이라고 밝히고 있다. 제시 헬름

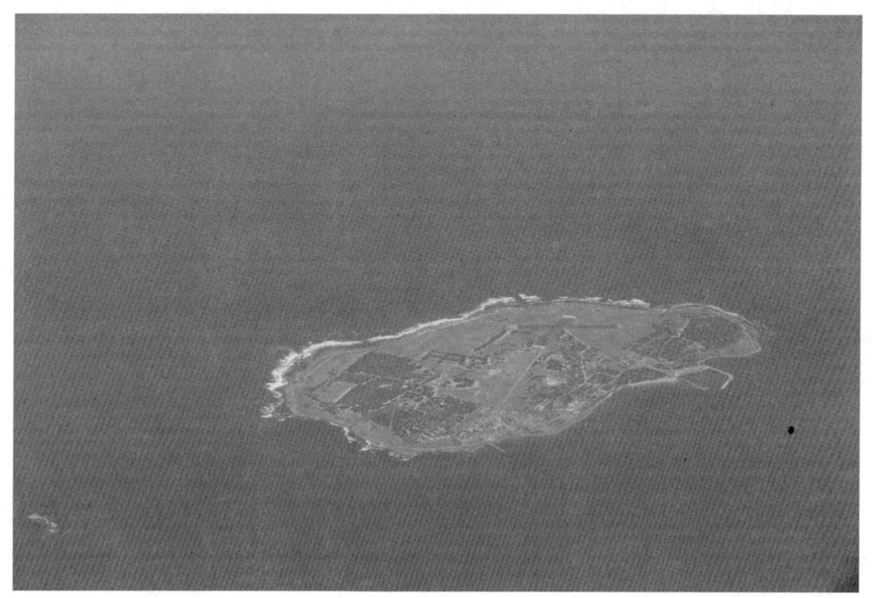

아파르트헤이트 정권 당시 흑인정치지도자들의 감옥이 있던 로벤 섬

스 미상원의원은 "ANC가 남아공 공산주의 운동의 가장 중요한 도구가 되고 있다."고 주장했다. 이 점은 미국이 ANC를 지지하는데 가장 신중하게 검토되어야 할 점으로 지적되기도 했다.

ANC와는 달리 UDF는 정당적 성격보다는 정치운동기구의 성격을 강하게 지니고 1983-1984년에 걸쳐 결성되었다. 이 기구는 투투 주교, 부삭(Boesak) 목사 등이 주도하였는데, 남아공 내 600여 개 종교, 노동, 청년단체를 규합하여 150여만 명에 이르는 회원을 갖고 있었다. UDF는 ANC등과 깊은 유대를 갖고 남아공 내 반아파르트헤이트 운동의 중심 역할을 하고 있었다. 이 밖에는 COSATU, 줄루 족의 잉카타(Inkatha), 아자포(Azanian people's organization : Azapo) 등 여러 개의 단체들이 영향력을 발휘하고 있었다.

반아파르트헤이트 운동에는 대다수의 성직자-특히 성공회 신부-들이 참여하고 있었는데, 이들은 대외관계에도 중요한 역할을 하고 있었다. 아파르트헤이트에 대한 저항운동은 당국의 탄압에도 불구, 젊은 층을 중심으로 전개됨으로써 1960년의 샤프빌 사건이나 1976년의 소웨토 사태 때보다 더 끈질기고 과격하게 추진되고 있었다. UDF는 이러한 환경에 힘입어 대정부 공격을 강화하면서 남아공 내 모든 인종이 평등하게 참여하는 민족회의

소웨토 항쟁 기념관

(National Convention)의 개최를 요구하는 등 정부가 내놓는 일시적인 회유책에 순응하기를 거부하고 있었다. 어려운 환경 속에서도 이러한 단체들이 추구하는 반아파르트헤이트 운동은 남아공의 전반적 상황을 개선시키는데 기여하였다.

1960년 샤프빌 학살과 1976년 소웨토 봉기 이후 해외투자는 중단되었고 자금은 해외로 유출되었으며 집값과 주식시장은 폭락했다. 많은 부분에서 인종차별은 경제적으로 생산적이지 못했다. 또한 국내외로부터의 압력은 인종차별정책을 더욱 쓸모없게 만들었다. 아프리카와 아시아의 많은 국가들이 UN으로 결합하면서 남아공의 발전에 대해 국제사회의 제재를 요구했다. 1985년 국제은행들은 남아공에 대한 제제를 가하게 되었고 대출은 연장되지 않았으며 자금이 인출되었다. 1990년 만델라가 풀려났고 1991년부터 모든 인종차별 법률이 폐지되었다. 마침내 1994년에 첫 비인종 선거가 남아공에서 실시되었고 만델라가 대통령으로 선출되었다. 그러나 오랜 기간에 걸쳐 인종차별이 창출한 불평등은 하루아침에 사라질 수는 없었다.

12. 민주화와 미래

1991년 2월 1일 드 클레르크는 연설에서 아파르트헤이트정책을 공식적으로 포기하였다. 또한 ANC, SACP와 다른 정치단체들을 합법화하고 넬슨 만델라를 조건 없이 석방하였다. 드디어 1994년 4월 26일부터 29일까지 최초의 흑백 다인종 선거를 실시하여 ANC가 63%의 지지를 얻어 320년 간의 백인정권을 종식시켰다.

1994년 5월 아프리카 민족회의, 국민당 그리고 인카타 자유당(IFP) 등 3당이 참여한 거국정부(Government of National Unity : GNU)가 수립되어 ANC주도 하의 민주화 과정이 원만히 추진되었다. 신정부는 급진적 개혁보다 화합을 통한 흑·백 공존사회 건설의 온건한 개혁을 추진하면서 1994년 하반기 UN, SADC, OAU, 비동맹, 영연방 등 관련 국제기구에 모두 가입한 이후 아프리카의 지도국으로서 적극적인 역할을 수행해오고 있다.

1996년 7월 국민당의 연립정부 탈퇴로 신정부는 사실상 ANC 단독 정부가 되었으며 1999년 6월 두 번째 총선에서 ANC는 의석의 2/3를 차지하여 압도적인 승리를 거두고 타보 음베키(Thabo Mbeki)가 대통령으로 선출되었다. 민주당(DP)이 국민당을 제치고 제1 야당으로, 인카타 자유당이 제2 야당으로, 그리고 제1 야당이었던 신국민당(NNP)이 제3 야당으로 전락하였다.

수많은 우려와 걱정에도 불구하고 정치적 민주화를 이룩한 남아공 에서 1999년 6월 2일 두 번째로 출범한 타보 음베키 정부는 인종적·문화적 다양성(multi-racial, multi-cultural diversity)을 추구하며 국가건설(Nation building)을 국정의 최우선 과제로 내걸고 사회-경제적, 문화적 민주화 과정을 추진하였다.

13. 주요 정치 인물

- **픽슬리 칼사카 세메**(Pixley Kalsaka Seme ; 1880-1951) : 뉴욕에 있는 콜롬비아대학(Columbia University)과 영국의 옥스퍼드 대학(Oxford University)

에서 교육을 받은 그는 변호사로서 일했다.

- **월터 벤슨 루부사나**(Walter Benson Rubusana ; 1858-1936) : 조합 교회(Congregationalist church)에서 1884년에 목사로 임명된 루부사나는 남아프리카 토착민의 상태에 대한 그의 논문으로 인해 미국 맥킨리대학(Mckinley University)에서 학위를 수여받았다.
- **존 랭갈리바렐레 듀베**(John Langalibalele Dube ; 1871-1946) : 듀베는 미국에서 교육받았고 아프리칸 아메리칸 교육가(Africa-America educationalist)인 워싱턴(Booker T. Washington)의 영향을 크게 받았다. 그는 산업교육에 대한 워싱턴의 이념을 바탕으로 1889년 나탈에 올랑게 연구소(Ohlange Institute)를 설립했다.
- **스티브 비코**(Biko, Steve (Stepan Bantu) ; 1946-1977) : 아프리카 흑인 의식운동(Black Consciousness Movement)의 창시자인 스티브 비코는 남아공 흑인 학생조직(South Afircan Students' Organization)의 첫 번째 회장이었다. 그는 흑인의 자부심을 북돋우고 인종차별을 반대하는 흑인 공동체 프로그램의 조직하였는데 1973년 정부는 그의 정치활동을 금지시켰다. 그는 정부에 의한 정치적 구금 중에 고문을 당했고 머리에 상처를 입어 사망했다. 의학도인 스티브 비코는 1970년대에 나타난 흑인 자각운동의 선도적 사상가였다. 그는 백인들에 비해 열등하다고 많은 사람들이 느끼고 있는 것이 문제라고 지적하며 흑인들이 자긍심과 자부심을 가져야 한다고 주장했다.
- **보타**(Botha, P.W. (Pieter willem) ; 1916 -) : 보타는 수상이었으며(1978-1984) 이후 남아공의 대통령으로 재직(1984-1989)하였다. 그는 백인들의 지배적 권리를 유지하기 위해 아파르트헤이트 정책을 수정하려고 시도했고 이러한 시도는 그의 국민당 우파를 소원하게 만들었을 뿐만 아니라 흑인들과 국제사회의 반대를 무마시키는데 실패했다. 그는 마지못해 1989년 사임하고 드 클레르크(K.W. de Klerk)로 대체되었다.
- **망고수투 부텔레지**(Buthelezi, Chief Mangosuthu Gatsha) ; 1928 -) : 줄루족 왕족의 일원인 부텔레지는 1970년 초기 남아공 꾸와줄루 홈랜드의 지도자가 되었다. 처음에는 아프리카 민족회의의 지지자이었으나 그는 후에 잉카

타 자유당(Inkatha Freedom Party : IFP)으로 발전될 줄루 인카타운동(Zulu Inkatha movement)을 이끌었다. IFP는 주와줄루나탈(이전의 꾸와줄루 지역)의 자치를 얻어내기 위한 선거공약으로 1994년 주 선거에서 승리했지만 총선에서 3번째 당으로 남게 되었다. 부텔레지는 후에 새로운 남아공 정부의 내무부 장관이 되었다.

- **드 클레르크**(de Klerk, F.W. (Frederid Willem) ; 1936 -) : 그는 1989년 보타의 후임으로 남아공의 대통령이 되는데 성공했고 인종차별 정책을 폐지했다. 1990년 넬슨 만델라를 석방하고 다인종 협상을 이끌었으며 1994년 선거를 치루고 다당제 정부에 참여했다. 만델라는 대통령이 되었고 타보 음베키와 드 클레르크는 부통령이 되었다. 드 클레르크는 1993년 만델라와 함께 노벨평화상을 받았다.
- **알버트 루슬리**(Luthuli, Chief Albert John : 1898-1967) : 루슬리는 줄루족 출신으로 남아공의 인종차별정책에 대항하였으며 1960년에 노벨평화상을 수상했다. 1952년부터 활동이 금지된 1960까지 아프리카 민족회의의 의장으로 활동했다. 그는 1956년 반역죄로 체포되었고 1957년 석방된다. 그의 자서전인 『나의 사람들을 가게 하라(Let my people go)』가 있다.
- **다니엘 말란**(Dr Daniel Francois Malan ; 1874-1959) : 1948년 선거에서 얀 스무츠를 이기고 수상이 된다. 그는 아파르트헤이트 인종차별정책을 공식적으로 도입한 인물로 유명하다. 그는 1948-1954년에 수상으로 재직하였으며 아주 강력한 아프리카너 민족주의자였다. 그의 내각은 모두 아프리카너들로 구성되었고 아프리칸스어를 매체로 사용하였다. 그는 어떤 다른 집단들보다 아프리카너의 이익을 증진시키기 위해 노력했다.
- **넬슨 만델라**(Mandela, Nelson Rolihlahla ; 1918-) : 아프리카 민족회의(African National Congress : ANC)의 지도자인 만델라는 1994년 첫 번째 다인종선거에서 남아공의 대통령으로 선출됐다. 만델라는 변호사로서 올리버 탐보(Oliver Tambo)와 함께 일했다. 그는 1960년 아프리카 민족회의가 활동이 금지되기 전에 ANC의 지도자로 활동하였고 민족의 창(Umkonto we Sizwe : MK)이라는 ANC의 군사조직을 1961년 설립했다. 그는 156명의 반아파르트헤이트 활동가에 대한 소위 반역재판(Treason Trial ;

1656-1961)의 피고 중 한 명이었으며 그들 모두는 석방되었다. 만델라는 계속해서 월터 시술루와 7명의 다른 동지들과 반아파르트헤이트 활동을 계속하였고 사보타지와 테러리즘의 죄목으로 다시 체포되었다. 한 사람을 제외한 모든 사람들이 종신형을 선고 받았다. 1990년 석방되었고 그는 아파르트헤이트에 항거한 상징적인 인물로 국제사회에 알려지게 되었다. 그의 투옥기간 그의 아내인 위니 만델라(Winnie Mandela)는 그의 곤경을 바깥세상에 알리는데 노력했다. 그의 석방 이후 그는 성공적으로 남아공을 위해 새로운 비인종적 헌법을 협상을 통해 이끌어냈다. 그는 1993년 드 클레르크와 함께 노벨평화상을 수상했고 1999년 6월 대통령직에서 물러났다.

- **위니 만델라**(Mandela, Winnie ; 1934 -) : 위니 만델라(Winnie Nomzano Zaniewe Winnifred)는 아파르트헤이트의 주요 반대자로 알려져 있으며 자신의 남편인 넬슨 만델라가 28년 동안 수감되어 있는 동안 그녀 자신의 권리를 유지하는데 있어 논쟁의 여지가 있는 인물이다. 사회사업가가 된 후에 그녀는 1958년에 넬슨 만델라와 결혼을 했다. 그녀의 첫 번째 체포는 3개월 후에 발생했고 1962년 그녀는 처음으로 정치적 활동이 금지되었다. 다음 20년 동안 여러 차례 그녀는 추방, 금지, 억류, 그리고 투옥되었다. 1990년 그녀의 남편이 석방된 후 그녀는 1991년 폭행과 납치의 죄목으로 유죄판결을 받을 때까지 아프리카 민족회의에서 중요한 역할을 하고 있었다. 그녀는 1996년 만델라와 이혼했다.
- **타보 음베키**(Mbeki, Thabo ; 1942 -) : 1994년 그는 첫 번째 부통령이 되었고 만델라의 뒤를 이어 ANC의 지도자가 되었다. 1999년 이루어진 총선에서 음베키는 남아공의 대통령이 되었다. 트란스케이에서 태어난 음베키는 영국에서 경제학을 공부했고 ANC에서 활동하게 되었다. 1975년 그는 ANC 임원 중 가장 어린 사람이 되었고 1993년 그는 ANC의장이 되었다.

로벤 섬의 만델라 감옥

- **나이두, 제이** (Naidoo, Jay (Jayaseelan) ; 1954 -) : 노동조합의 지도자이며 아파르트헤이트를 반대한 제이 나이두는 1985년 남아프리카 노동조합회의(Congress of South African Trade Unions : COSATU)의 사무총장으로 선출되었다. 그는 1980년대에 인종차별 정책에 반대하는 주요 항의 활동을 조직하는데 중요한 역할을 했다. 1994년 총선 이후, 그는 재건·발전부 장관(Minister for Reconstruction and Development)으로 임명되었다.
- **플라끼, 솔로몬 체키소** (Plaatje, Solomon Tshekiso ; 1876~1932) : 1912년, 그는 재판정의 해석자로 일했고 또한 마피켕(Mafikeng)에서 발생한 사건에서 흑인과 백인 사이의 중재인으로 일했다. 플라끼는 또한 7년간 마피켕 신문인 코란타 애 베코아나(Koranta ea Becoana)의 편집자로 일했다. 솔 플라끼(Sol Plaatjie)는 1923년 아프리카민족회의(ANC)가 된 남아프리카 원주민회의의 공동 설립자였다. 그의 저서 『남아공 원주민 삶(Native life in South Africa ; 1916)』은 1913년의 원주민 토지법(Natives Land Act)으로 인해 야기된 고통을 다루고 있고 그의 소설 『음분디(Mbundi)』는 아프리카 문화와 역사의 중요성을 다루고 있다. 또한 플라끼는 독학으로 몇 편의 셰익스피어의 연극을 세츠와나(Setswana)어로 번역했다.
- **레티프, 피트** (Retief, Piet ; 1780~1838) : 피트 레티프는 영국의 통치와 지배에 반발하여 대이주를 감행해 케이프에서 북쪽 내륙지방으로 이주한 남아프리카 보어농민 집단인 푸어르트렉커(Voortrekkers)의 지도자였다. 1837년 그는 영국인에 대한 보어인들의 불만선언 목록을 공표하고 줄루의 본거지인 나탈로 이주자들을 끌고 들어갔다. 줄루의 왕 딩가네는 그의 이주와 정착을 허락하지 않았고 1838년 레티프와 그의 추종자들을 살해했다.
- **시술루, 논치케렐로 알베르티나** (Sisulu, Nontsikelelo Albertina ; 1918-) : 알버티나 시술루(Albertina Sisulu)와 그녀의 남편 월터 시술루(Walter Sisulu)는 남아공 인종차별에 반대하는 투쟁에서 지도적인 자리에 있었고 오랜 기간 동안 수감생활을 했다. 그녀는 아프리카 민족회의 여성부의 지도자였고 1984년 아프리카 여성연합(Federation of African Women)의 의장이 되었다. 그리고 1994년에는 국회의원에 당선되었다.

• **시술루, 월터 막스 율야테** (Sisulu, Walter Max Ulyate ; 1912 -) : 월터 시술루는 그의 아내 알버티나 시술루처럼 유명한 남아프리카 인종차별반대 운동가였다. 그는 넬슨 만델라와 함께 반역재판을 받은 156명의 흑인 운동가 중 한 명이었다. 1962년 시술루와 만델라는 7명의 동지와 함께 사보타지와 테러리즘의 죄목으로 또 다시 체포되었다. 1명을 제외한 전원은 1964년 무기징역형을 선고받았다. 시술루는 1989년 풀려났고 1991년 아프리카 민족회의의 부의장이 되었다.

• **슬로보, 조 마셀** (Slovo, (Yossel) Joe Mashel ; 1926~1995) : 리투아니아(Lithuania)에서 태어난 조 슬로보(Joe Slovo)는 남아공 인종차별의 주요 지도자가 되었다. 남아공 공산당(Communist Party of South Africa : CPSA) 당원이었던 그는 1954년 정치적 활동을 금지 당했고 후에 그는 아프리카 민족회의의 무장 투쟁 조직을 설립하는데 도움을 주었다. 하지만 그는 1990년 남아공으로 돌아오기 전까지 추방된 상태로 지내야만 했다. 그는 1994년 아프리카의 첫 번째 다인종 정부의 주택 장관(Minster of Housing)으로 임명되었다.

• **스무츠, 얀 크리스티안** (Smuts, Jan Christiaan ; 1870~1950) : 남아공의 정치가이자 수상이었던 얀 스무츠는 앙골로-보어 전쟁(Anglo-Boer War)에서 사령관이 되어 영국에 대항해 싸웠다. 훗날 그는 영국과 보어인의 화해를 위해 노력했다. 그는 1919년에서 1924년까지, 1939년부터 1948년까지 수상으로 있었다.

• **소부쿠웨, 로버트 망갈리소** (Sobukwe, Robert Mangaliso ; 1924~1978) : 범아프리카회의(Pan-Africanist Congress : PAC)를 설립했고 1959년부터 이 회의의 의장으로 있었던 로버트 소부쿠웨는 1960년 통행법에 반대하는 시위를 조직했다. 이러한 저항 운동이 벌어지는 중에 샤프빌(Sharpeville)에서 경찰이 시위자들에게 발포하여 69명이 죽고 180명이 부상하는 사건이 발생했다. 훗날 샤프빌 학살로 알려진 이 사건은 인종차별반대 투쟁으로 세계의 이목을 집중시켰다. 소부쿠웨는 정치적 활동이 금지되었고 그에게만 적용되는 일명 "소부쿠웨 조항(Sobukwe clause)"으로 인해 1960년부터 1969년까지 수감되었다.

- **수즈만, 다머 헬렌** (Suzman, Dame Helen ; 1917 -) : 1953년부터 그녀가 은퇴한 1989년까지 헬렌 수즈만(Helen Suzman)은 남아공 의회에서 자유주의자들의 수장이었다. 리투아니아 유대인 이주민의 후손인 그녀는 1953년 연합당(United Party : UP)의 일원으로 처음 국회에 당선되었다. 1959년 연합당의 분열 이후 그녀는 인종차별을 반대하는 진보당(Progressive Party : PP)의 일원이 되었고, 1961년부터 1974년까지 국회에서 당의 단독 의원이었으며 1978년 UN 인권상을 수상하였다.
- **탐보, 올리버 레지날드** (Rambo, Oliver Reginald ; 1917~1993) : 올리버 탐보는 1960년부터 다시 활동을 재개한 1990년까지 추방되어 있는 동안 아프리카 민족회의의 활동을 이끌었다. 그는 1944년 ANC에 합류하였고 넬슨 만델라처럼 반역 재판(Treason Trial ; 1956-1961)의 피고인 중 한 명이었다. 1967년 그는 ANC의 의장 직무대행이 되었고 1977년부터 1991년 만델라가 뒤를 잇기까지 의장으로 활동하였다. 1991년 7월 그는 부의장이 되었다.
- **투투, 데스몬드 음필로** (Tutu, Desmond Mpilo ; 1931 -) : 데스몬드 투투는 힘 있고 능숙한 언변술을 가진 반야파르트헤이트 운동가였다. 인종차별 제도를 향한 비폭력 저항에 있어서 그의 중요성은 1984년 노벨 평화상 수상이라는 결과를 낳았다. 1986년 케이프타운의 대주교로서의 그의 지위는 그를 남아공과 레소토, 모잠비크(Mozambique), 나미비아, 스와질란드(Swaziland)의 영국 국교회(Anglican Church)의 지도자로 만들었다. 그는 1996년 대주교직에서 사임하였다. 인종차별제도의 몰락 후 그는 인종차별 주창자들에게 그들의 죄를 고백하고 용서를 구할 기회를 주기위해 진실과 화해 위원회(Truth and Reconciliation Commission : TRC)를 조직했다. 이 위원회는 죄에 따라 형벌이 가해져야 한다고 주장하는 인종차별 피해자와 그 가족들에 의해 반대되었다. ANC 역시 과거에 저지른 인권남용에 대해 사면을 요청해야 한다는 그의 주장으로 인해 논란을 불러일으켰다.
- **판 리비어크, 얀**(Van Riebeeck, Jan ; 1618 - 1677) : 네덜란드 동인도 회사(Dutch East East India Company)의 임원이었던 얀 판 리비어크는 1652년 희망봉에 첫 네덜란드인들을 이주시켰다. 1657년 그는 코이코이 목초지에

농장을 만들기 위해 군사력으로 코이코이족을 압박하였다. 이들이 남아공 보어인들의 시초가 되었다. 보어는 네덜란드어로 농민이라는 뜻이며 아프리카너의 역사적 이름이다.

- **페르부어르트, 헨드릭 프렌취** (Verwoerd, Dr Hendrik Frensch ; 1901 - 1966) : 헨드릭 페르부어르트는 1958년부터 암살된 1966년까지 남아공의 수상이었다. 존 폴스터르(John Vorster)가 그의 뒤를 이었다. 그는 1961년까지 남아있었던 영연방과의 관계를 깨기 위해 노력했다. 그는 전 수상이었던 요하네스 스트레이돔(Johannes Strijdom) 내각에서 원주민 문제(Native Affairs)의 장관으로 재직하면서 수상과 정부의 강력한 지지 하에 강력한 인종차별정책을 발전시켰다. 그는 인종차별의 건축가로 불린다.
- **폴스터르, 존** (Vortster, John ; 1915 - 1983) : 존(John ; 이전에는 발타자르 요하네스(Balthazar Johannes)로 불렸음) 폴스터르는 헨드릭 페르부어르트(Hendrik Verwoerd)의 암살 후 1966년부터 1978년까지 남아공의 수상이었다. 그는 1978년 대통령으로 선출되었지만 1979년 정치적 추문으로 사임했다. 그는 인종차별정책을 실시했지만 다른 아프리카 정부와의 교류를 모색했다.

14. 약사

- BP 250만-3백만 년 초기 석기 시대의 시작.
- BP 1백만-3백만 년 오스트랄로피테구스 아프리카누스(Australopithecus Africanus)가 아프리카 남쪽에 살았음.
- BP 90,000-1백만 년 호모 에렉투스(Homo Erectus)가 아프리카 남쪽에 살았으며, 불을 완벽하게 다루고 석기 도구를 사용함.
- BP 30,000-100,000 중석기 시대. 호모 사피엔스(Homo Sapiens)가 아프리카 남쪽에 살았음.
- BP 26,000 초기 암벽화 예술이 나타남.
- BP 20,000 후석기 시대의 시작.

- BP 15,000 남부아프리카에 수렵채집을 하는 산족이 넓게 분포함.
- BP 2,200 보츠와나 북쪽의 몇몇 산족들이 가축을 기르면서 남부로 이주해와 코이코이라는 사냥 유목민으로 알려지게 됨.
- 3세기 철을 사용한 농기구가 림포포 강에서 만들어짐. 초기 철기 시대의 시작.
- 6세기 레이든부르그(Lydenburg)에서 초기 철기시대 사람들 사이에서 종교적인 의식을 행함.
- 7세기 남동부 해안에서부터 트란스케이에 있는 음파메(Mpame)까지 초기 철기 시대 유적지가 확산되어 나감.
- 10세기 후기 철기 시대가 시작되었고 하이벨트(highveld) 내부로 보다 집중적인 정착이 이루어짐.
- 1250-1400 림포포 강 계곡에 지배세력인 마풍구브웨(Mapungubwe) 문명이 등장.
- 1300-1500 소토-츠와나(Sotho-Tswana)족이 하이벨트 내부를 가로질러 넓게 정착. 은구니족은 드라켄스버그의 남동부 해안을 따라 정착. 코이산은 남부와 남서부 케이프에 주도적인 세력을 이룸.
- 1488년 포르투갈 항해자 바르톨로뮤 디아스(Bartolomeu Dias)는 케이프를 돌아 유럽에서 동쪽(인도)으로 가는 해로를 개척.
- 1497년 바스코 다가마(Vasco da Gama)가 이끄는 포르투갈 함대가 인도로 가는 도중 남아프리카 해안을 따라 항해. 토착민들에 대한 최초의 상세한 정보가 유럽에 전해짐.
- 1510년 포르투갈 부왕(副王 ; 총독) 알메이다(Almeida)가 테이블 만(Table Bay)에서 코이코이와의 작은 접전으로 사망.
- 1590년대 네덜란드함대와 영국함대가 정기적으로 테이블 만으로 들어와 코이코이와 교역을 함.
- 1652 (4월 6일) 네덜란드 동인도 회사(Dutch East India Company : VOC)는 얀 판 리비어크(Jan van Riebeeck)로 하여금 테이블 만에 기항소(refreshment station)를 설치하도록 함.
- 1657년 최초로 자유 시민들이 리스비어크 강(Liesbeek River) 연안을 경작

하도록 VOC로부터 허가받음.

- 1658년 최초로 노예가 케이프에 도착.
- 1659년 제1차 네덜란드-코이코이 전쟁(Dutch-Khoikhoi War).
- 1673-1677 제2차 네덜란드-코이코이 전쟁.
- 1679년 스텔렌보쉬(Stellenbosch) 지역의 땅이 백인 농부에게 주어짐.
- 1688년 프랑스로부터 위그노(Huguenots) 교도들이 도착.
- 1690년대 케이프 내륙으로 보어인들의 이주(Trekboer movement)가 시작됨.
- 1702년 백인이 케이프로부터 동부로 여행을 하면서 섬머셋 동부(Somerset East)에서 처음으로 반투족 아프리카인들과 조우함.
- 1713년 천연두 전염병으로 인해 많은 수의 코이코이족이 사망함.
- 1717년 VOC는 더 이상의 무료 경지를 주지 않고 임대로만 땅을 주기로 결정함.
- 1745년 스웰렌담(Swellendam)이 건설됨.
- 1775년 팔로(Phalo)의 죽음으로 코사족은 그칼레카(Gcaleka)와 라르하베(Rharhabe)로 분열됨.
- 1775년 피쉬(Fish) 강 상류와 부쉬맨스(Bushmans)강이 케이프의 동쪽 경계로 선언됨.
- 1778년 피쉬 강이 케이프의 동부 경계로 공포됨.
- 1779년 제1차 케이프-코사 개척 전쟁 발발
- 1786년 그라프-레이넷(Graaff-Reinet)지역이 건설됨.
- 1793년 메이니어(H.C.D. Maynier)가 그라프-레이넷의 랜드로스트(landdr-ost)로 임명됨. 제2차 케이프-코사전쟁 발발.
- 1795년 첫 번째 영국의 케이프 점령. 메이니어가 그라프-레이넷으로부터 추방당함.
- 1799-1802 케이프 동부 지역에서 코이산족이 폭동을 일으킴.
- 1803-1806 케이프가 바타비안(Batavian) 통치 아래 들어감.
- 1806년 (1월) 두 번째로 영국이 케이프를 점령함.
- 1808년 노예무역의 폐지.
- 1809년 코이산족을 노동력으로 이용하기 위해 칼레둔 조약(Caledon Code)

이 만들어짐.

- 1811-1812 주루벨트(Zuurveld)로부터 코사족을 추방하기 위해 전쟁을 일으킴.
- 1812년 도제 법령(Apprenticeship Ordinance)이 만들어짐.
- 1814년 네덜란드는 영국에 케이프를 양도.
- c.1817년 즈위데(Zwide) 통치 아래 은드완드웨족이 음테드와족을 패배시킴. 딩기스와요(Dingiswayo)가 살해됨.
- 1817년 케이프의 총독 썸머셋(Somerset)이 은키카(Ngqika)와 연합.
- c.1818년 음테드와족의 딩기스와요가 은드완드웨의 즈위데족에 의해 패배.
- 1818년 아마린데(Amalinde) 전투. 은달람베는 은키카(Ngqika)를 패배시킴.
- 1819년 케이프-코사 전쟁. 썸머셋은 영토 양도(ceded territory)를 요구.
- 1819년 샤카의 줄루족이 그코콜리(Gqokoli)언덕에서 은드완드웨를 패배시킴.
- 1820년 거의 5,000명의 영국 이주민들이 알고아 만에 도착.
- c.1822년 은그와네(Ngwane)가 드라켄스버그를 건너 켈레둔(Caledon)강 계곡으로 들어옴.
- c.1823년 음질리카지가 팔강의 북쪽으로 이동.
- 1823년 (6월) 그리쿠아와 탈핑이 디타콩(Dithakong) 전투에서 콜로로족을 참패시킴. 케이프에서 노예상황은 개선됨.
- 1824년 케이프 무역업자들이 나탈 항구에 정착.
- c.1824년 모슈슈가 타바 보시우(Thaba Bosiu)로 이동.
- 1825년 보르체스터르(Worcester) 지역에서의 노예폭동.
- 1827년 케이프 사법 헌장(Cape Charter of Justice)이 만들어짐.
- 1828년 은그와네가 음브홀롬포(Mbholompo) 전투에서 영국과 템부에 의해서 참패. 50번 조례(Ordinance 50). 샤카의 죽음
- 1829년 캇 강(Kat River)에 정착지 확립.
- 1833년 프랑스 선교사들이 모슈슈와 합류.
- 1834년 첫 번째 케이프 입법의회; (12월) 노예 해방. 4년 간에 걸친 “도제(apprenticeship)” 제도 시작. 동부 케이프 국경에서 전쟁이 발발
- 1835년 힌차, 코사족장이 영국 군대에 의해 포로로 잡혀 도망치던 과정에서

살해됨. 대이주의 시작. 음펭구가 케이프 식민지로 이동. 더반 지역과 퀸 아들레이드(Queen Adelaide) 지역의 병합

- 1836년 베그콥(Vegkop) 전투. 이주자들이 음질리카지의 은데벨레족을 참패시킴.
- 1836년 퀸 아들레이드(Queen Adelaide)주를 포기함.
- 1837년 은데벨레가 트란스발(Transvaal)을 떠남. 이주자들(Voortrekkers)이 피트 레티프 지도 아래 나탈로 들어감.
- 1838년 이전에 노예였던 사람들의 도제제도가 끝남. 줄루 지배자인 딩가네는 레티프 일행을 모두 살해함. 나탈리아 공화국(the Republic of Natalia) 수립. 피의 강 전투. 포트기터르(Potgieter)가 포체프스트룸(Potchefstroom) 발견.
- 1840년 음판데(Mpande)와 이주자들이 딩가네를 전복시킴.
- 1841년 케이프 주인과 하인조례(Cape Masters and Servants Ordinance). 나탈 국민의회(Natal Volksraad)는 나탈의 남쪽에 있는 나머지 아프리카인들을 이동시키기로 함.
- 1843년 영국의 나탈합병. 나피르(Napier)는 아담 콕(Adam Kok)과 모슈슈와의 조약에 서명. 나피르 경계선은 모슈슈의 영토를 명확히 함.
- 1844년 포트기터르(Potgieter)가 오리스타트(Ohrigstad)를 발견.
- 1845년 셉스톤(Shepstone)은 나털에 외교관(Diplomatic Agent) 임명.
- 1846-1847 케이프 국경지방에서의 도끼전쟁(War of Axe) 발발.
- 1847년 영국령 카피라리아(Kaffraria)의 합병.
- 1848년 트란소랑기아(Transorangia ; 오렌지 강 유역의 독립국)의 합병.
- 1849년 레이든버그(Lydenburg)의 발견.
- 1850-1853 케이프 국경지대의 음란제니(Mlanjeni) 전쟁. 캇(Kat) 강 정착민의 폭동.
- 1852년 샌드 강 회담(Sand River Convention).
- 1853년 케이프에서 정부대표 승인
- 1854년 불룸폰테인 회담(Bloemfontein Convention). 오렌지 자유 주(Orange Free State) 건설; 최초의 케이프 의회 모임. 보어 공격부대가 마코파네(Makopane) 아래 동굴에 은신해있던 은데벨레족을 포위 공격.

- 1856년 케이프 주인과 하인 법령(Cape Masters and Servants Act). 정부대표가 나탈을 승인. 줄루 내전 발발.
- 1856-1857 코사족의 소죽이기(cattle-killing). 이후 기근으로 인한 농작물의 타들어감.
- 1858년 제1차 자유 주-소토(Free State-Sotho) 전쟁.
- 1860년 처음으로 인도인 계약노동자가 나탈에 도착.
- 1861년 그리쿠아족이 필리폴리스를 떠나 드라켄스버그를 넘어 동쪽으로 이동.
- 1864년 브란드(Brand)가 오렌지 자유주의 대통령으로 선출됨.
- 1865년 스와질랜드의 음스와티(Mswati) 사망.
- 1865-1866 제2차 자유 주-소토전쟁
- 1866년 영국령 카피라리아가 케이프 식민지에 합류.
- 1867년 보어인들이 슈크만스달(Schoemansdal)을 포기함. 서부 그리쿠아랜드에서 다이아몬드 발견.
- 1868년 고등 판무관(High-Commissioner) 우드하우서(Wodehouse)가 바수토랜드 합병.
- 1869년 북부 알리왈(Aliwal) 조약이 바수토랜드 국경지대에서 이뤄짐. 다이아몬드 채굴이 현재 킴벌리(Kimberley)지역에서 시작됨.
- 1870년 모쉐쉐의 사망. 다이아몬드 러시가 시작됨.
- 1871년 서부 그리쿠아랜드의 영국 합병.
- 1872년 음판데(Mpande)의 죽음. 다이아몬드 광산지역에서 통행법을 통과시킴.
- 1873년 나탈에서 랑갈리발렐레(Langalibalele) 폭동이 발생.
- 1874년 카나본 경(Load Carnavon)이 식민지 국무장관(Secretary of State for Colonies)이 됨.
- 1875년 아프리칸스어의 발전을 위해 팔(Paarl)에서 아프리카너 공동체(Die Genootskap van Regte Afrikaner)가 결성됨. 카나본 경은 연방제를 제안함.
- 1876년 남아공(South African Republic)과 페디족 사이의 전쟁. 런던에서

연방제에 대해 카나본 회담(Carnavon‘s conference)이 열림.

- 1877년 프레레(Frere)가 총독과 고등 판무관으로 임명됨.
- 1877년 셉스톤(Shepston)은 영국과 트랜스발의 합병을 선언. 남아프리카법(the South Africa Act)은 연방제를 대비함.
- 1877-1878 케이프-코사 국경 전쟁발발.
- 1878년 카나본 경이 식민지의 국무장관직 사임.
- 1879년 앙골로-줄루 전쟁. 이산들와나(Isandlwana)와 울룬디(Ulundi) 전투. 영국 군대가 페디족을 정복하기 위해 이동. 페디족 지도자 세쿠쿠네(Sekhukkune)의 참패.
- 1880년 트란스케이인(Transkeian) 폭동. 바수토랜드에서 총 전쟁(Gun War) 발발. 영국의 연방제 포기. 서부 그리쿠아랜드의 케이프 식민지로의 합병.
- 1880-1881 트랜스발 독립 전쟁
- 1881년 마주바에서의 영국 참패. 프레토리아 회담(Pretoria Convention)에서 트랜스발에 제한적인 자치를 부여.
- 1882년 임붐바 야마 냐마(Imbumba yama Nyama)가 동부 케이프에서 형성됨.
- 1883년 크루거(Kruger)가 트랜스발 대통령으로 선출
- 1884년 영국은 바수토랜드를 직접 통치하기 시작. 런던 회담(London Convention); 자바브(Jababu)에 의해 임보 자바쭌두(Imvo Zabantsundu)가 발행됨.
- 1885년 베추아나랜드(Bechuanaland)의 합병
- 1886년 비트바터르스란드(Witwatersrand)의 랑가라터(Langlaagte) 농장에서 금광맥을 발견. 요하네스버그가 건설됨.
- 1887년 줄루랜드(Zululand)의 영국 합병. 디니줄루(Dinuzulu) 왕이 추방당함. 케이프의 의회선거 등록법(Cape Parliamentary Voters Registration Act)이 땅을 가진 아프리카인들은 참정권을 갖지 못함을 선포.
- 1888년 드 비어스 통합 광산회사(De Beers Consolidated Mines)는 킴벌리의 모든 다이아몬드 채굴을 통제함.
- 1890년 세실로즈(Cecil Rhodes)가 케이프의 수상이 됨

- 1892년 케이프 선거와 투표법(Cape Franchise and Ballot Act)이 선거권에 대한 재산의 자격요건을 만듦. 에티오피아 교회(Ethiopian Church) 설립; 철도가 요하네스버그까지 연결됨.
- 1893년 나탈 정부를 승인. 모한다스 간디(Mohandas Gandhi)가 남아프리카에 도착
- 1894년 케이프에 글렌 글레이 법(Glen Grey Act)이 통과됨. 케이프의 폰도랜드(Pandoland) 합병. 나탈 인도인 의회(Natal Indian Congress) 설립.
- 1895년 영국령 베추아나랜드(Bechuanaland)가 케이프에 합병됨.; (12월) 제머슨(Jameson)이 무장병력과 함께 트란스발을 침략.
- 1896년 (1월) 제임슨 습격사건(Jameson Raid)의 완전한 실패는 수상으로 있는 로즈(Rhodes)의 사임을 가져옴. 스테인(Steyn)이 오렌지 자유주의 대통령으로 선출됨. 이디오피아 교회가 아프리카 감리교 감독교회(African Methodist Episcopal Church)와 합쳐짐.
- 1896년 나탈의 인도인들이 선거에 참여하지 못하게 되었으며 인도인들의 이민에도 제한이 가해짐.
- 1896-1897 남부 아프리카 전역에 우역(牛疫)(Rinderpest epidemic)이 퍼짐.
- 1897년 나탈에 줄루랜드가 합병됨; 알프레드 밀러(Alfred Milner)가 고등판무관으로 임명됨. 에노크 쏜통가(Enoch Sontonga)가 남아공의 국가인 "Nkosi Sikelel' iAfrika"를 씀.
- 1899년 밀러와 크루거 사이에 열린 불룸폰테인 회담이 결렬됨.
- 1900년 (1월) 스피온 콥(Spion Kop)의 전투; (2월) 파더르버그(Paardeberg)에서 크론예(Cronje)의 항복, 레이드스미스(ladysmith)의 구원; (3월) 불룸폰테인 점령; (5월) 마페킹(Mafeking)의 구원; 오렌지 자유주를 병합하고 오렌지 강 식민지(Orange River Colony)라고 명명. 로버츠(Roberts)가 요하네스버그를 점령; (6월) 로버츠가 프레토리아를 점령; (10월) 크루거는 프랑스로 망명; 트란스발에 대해 공식적으로 합병을 선언함; (11월) 키치너(Kitchener)가 남아공의 사령관으로 로버츠를 대신함.
- 1901년 (1월) 스무츠가 무더르폰테인(Modderfontein)을 점령. 아프리카인의 대학살; (2월) 드 벳(De Wet)의 케이프 식민지 침략. 키치너와 보타사이에

있었던 미들버그(Middleburg) 평화회담이 실패함; (3월) 케이프타운의 아프리카인들이 강제로 아위트프루그트(Uitvlugt(Ndabeni))로 이주됨; (8월) 키치너가 포로가 된 보어지도자들을 추방한다고 선언.

- 1901-1902 수만 명의 보어인들과 아프리카인들이 수용소(Concentration Camp)에서 죽음을 당함.
- 1902년 (3월) 로즈의 죽음.; (4월) 보어 평화대표단이 프레토리아에서 만남; (5월) 페르니어너헝(Vereeniging)에서 보어 대표단과 만남; (3월 31일) 프레토리아에서 항복문서에 서명함.
- 1904-1907 금광 노동자로 중국노동자를 들여옴.
- 1905년 남아공 원주민 위원회(South African Native Affairs Commission) 보고서. 북부 란드폰테인(Randfontein) 광산에서 중국 노동자들의 폭동이 발생. 학교법(School Boards Act)이 케이프 학교를 분리함; 아프리카인들은 트란스발에서 땅을 살 수 있도록 허가됨. 줄루랜드의 많은 토지가 백인 농부에게 주어짐. 인두세(poll tax)가 나탈에 도입됨.
- 1906년 나탈에서 밤바타 폭동(Bambatha Rebellion)이 격렬하게 일어남. 인도인들에 의해 트란스발에서 수동적 저항(passive resistance)이 일어남.
- 1907년 트란스발과 오렌지 강 식민지가 정부 승인을 받음. 비트바터르스란드에서 백인 광부들이 데모가 발생.
- 1908-1909 국가회의(National Convention)가 통합에 대해 논의하기 위해 열림.
- 1909년 남아프리카 법안(South Africa Bill)이 영국의회에서 통과됨. 트랜스발에서 인도인의 수동적 저항이 일어남. 백인 노동당(White Labour Party)이 결성됨.
- 1910년 (3월 31일) 남아프리카 연방(Union of South Africa)이 만들어짐. 루이스 보타가 첫 번째 수상이 됨.
- 1911년 광산과 노동자법(Mines and Works Act)이 광산 직업 보호를 위해 제정됨.
- 1912년 (1월) 남아프리카 원주민 국민의회(South African Native National Congress : SANNC)가 결성되고 두베(Dube)가 첫 번째 의장에 선출됨. 남

아프리카 인종의회(South African Races Congress)가 자바부(Jabavu)의 지도 아래 결성됨. (12월) 헤르쵸그가 보타의 내각에서 실각함.

- 1913년 (6월) 원주민 토지법은 아프리카인들은 보호지(약 7%에 해당) 이외에 토지를 소유하거나 임대할 수 없게 함. 소작을 불법화함. 비트바터르스란드의 백인 광부들이 파업함. 인도인들의 수동적 저항. 아프리카 여자들이 자유주에서 패스에 대항하여 항의함.
- 1914년 백인 광부에 의한 저항 발생. 국민당(National Party : NP)이 불룸폰테인에서 결성됨. SANNC 대표가 영국으로 가서 원주민 토지법에 대하여 항의함. 간디가 인도로 돌아감. 아프리카너 폭동(Afrikaner Rebellion)이 발발.
- 1915년 남아공 군이 독일령 남서아프리카(South West Africa)를 점령함.
- 1916년 남아프리카 원주민 대학(South African Native College) 개교; (7월) 델빌 우드(Delville Wood) 전투. 원주민 토지위원회(Natives Land (Beaumont) Commission)의 보고.
- 1917년 산업 노동자들이 나타남. 앙골로 아메리칸 회사(Anglo American Corporation)의 설립.
- 1918년 요하네스버그의 아프리카 위생 노동자들의 파업. 아프리카너 부르더르본드(Afrikaner Broederbond)결성. 스페인 형 독감이 만연.
- 1919년 산업과 상업 노동자 연합(Industrial and Commercial Workers Union : ICU)이 결성됨. 루이스 보타가 사망. 스무츠가 수상으로 취임. 연방 의회(Union Parliament)는 남서아프리카(South West Africa)의 위임통치를 받아들임.
- 1920년 아프리카 광산노동자들이 파업. 아프리카인들에 대해 포트 엘리자베스에서 발포함.
- 1921년 (5월) 183명의 유태인들이 케이프에 있는 퀸스타운(Queenstown) 근처에 있는 불후크(Bulhoek)에서 발포함; (7월) 공산당(Communist Party; CP)이 결성됨.
- 1922년 (1월) 백인 광부의 파업. (3월) 비트바터르스란드 폭동 스탈라드 위원회(Stallard Commission)보고서.

- 1923년 SANNC가 아프리카 민족회의(African National Congress : ANC)로 명칭 변경. 원주민법(Natives(Urban Areas) Act)이 도시지역의 아프리카인들을 위해 제정됨.
- 1924년 NP와 노동당이 선거에서 승리. 헤르쵸그는 수상이 되고 산업조정법(Industrial Conciliation Act)이 직업보호를 위해 만들어짐.
- 1925년 임금법(Wage Act). 남아공이 금본위제 실시. 아프리칸스어가 공식어로 네덜란드어를 대체함. 헤르쵸그의 스미스필드(Smithfield) 연설.
- 1926년 광산과 노동자 개정법(Mine and Works Amendment Act)이 고용시 인종제한(Colour Bar)을 둠. 발포어(Balfour) 선언은 영국과의 관계를 명시. 헤르쵸그의 원주민법(Native Bills)이 공포됨. ICU로부터 공산주의자 추방
- 1927년 국가와 국기법(Nationality and Flag Act). 많은 사람들이 참가한 다양한 종류의 ICU 항의. 부도덕 법(Immorality Act)이 백인과 다른 종족간의 성관계를 금지. 원주민 행정법(Native Administration Act).
- 1928년 CP가 '원주민 공화국(native republic)'을 위해 일하도록 주장함. 의회법(Act of parliament)에 의해 철과 철강 산업 정책수립.
- 1929년 NP가 선거에서 81석을 획득.
- 1930년 세메(Seme)가 구메데(Gumede)의 뒤를 이어 ANC의 의장이 됨. CP에 의한 패스 불태우기 운동이 시작됨. 백인여자들이 참정권을 획득. 원주민(도시지역) 개정법(Native Amendment Act) 제정.
- 1931년 백인 유권자에게 요구된 재산과 교육조건이 제거됨. 웨스트민스터 법령(Statute of Westminster). 더반에서 폭력적 시위와 패스 불태우기 운동을 벌임.
- 1932년 억압이 최고조에 이름. 가난한 백인에 대한 카니지 위원회(Carnegie Commission) 보고서. 원주민 경제 위원회(Native Economic Commission)의 보고. 남아공이 금본위 제도를 폐지함.
- 1933년 심한 가뭄. 헤르쵸그와 스무츠가 연합에 동의. 연합은 총선에서 압도적인 승리 획득. 스무츠는 부총리가 됨.
- 1934년 NP와 남아프리카 당(South African Party)이 연합당(United Party

: UP) 결성. 말란(Malan)은 순수 NP 설립. 지배당(Dominion Party)이 만들어짐.

- 1935년 모든 아프리카인을 위한 집회(All-African Convention)가 아프리카인들의 선거권 박탈에 저항하기 위해 형성됨. 국가자유연맹(National Liberation League) 창설.
- 1936년 원주민법(Natives Act)이 통과되어 케이프 유권자 명부에서 아프리카인들이 제명됨. 원주민 신용과 토지법(Natives Trust and Land Act) 제정.
- 1938년 (5월) UP가 총선에서 승리; (12월) 대이주 100주년 경축행사를 개최.
- 1939년 (9월 4일) 스무츠가 남아프리카연방의 전쟁 참여를 주장하며 헤르쵸그를 선거에서 참패시키고 9월 6일 수상이 됨. 친 나찌 조직인 우마차 파수꾼(Ossewa-Brandwag)이 결성됨.
- 1940년 (1월) 헤르초그와 말란은 재통합된 국민당(Herenigde Naionale Party : HNP) 형성; (12월) 수마(Xuma)가 ANC의 수상으로 선출됨.
- 1941년 아프리카 광산 노동자 연합(African Mine Workers' Union) 형성. 남아프리카연방 군대가 에티오피아의 아디스 아바바(Addis Ababa)로 들어감.
- 1942년 유입 통제(Influx controal)가 완화됨. 남아공 헌법초안이 발간됨; (6월) 북부 아프리카 토부룩(Tobruk)에서 남아공 부대가 포위됨.
- 1943년 UP가 선거에서 승리. ANC가 '아프리카인의 요구(African Claims)'를 밝힘. 비유럽인 연합운동(Non-European Unity Movement)이 설립됨.
- 1944년 ANC 청년연맹의 첫 번째 모임에서 렘베데(Lembede)가 의장으로 선출. 음판자(Mpanza)와 추종자들은 올란도(Orlando) 지역에 몸을 숨김. 반패스법(Anti-Pass Campaign)운동.
- 1945년 강화된 도시 지역법(Urban Area Act)은 유입 통제 제한을 강화함. 제2차 세계대전 끝남.
- 1946년 아시아인의 토지보유(Asiatic Land Tenure)와 인도인 대표법안(Indian Representation Bill)은 인도인의 수동적인 저항운동을 일으킴.

60,000명의 아프리카인 광부들이 일으킨 파업을 무자비하게 억압함. 원주민 대표 의회(Natives Representative Council)의 휴회.

- 1948년 원주민 위원회(Native Laws(Pagan) Commission)의 보고서; (5월) 아파르트헤이트 강령에 기반을 둔 HNP가 총선에서 승리. 케이프 반도(Cape Peninsula)에서 교외지역의 아파르트헤이트 정책. 얀 호프메이어(Jan Hofmeyr) 사망.
- 1949년 혼합 결혼법(Mixed Marriages Act)의 금지. 더반에서 줄루-인도인(Zulu-Indian) 폭동; (12월) '행동강령(Programme of Action)'이 ANC 의에 의해 채택. 수마(Xuma)를 대신하여 모로카(Moroka)가 ANC 대표로 선출됨.
- 1950년 (6월) CP가 공산주의 탄압법(Suppression of Communism Act)이 통과되기 전에 자체 해산함; (6월 26일) 항의와 비탄의 국가적인 날로 선포. 부도덕법 개정. 인구 등록법(Population Registration), 집단지역법(Group Area Act) 제정.
- 1951년 칼라드의 참정권을 빼앗기 위한 시도가 시작됨. ANC와 나탈 인도인 의회(Natal Indian Congress), 트랜스발 인도인 의회(Transvaal Indian Congress) 사이의 협력을 위한 의사협정(Doctor's Pact). 반투 통치법(Bantu Authorities Act)이 부족, 지역 그리고 보호지의 통치를 위해 만들어짐. 토치 코만도(Torch Commando)가 칼라드 유권자들의 지지 하에 다시 연합함.
- 1952년 (3월) 유권자 분리 대표법(Separate Representation of Voters Act)이 대법원에 의해 불법으로 선고됨; (4월 6일) 판 리비어크(Van Riebeeck) 도착 300년 축제가 열림; (6월 26일) 불복종 운동(Defiance Campaign)이 나라 전역에 걸쳐 시작되어 많은 수의 체포와 저항을 야기함. 통행법(Passes Act)의 폐지는 전 아프리카인들이 통행증을 지녀야 한다는 것을 명시하고, 조례 10조(Section 10 of the Act)에 따르면 허락 없이 도시 지역에 72시간 이상 머물 수 없다고 함.
- 1953년 남아프리카 공산당(South Africa Communist Party : SACP)이 지하에 조직됨; (4월) NP가 선거에서 승리. 자유당(Liberal Party) 조직. 민주

의회(Congress of Democrats) 형성. 시설분리법(Separate Amenities Act)은 공공시설의 사용을 인종에 따라 분리함. 반투교육법(Bantu Education Act)은 아프리카인들에게 열등한 교육을 제공하게 규정함. 공공 안전법(Public Safety Act)은 집회를 금지시키고 비상사태 선언을 가능하게 함. 범죄 법안 개정법(Criminal Law Amendment Act)은 시민 불복종에 대해 3년간 감옥에 수감할 수 있도록 만듦.

- 1954년 남아프리카 여성연방(Federation of South African Women) 형성. 스트레이돔(Strijdom)이 수상으로 취임.
- 1955년 남아프리카 노동조합(South African Congress of Trade Unions) 설립; (6월) 자유 헌장(Freedom Chart)이 국민의회(Congress of the People)에 의해 채택. 소피아타운(Sophiatown) 파괴.
- 1956년 ANC 회의가 자유헌장(Freedom Charter)을 승인; (8월 9일) 20,000명의 여성이 프레토리아의 유니언 빌딩(Union Building)까지 행진. 156명의 반역 공판(Treason trial)의 시작. 상원법(Senate Act)에서 유권자 분리 대표법(Separate Representation of Voters Act)이 일반 유권자 명부에서 칼라드를 삭제하도록 하는 법안을 통과시킴. 산업 노동쟁의 조정법(Industrial Conciliation Act)은 인종에 따른 직업을 보장함.
- 1957-1958 알렉산드라 버스 안타기 운동(Alexandra bus boycott)
- 1958년 (4월) NP가 선거에서 총 163석 중 103석을 획득; (8월) 페르브어르트(Verwoerd)가 스트레이돔의 뒤를 이어 수상에 취임.
- 1959년 (4월) 범 아프리카 민족회의(Pan Africanist Congress: PAC)가 소부크웨(Sobukwe) 아래 설립됨; (11월) 진보당(Progressive Party) 설립. 반투 자치 정부 진흥법(Promotion of Bantu Self-Government Act)이 보호지를 독립 반투스탄으로의 전환을 용이하게 함. 대학교육 확대법(Extension of University Education Act)은 고등교육에 있어 인종차별정책(Apartheid)을 확대시킴.
- 1960년 의회에서 아프리카인을 위한 대표제도 폐지; (2월) 영국 수상 맥밀란(Macmillan)이 남아프리카 의회에 '변화의 바람(wind of change)' 연설; (3월 21일) 샤프빌에서 경찰이 발포하여 69명 사망. 케이프타운(Cape

Town)의 랑가(Langa)에서 두 명 피살. 소부크웨(Sobukwe)가 3년형을 선고받음; (3월 26일) 루슬리(Luthuli)가 그의 통행증을 태우고 3월 28일을 '통곡의 날(The day of mourning)'로 선언; (3월 27일) 탐보(Tambo)가 망명 사절로서 남아공을 떠남; (3월 28일) 전국에 걸쳐 데모(stayaway)가 발생; (3월 30일) 크고사나(Kgosana)가 30,000명의 사람들을 이끌고 칼레돈 광장(Caledon Square) 경찰서까지 행진하여 대표단이 나중에 구성될 것을 약속받고 군중들이 평화롭게 해산됨. 비상사태(State of Emergency) 선언. 폰도랜드(Pondoland)에서의 폭동 시작; (4월) 비합법적 조직법(Unlawful Organizations Act) 통과; (4월 8일) ANC와 PAC 금지. 페르부어르트 암살 시도; (6월) 경찰이 폰도랜드에서 발포하여 11명 사망. 비상사태 종료; (10월) 남아프리카가 공화국이 되기 위한 백인 투표. 52.3%의 백인 유권자들이 찬성.

- 1961년 (3월) 페르부어르트는 영연방에 남아있기 위한 신청을 철회시킴; (3월) 반역 공판은 무죄석방으로 끝남; (3월) 피터미리츠버그(Pietermaritzburg)에서 열린 전 아프리카인 회의(All-In Conference)에서 만델라(Mandela)의 연설; (5월) 루슬리(Luthili)가 노벨 평화상 수상; (5월 31일) 남아프리카는 공화국이 되자 연방을 탈퇴함. 폴스터르(Vorster)가 사법 및 치안 장관(Minister of Justice and Police)으로 임명됨. ANC는 만델라를 참모로 하여 민족의 창(Umkhonto we Sizwe : MK)을 만들고, 무장투쟁노선 채택; (10월) NP가 선거에서 승리.; (12월 16일) MK의 파괴 운동 시작과 함께 무장투쟁개시.
- 1962년 (1월-6월) 만델라는 무장투쟁을 위한 지원을 얻어내기 위해 아프리카와 유럽 국가들을 방문; (8월) 만델라가 나탈 지역의 호윅(Howick) 근처에서 체포됨; (11월) 만델라는 5년형을 선고받음; (11월) 팔(Paarl) 폭동; UN 총회는 남아공에 대해 경제 및 외교 제재를 위해 표결. 사보타지 법(Sabotage Act)은 파괴에 대해 가혹한 제제조치 채택. 가택체포와 국가권력의 행사가 확대됨.
- 1963년 (3월) PAC의 레발로(Leballo)가 총궐기가 절박함을 밝힘. 마세루(Maseru)에 있는 그의 사무실은 급습당하고 회원명부를 빼앗김; (5월) 총

칙 개정법(General Law Amendment Act)은 90일 동안 구금을 가능하게 하였고 더 이상의 억류는 정치범인 경우에 가능하게 함(Sobukwe 조항). 나우데(Beyers Naudé)에 의해 기독교 연구소 설립; (7월) 리보니아의 리리스리프(Lilliesleaf) 농장에서 있던 MK의 최고 지도자들이 검거됨.; (10월) 리보니아 공판 시작; (12월) 트랜스케이 자치 정부수립.

- 1964년 암스코르(Armscor) 설립; (6월 11일) 리보니아 사건으로 8명이 무기형을 선고받음; (7월) 아프리카 저항 운동(Africa Resistance Movement)의 존 하리스(John Harris)가 요하네스버그 기차역에 폭탄을 터뜨림. 수많은 파괴행위와 다른 정치적 공판들이 발생.
- 1965년 180일 동안 재판 없이 구금이 가능하게 함. 지하에 잠복했던 브람 피셔(Bram Fischer)가 10달 만에 다시 붙잡힘.
- 1966년 (8월) 오밤보랜드(Ovamboland)에서 남서아프리카인민기구(South West Africa's People's Organization : SWAPO) 게릴라들과 남아공 경찰 사이에 첫 번째 충돌. 총칙 개정법(General Law Amendment Act)은 테러리스트로 의심되는 사람을 14일 동안 구금이 가능하게 함; (9월 6일) 차판다스(Tsafendas)가 페르부어르트(Verwoed)를 국회에서 칼로 찔러 사망케 함. 폴스터르(Vorster)가 수상이 됨. 케이프타운의 제6지구(District Six)가 백인 지역으로 선언됨; (10월) 남아프리카의 나미비아 위임통치령이 UN 총회에서 철회됨.
- 1967년 테러리즘 법(Terrorism Act)은 경찰당국에 의해 재판 없이 무기한 구금이 가능하게 함. MK에 의한 완키에(Wankie) 캠페인이 일어났고 남아공 경찰이 로데지아(Rhodesia)로 들어감. 루슬리 사망. 대학 기독교인 운동(University Christian Movement) 구성. 말라위(Malawi)와 외교 관계 수립.
- 1968년 영국 크리켓 팀의 남아공 방문이 드올리베이라(D'Oliveira) 사건으로 인해 취소됨. 정치 간섭 금지법(Prohibition of Political Interference Act)이 비인종 정치 정당을 금지시키고 진보당(Progressive Party)이 모두 백인이 되는 것에 대해 반대. 자유당(Liberal Party)은 해산됨. 의회의 칼라드 대표제도가 폐지됨. PAC는 우파로서 무장단체인 아자니안 인민 해방군(Azanian People's Liberation Army : APLA)을 구성.

- 1969년 수상을 보좌할 국가 안전국(Bureau of State Security) 신설. ANC는 탄자니아의 모로고로(Morogoro)에서 정당 활동이 금지된 이후 처음으로 회의를 열어 '전략과 전술(Strategy and Tactics)'이라는 프로그램을 채택하고 백인에게 회원이 될 수 있는 문호를 개방함. 남아프리카 학생 기구(South African Students' Organization)가 스티브 비코에 의해 설립. 앨버트 헤르쵸그(Albert Hertzog)는 순수 국민당(Herstigte Nationale Party : HNP)을 구성.
- 1970년 반투 홈랜드 시민법(Bantu Homeland Citizenship Act). NP가 선거에서 승리하고 어떤 HNP 후보자들도 되돌아오지 않음. NP의 멀더(Mulder)는 정책의 목적이 남아공 시민으로 어떤 흑인도 용납하지 않는다는 것이라고 말함.
- 1971년 국제 재판소(International Court of Justice)에서 남아프리카의 나미비아 점령이 불법이라는 것을 규정.
- 1972년 흑인 대표자회의(Black People's Convention)형성. 국가 안보위원회(State Security Council) 설립. 도시의 아프리카인들이 반투 행정위원회(Bantu Affairs Administration Boards)의 통제 하에 편입됨.
- 1973년 (1월-3월) 더반-파인타운(Durban-Pinetown) 지역의 61,000 명의 흑인 노동자들이 동맹파업 돌입. 독립적인 노동조합주의가 재출현. 아프리카너 저항운동(Afrikaner Weerstandsbeweging : AWB)의 창설. 남아공 방위군(South Africa Defence Force : SADF)이 북부 나미비아에서 경찰과 임무 교대함.
- 1974년 강화된 조직법(Affected organizations Act)이 외국의 자금을 유인할 수 없는 조직이나 기구를 밝힐 수 있도록 함; (4월) 포르투갈 리스본에서 쿠데타가 발생.
- 1975년 (8월) SADF의 앙골라 침략; (11월) 루안다(Luanda) 근처에 주둔한 SADF 군대가 쿠바인들의 저항에 맞닥뜨림. TV 방송 도입. 잉카타 운동(Inkatha Movement) 형성. 브레이튼바흐(Breytenbach)가 '테러리즘(terrorism)'으로 인해 9년형을 선고받음.
- 1976년 (3월) 남아공 세력이 앙골라로부터 철수. 테론 위원회(Theron

Commission) 보고서가 해제됨; (6월 16일) 경찰이 올란도 서부(Orlando West) 중등학교에서 시위에 참여하고 있던 학생들에게 발포하였고 이 사태로 저항이 확산되고 수백 명이 사망하고 또 추방당함; (10월) 트란스케이는 '독립'을 선언. MK는 남아공에서 활동을 재개함. SWAPO와 ANC는 앙골라에 군사기지를 건설함.

- 1976-1977 계속되는 저항. 700명 이상 경찰에 의해 숨짐. 많은 구금, 망명, 등교 반대운동 등등
- 1977년 케이프타운의 흑인거주지의 파괴; (6월) 요하네스버그 중심부에서 일어난 총격으로 2명의 MK간부 체포; (9월) 스티브 비코가 구금 중 살해됨; (10월) 17개의 조직과 3개의 신문들이 금지됨; (11월) UN이 남아공에 대하여 강제적 무기금수조치를 실시함. 보푸타츠와나의 독립. UP의 와해.
- 1978년 (4월) 남아공이 나미비아의 독립을 위한 서구의 계획을 받아들임; (5월4일) 앙골라의 카싱가(Cassinga) 대량학살. SADF가 SWAPO 공격으로 600명 이상 사망. 멀더게이트(Muldergate) 사건 발생; (9월) 폴스터르(Voster)가 사임하고 보타가 수상이 됨. 유엔 안보리(UN Security Council)는 나미비아 독립을 위해 435 법안을 통과시킴. 소부크웨(Robert Sobukwe) 사망. 소부크웨의 그라프-레이넷(Graaff-Reinet) 장례식에서 부텔레지가 젊은이들에 의해 공격당함.
- 1979년 (4월) 크로스라드(Crossrads) 흑인 거주지 무단 거주자들에 대해 집행유예. 남아프리카 노동조합연맹(Federation of South African Trade Unions) 결성. 포트 엘리자베스에서 시정연구가 시작됨. 소웨토(Soweto), 케이프타운에 고등학생이 중심이 되어 남아프리카 학생 연합(Congress of South African Students)과 아자닌안 학생조직(Azanian Students' Organization) 형성; (8월) 보타(P.W. Botha)가 소웨토 방문; (9월) 판 질슬라베르트(Van Zyl Slabbert)가 야당의 지도자가 됨. 벤다족 반투스탄의 독립. 산업 조정법(Industrial Conciliation Act)은 흑인 노동조합의 공식적 승인을 포함하여 웨이한 위원회(Weihahn Commission)의 권고를 구체화함. 런던에서 열린 ANC와 잉카타와의 모임이 격렬한 논쟁 속에 끝남. 솔로몬 마할랑구(Solomon Mahlangu)가 처형됨.

- 1980년 금값이 올라 경제 붐을 일으킴; (1월) 실버톤(Silverton) 은행이 MK 당원들의 포위와 인질극으로 총격이 발생. 만델라 석방운동이 전개됨. 등교 반대운동과 소비자 불매운동; (6월) 세쿤다(Secunda)에 있는 사솔(Sasol) 정제소와 사솔버그(Sasolburg)에 있는 사솔 공장이 MK에 의해 공격당함. 상원이 폐지되고 새 헌법을 논의하기 위한 지명된 사람들로 구성된 다인종 대통령 자문회(multi-racial President's Council)가 출범.
- 1981년 (1월) 마푸토(Maputo) 외곽에 위치한 마톨라(Matola)에서 있었던 SADF 공격으로 14명이 사망; (1월) 나미비아에 대해 제네바(Geneva)에서 UN 회의가 열림; (8월) 앙골라 SWAPO에 대하여 푸르티아 작전(Operation Protea)이 개시됨; (11월) 플라크플라스(Vlakplaas) 공격부대에 의해 그리피스 음셍게(Griffiths Mxenge)가 사망; (12월) 시스케이가 독립을 선언. MK가 푸어르트렉커후터(Voortrekkerhoogte)에 있는 주요 군사기지를 공격.
- 1982년 (2월) 노동 조합주의자 네일 아게트(Neil Aggett)가 존 폴스터르(John Vorster) 광장에서 억류상태로 사망; (3월) 트레니트(Treurnicht)의 지도 아래 우파의 NP 국회의원들이 보수당(Conservative Party : CP)을 결성. 금값이 하락하여 경제가 하락; (7월) NP 연방 의회가 좀 더 강력한 대통령제와 3원제 의회(tricameral parliament) 구성을 위한 새 헌법 제안을 승인함; (8월) 루스 퍼스트(Ruth First)가 마푸토에서 소포 폭탄에 의해 암살당함; (12월 9일) SADF가 마세루(Maseru)를 급습하여 42명 사망; (12월) 쿠버그(Koeberg) 핵 발전소가 MK에 의한 사보타지로 수백만 랜드의 피해를 발생시킴.
- 1983년 (5월 20일) 프레토리아(Pretoria)의 처치 스트리트(Church Street)에 있는 남아공 공군(South Africa's Air Force : SAAF) 건물 밖에서 자동차 폭탄 공격으로 19명 사망; (5월 23일) 마푸토에 보복 공격으로 6명 사망, 그중 5명은 모잠비크 시민; (6월) 프레토리아(Pretoria) 근처 하만스크랄(Hammanskraal)에서 국가 포럼(National Forum) 개최; (8월) 미첼(Mitchell) 광장에서 연합 민주 전선(United Democratic Front : UDF)의 출범; (11월) 국민 투표에서 백인 유권자의 2/3가 새 헌법을 찬성, 백인과 유색인, 그리

고 인도인의 대표로 구성된 3원제 의회, 강력한 대통령 중심제 보장. 나탈의 호윅(Howick)에서 모여 노동당이 새 의회에 참여할 것을 결정.

- 1984년 (1월) 남아공 군대가 아스카리 군사작전(Operation Askari)후 앙골라(Angola)로부터 철수; (2월) 앙골라와의 루사카 조약은 남아공 군대의 철수를 감시하기 위한 공동 군사 위원회(Joint Military Commission) 설치를 명시함.; (3월 16일) 보타와 사모라 마첼(Samora Machel)에 의해 은코마티 조약(Nkomati Accord) 확정됨; (5월) 남서아프리카(South West Africa)의 행정장관(Administration-General : AG)과 나미비아 정당들이 루사카에서 모임. 앙골라(Angola) 팡고(Pango) 캠프에서 MK의 소요 후에 가담자들이 콰트로(Quatro)로 보내지고 7명이 사형 집행됨; (6월) 보타의 유럽 여행; (9월 3일) 사프빌에 있는 흑인 경찰관들의 집에 대한 소이탄 공격은 팔 트라이엥글(Vaal Triangle)에 있는 흑인거주지에서 폭동을 일으키게 하였고 이는 곧 동부 랜드(East Rand), 소웨토 그리고 다른 지역들로 퍼져 나감. SADF는 흑인거주지에 파병되었으나 팔 트라이엥글에서 시작된 폭동은 전국적으로 퍼짐; (9월 3일) 보타는 강력한 대통령 중심제의 초대 대통령으로 취임식을 하고 3원제 의회가 열림. 투투 주교가 노벨 평화상 수상.
- 1985년 (2월) 만델라가 딸을 통해 조건부 자유에 대한 거절을 밝히고 그가 다시 돌아갈 것이라고 소웨토에서 성명서를 대독시킴; (3월) 샤프빌 사건과 랑가 대학살의 기념행사를 위해 아위텐하게 근처에서 행진을 벌이는 사람들을 향해 경찰이 발포함; (6월) 보츠와나의 가보로네(Gaborone)에 있는 ANC 기지에 대한 남아공 군의 공격으로 13명이 사망; (6월) 잠비아의 카브웨(Kabwe)에서 ANC는 두 번째 자문회의(consultative conference)를 열고 무장투쟁을 강화할 것을 천명하고 시민들이 피해를 입을 수도 있다고 선포. 보안경찰이 크레독 포(Cradock Four)를 살해함; (7월 20일) 36개의 행정구역에 대해 부분적으로 국가비상사태가 선포됨; (8월) UDF의 빅토리아 음셍게(Victoria Mxenge)의 살해가 더반에서 저항을 가져왔고 많은 사람이 사망; (8월) 보타가 더반 시청에서 행한 '루비콘(Rubicon)' 연설은 신뢰를 잃게 함. 만델라의 석방을 요구하기 위해 폴스무르(Pollsmoor) 교도소에 대한 행진이 경찰에 의해 제지당함; (9월) 카이로스 문서(Kairos Document)

는 불법에 대한 저항을 지지함. 앙골로 아메리칸(Anglo American)의 고위층이 잠비아에 있는 ANC를 만나기 위해 대표를 파견; (11월) 법무장관 코비 쿠찌에(Kobie Coetsee)가 케이프타운에 있는 폴크스 병원(Volks Hospital)에서 만델라를 만남; (12월) 더반에서 남아프리카 노동조합연맹(Congress of South African Trade Unions)이 결성됨; (12월) 레소토에 대한 남아공 군의 공격으로 9명이 살해됨.

- 1986년 판 질 슬라베르트가 국회에서 사임; (3월) 국가비상사태가 부분적으로 종료됨; (5월) 보츠와나, 잠비아, 그리고 짐바브웨에 대한 SADF의 공격은 저명인사 집단(Eminent Persons Group)의 붕괴를 초래; (5월에서 6월) 흑인들의 불법 거주지가 파괴되고 케이프 플랫(Cape Flats)에 있는 카카자 무역 센터(Kakaza Trading Center : KTC) 흑인 거주지도 경찰의 원조를 받는 비트두커(witdoeke) 자경단에 의해 파괴; (6월) 전국적으로 국가비상사태(State of Emergency)가 공공 안전 법(Public Safety Act)이라는 이름으로 선포. 이 법은 국가의 안전을 해치는 사건이나 경찰에 관한 정보의 출판을 막음. 보안군은 '훌륭한 신념(good faith)'라는 이름으로 행해진 불법적 행동들-특히 불법적인 감금-에 대해 면책을 받음. 혼합 결혼금지법(Mixed Marriages Act), 부도덕 법(Immorality Act), 그리고 정치개입 금지법(Prohibition of Political Interference Act)이 폐지됨. 또한 패스법과 유입통제도 폐지됨; (8월) 요하네스버그의 남아공 교회 위원회(South African Council of Churches)가 폭탄 공격에 의해 파괴되었고, 후에 이것은 경찰에 의해 설치되었던 것으로 밝혀짐. NP 연방 의회(NP Federal Congress)는 가장 높은 수준의 정부 개입에 대해 승인; (9월) 레이건(Reagan) 대통령이 거부한 법안을 재 가결하면서, 미국 의회는 포괄적인 반 아파르트헤이트 법안(Comprehensive Anti-Apartheid Act)을 통과시킴; (10월 19일) 모잠비크(Mozambique)의 대통령 마첼(Machel)이 탔던 비행기가 남아공 영토에서 추락하여 탑승객 전원이 사망. 카프리비(Caprivi)의 캠프가 200명의 잉카타 회원을 훈련시키기 위해 설치됨(Operation Marion).
- 1987년 (1월) 나탈의 크와마쿠타(KwaMakhutha)에 있는 집에 대한 습격으로 12명이 사망; (2월) 정부는 가스로부터 기름을 추출하는 모스가스

(Mossgas) 계획을 승인; (6월) 국가비상사태가 새로 발표됨; (7월) 61명의 아프리카너들이 ANC 대표들과 세네갈(Senegal)의 다카르(Dakar)에서 만남; (9월) 마푸토에서 전쟁포로들의 교환이 있었고, SADF의 베이나드 두 토잇(Wynand du Toit)은 교체됨; (10월) 스텔라 시그카우(Stella Sigcau)는 트란스케이의 수상으로 취임; (11월) 고반 음베키(Govan Mbeki)는 무조건적으로 석방되었고, ANC와 SACP에 대한 그의 충성을 확고히 함.

- 1988년 (1월) ANC는 1988년을 국민의 힘에 의한 단합된 행동의 해로 선언; (2월) 보푸타츠와나의 대통령인 루카스 망고페(Lucas Mangope)는 쿠데타로 추방되었고 SADF에 의해 권력을 되찾음. UDF와 COSATU를 포함한 18개의 조직이 금지됨; (7월) 만델라의 70번째 생일 축하 파티가 열림. 요하네스버그의 엘리스 공원(Ellis Park)에서 폭탄으로 두 명이 사망; (8월) 징병 폐지운동(End Conscription Campaign)이 효과적으로 금지됨; (10월) 처음으로 자치제의 모든 인종들이 지방 정부 선거에 투표; (11월) 전 경찰관 바렌드 스트레이돔(Barend Strydom)이 프레토리아의 광장 연회에서 많은 흑인들을 쏴 죽였고, 나탈의 경찰서장 브리안 미첼(Brian Mitchell)은 트러스트 피드(Trust Feed)에서 대량학살을 조직함.
- 1989년 (1월 18일) 보타는 가벼운 심장발작을 일으킴; (2월 2일) 그는 NP 지도자의 자리에서 사임을 발표. NP 지도자로 드 클레르크(F.W de Klerk)가 선출됨; (2월 4일) 민주당(Democratic Party : DP)이 설립됨; (2월 16일) UDF는 위니 만델라(Winnie Mandela)로부터 멀어졌고, 단식투쟁은 정치적 억류자의 석방을 이루어 냄; (7월 5일) 케이프타운의 투얀하위스(Tuynhuis)에서 보타와 넬슨 만델라가 만남; (7월 12일) 넬슨 만델라와의 대화에서 평화를 위한 열망을 확인; (8월) 탐보(Tambo)가 습격을 당함; (8월) 하라레 선언(Harare Declaration)에서 협상을 위해 ANC의 입장을 정리. 병원과 바닷가 그리고 대중교통수단에서의 인종차별 철폐를 위한 불복종 운동(Defiance Campaign)이 발생; (8월 14일) 보타가 사임; (8월 15일) 드 클레르크가 대통령 직무 대리(Acting State President)로 취임; (9월 6일) 백인선거에 대한 전국적인 항의가 일어났고 특히 웨스턴 케이프(Western Cape)에서 경찰과 폭력사태가 발생함. 드 클레르크는 선거결과를 개혁을

위한 요구로 해석. 스위스에서 ANC와 국가정보위원회(National Intelligence Service)의 관리들과의 만남; (9월 20일) 드 클레르크가 공식적인 대통령으로 취임; (10월) 약 30,000명이 케이프타운에서 평화적으로 행진함. 국가안보 관리 체제(National Security Management System)는 분해됨; (10월 15일) 월터 시술루(Walter Sisulu)가 포함되어 있는 여덟 명의 정치적 장기수들은 쿠알라 룸프르(Kuala Lumpur)에서 정부연방지도자들의 모임이 있는 전날 밤에 석방됨. 유죄판결을 받은 살인자 노포멜라(Nofomela)는 전 경찰서장이었던 디릭 쿠찌에(Dirk Coetzee)가 운영하던 타격대의 행위를 고백; (10월 29일) ANC가 지지하는 소웨토 집회에서 시술루(Sisulu)가 연설함; (11월) 나미비아에서 선거가 있었고, 베를린(Berlin) 장벽이 무너졌으며 해수욕장은 모든 인종에게 개방됨. 후에 SADF는 나미비아에 집결한 후 남아공으로 철수; (12월 13일) 드 클레르크가 처음으로 만델라와 만남.

- 1990년 (1월 2일) 드 클레르크는 의회 개회사에서 ANC, SADP 그리고 다른 반대 정당을 합법화시키고 수감된 사람들을 석방시킨다고 선언. 그는 만델라는 무조건 석방되어야 한다고 공표; (2월 11일) 만델라는 자유인으로 빅터 펄스터르(Victor Verster) 감옥을 걸어 나옴; (3월) 시스케이 정부는 군사 쿠데타에 의해 무너짐. 정부와 ANC 간의 예비회담이 열림. 세보켕(Sebokeng)이 경찰에 의해 죽고, ANC는 회담을 취소; (3월 21일) 나미비아가 독립; (4월) 회담이 재개됨. 벤다 정부가 군사 쿠데타로 무너짐; (5월 4일-5일) ANC와 정부는 케이프타운의 흐루어터 슈르(Groote Schuur)에서 만나 정치범 석방, 망명에 대한 법률적 보장, 폭력종결을 위한 방침 등의 기본 구조에 동의; (6월) 국가비상사태는 나탈 지역을 제외하고 해제됨. 분리 시설법(Separate Amenities Act)이 폐지됨. 만델라가 미국을 방문; (7월) ANC-COSATU는 나탈에서 일어나고 있는 폭력에 항의. 불라 작전(Operation Vula)과 관련되어 ANC와 SACP회원들이 체포됨. ANC와 잉카타 간의 충돌이 나탈에서 리프(Reef)로 확대되고 수백 명이 사망함. 기차 폭력이 시작되었고 SACP가 다시 배치됨; (8월 8일) 프레토리아에서 이루어진 정부와의 회담에서 ANC는 무장투쟁 중지를 선언; (8월-9월) 리프와 나탈에서 폭력사태가 확산; (9월) 드 클레르크는 워싱턴을 방문; (10월) 나

탈의 국가비상사태가 해제됨; (11월) 트란스케이에서 시도한 쿠데타 실패; (11월) 손해 위원회(Harms Commission)는 블라크플라스(Vlakplaas)에서 있었던 보안 경찰의 공격에 대해 용서함. 그러나 시민 공동 협력국(Civil Co- operation Bureau)으로 알려져 있는 은밀한 조직인 SADF 부대를 폭로; (12월) ANC자문위원회가 요하네스버그에서 열림.

- 1991년 (1월 1일) 드 클레르크는 아파르트헤이트 정책은 폐지되어야 한다고 선언; (2월 12일) 말란 회의록(D.F Malan Minute)이 정부와 ANC에 의해 서명됨; (4월) ANC는 폴크(Volk)와 말란(Malan) 장관의 해임을 요구했고, 타격대(hit squads)의 폐지를 요구하며 경찰과 관련 있는 대학살의 중단, 기숙사 체제에서 가족단위의 숙박시설로의 변경, 폭력사태를 조사하는 독립위원회의 설립을 요구; (6월) 원주민 토지법, 분리 시설법(Separate Amenities Act), 집단지역법, 그리고 인구 등록법(Population Registration Act)이 폐지됨. 인종에 근거한 법에 대한 추가 폐지법(the Further Abolition of Racially-Based Measures Act)은 다른 법의 인종차별을 제거; (7월) 더반의 ANC의회에서 만델라가 ANC의 의장으로 선출됨; (7월) 잉카타와 나미비아의 반 SWAPO(Anti- SWAPO)에 대한 남아공 정부의 자금 지원 추문이 폭로됨; (8월) 드 클레르크가 펜터스도르프(Ventersdorp)에서 연설하는 동안 건물 밖에서 AWB가 경찰에 의해 해산되는 과정에서 충돌이 일어남; (9월) 국가 평화 협정(National Peace Accord)이 ANC와 정부, IFP와 다른 조직들에 의해 서명됨. 부가가치세 도입에 대한 소개는 기본적인 식료품과 서비스 세금 징수에 대항하여 큰 저항을 일으킴; (10월) 남아공은 핵 비확산 조약에 서명. 조사위원회는 공공의 폭력과 협박에 관해 조사하기 위해 리차드 골드스톤(Richard Goldstone) 판사의 주도로 설립됨; (11월) 회담개최에 동의; (12월 20일) 19개 정당이 켐톤 공원(Kempton Park)의 국제무역센터(World Trade Centre)에 있는 남아공 민주 대표자회의(Convention for a Democratic South Africa : CODESA)에 참석. 이틀 동안의 회담이 끝나고 17개 정당이 "의지 선언(Declaration of Intent)"에 동의.
- 1992년 (3월 17일) 백인들만 투표한 국민투표에서 그들은 드 클레르크에게 계속적인 협상을 위한 통치를 위임. 투표자의 68.6%가 협상을 통한 새로운

헌법의 수립과 계속적 개혁에 동의; (4월) 전 경찰서장 브리안 미첼(Brian Mitchell)과 다른 사람들이 1988년의 트러스트 피드(Trust Feed) 대학살에 대한 판결을 받음; (5월 15일), CODESA가 교착상태에 빠짐; (6월 16일) ANC가 개혁을 가속화하도록 정부를 압박하는 대규모의 캠페인을 시작; (7월 17일) 크와마달라(KwaMadala) 기숙사의 잉카타 지지자가 보이파통(Boipatong)에서 43명을 죽이는 대학살을 벌였고, 이는 국제적으로 강력한 항의를 유발; (6월 19일) 만델라는 대학살과 연루된 정부를 고발했고 회담을 중단; (7월) 반 ANC(anti-ANC)는 반투스탄 지도자를 무너뜨리기 위한 대규모 운동에 돌입. 남아공은 1960년 이후 올림픽에 처음으로 참가하기로 함; (8월) COSATU가 주도하는 운동에 4백만 이상의 노동자들을 후원; (9월 7일) 비무장한 ANC 지지자들이 그코조(Gqozo)와 시스케이 군을 내쫓기 위한 행진에서 무차별적인 발포로 28명이 죽는 대학살이 비쇼(Bisho)에서 발생; (9월) 이해 조약(Record of Understanding)이 ANC와 정부 간의 협상으로 교착상태를 없애기 위해 발표됨. 이 조약은 더 많은 정치범들의 석방, 기숙사에 대한 보호와 순찰, 위험한 무기의 소지와 전시 금지 등을 포함함; (10월) 사면에 관한 법 제정안이 통과하였고, 정치범들이 석방됨. 염려하는 남아공 집단(Concerned South Africans Group : COSAG)이 결성됨; (11월) ANC는 조 슬로보가 '일몰(sunset)'조항을 제안한 후에 권력분할에 동의했고, 골드스톤(Goldstone)은 ANC를 불신하는 비밀집단 이사회(Directorate of Covert Collection)에 의한 운동을 폭로; (12월) 드 클레르크는 23명의 SADF 고급 장교를 불법적 행동과 관련해 해임. 심각한 가뭄이 있었고, 경제적으로 침체된 해였음.

• 1993년 1월, 유럽경제위원회(European Economic Community : EEC)는 국제적 제재가 철회되어야 한다고 발표; (3월) 다수당 협상 포럼(Multi-Party Negotiating Forum)이 CP와 PAC를 포함하는 26개 정당이 참석하는 회담을 계획. 정부 대표단은 보츠와나에서 무장투쟁 중지를 위해 PAC와 만남. 드 클레르크는 1980년대에 만들어진 6개의 핵무기가 제거되었다고 발표; (4월) 협상이 국제무역센터에서 다시 시작됨; (4월 10일) SACP의 사무총장이고 전 MK의 수장이었던 크리스 하니(Chirs Hani)가 암살당함; (5

월) 전국에서 200명의 PAC회원이 동트기 전 급습으로 체포됨; (6월) 선거일에 대한 동의가 이루어지자 IFP와 CP는 항의 퇴장하고 그들은 자유연합(Freedom Alliance)을 구성; (6월 25일) 무장한 우파들이 국제무역센터의 문을 부수고 들어가 건물을 점거하고 손상을 입힘; (7월 3일) 선거가 4월 27일로 확정됨; (7월 25일) 케이프타운의 케닐워스(Kenilworth)에서 11명의 기독교 신도를 총격 피살한 사건이 발생하였고 후에 아자니아 인민해방군(Azanian People's Liberation Army : APLA) 회원들이 저지른 것으로 밝혀짐; (8월) 동부 랜드(East Rand)에서 더 많은 폭력사태가 발생. 아미 비헬(Amy Biehl)이 케이프타운의 구구제투(Guguletu)에서 피살당함. 몬추에냔 위원회(Motsuenyan Commission)는 ANC 억류자에 대해 진위가 의심스러운 인권남용이라고 보고; (10월) 만델라와 드 클레르크가 공동으로 노벨 평화상 후보에 올랐다고 발표. UN은 무기와 석유 수출입 금지를 제외한 제재를 철회. 쟈누즈 왈루즈(Janusz Waluz)와 클리브 더비-레비스(Clive Derby-Lewis)는 크리스 하니를 살해한 혐의로 사형을 선고받음. SADF는 움타타(Umtata)의 APLA 집회장을 급습; (11월 18일) 국제무역센터에서 비인종적이고 다당제의 민주주의를 규정한 권리헌장(Bill of Rights)과 9개주로 나눈다는 잠정 헌법의 초안에 동의; (12월) APLA가 케이프타운의 천문대(Observatory)라는 선술집을 습격해서 4명이 사망. 국회는 과도 행정 위원회(Transitional Executive Council : TEC)의 설립에 대한 법률제정을 승인했고, 7개의 하부 위원회와 독립 선거 위원회(Independent Electorial Commission), 독립 방송 위원회(Independent Broadcasting Authority)와 같이 설치됨; (12월 18일) 국회는 잠정 헌법을 승인. ANC가 포함된 정부와 자유연맹(Freedom Alliance)과의 회담에서 그들의 선거참가에 대한 문제를 협의.

- 1994년 (3월) 보푸타츠와나에서 폭동이 일어났고 TEC가 망고페(Mangope)를 내쫓고 반투스탄을 프레토리아의 통제 하에 둠; (3월 28일) IFP의 지지자들이 사람들이 요하네스버그 근교에 있는 ANC의 본부를 공격한 셸 하우스(Shell House) 사건으로 인해 50명 이상이 사망; (3월 31일) 국가 비상사태가 꾸와줄루에서 선언되었고, 자유전선(Freedom Front)의 빌류온

(Viljoen) 장군이 선거에 참가하는데 동의; (4월 19일) 부텔레지가 선거운동 불참을 철회하는데 동의하고 IFP가 투표에 참여하는 것을 허용; (4월 26-29일) 첫 번째 민주주의 선거가 치러짐; (4월 27일) 잠정 헌법에 따라 트란스케이 시스케이, 보푸타츠와나, 그리고 벤다가 남아공에 병합됨; (5월 2일) 만델라가 마침내 남아공은 자유가 되었다고 공표; (5월 10일) 만델라는 프레토리아의 유니온 빌딩(Union Building)에서 대통령으로 취임; (5월 24일) 제헌 국회(Constitutional Assembly)가 최종 헌법에 대해 논의를 시작. 남아공은 33년이 지나서 영연방에 재가입하고 비동맹 운동(Non-Aligned Movement)에도 가입; (6월16일) UN이 남아공에 대한 무기의 수출입금지를 폐지; (6월 24일) 남아공은 UN 총회에서 남아공의 의석을 요구. 재건과 발전계획(Reconstruction and Development Programme)과 마사카네(Masakhane ; '다함께 건설하자'라는 뜻) 운동이 시작됨.

- 1995년 1월, 조 슬로보가 사망; (6월) 헌법 법정(Constitutional Court)이 처음으로 사형을 위헌으로 판정; (7월) 국가 통합과 화해법(National Unity and Reconciliation Act)이 통과하고 진실과 화해 위원회(Truth and Reconciliation Commission : TRC)가 만들어짐; (11월) 최종적인 헌법 초안이 공표됨; (12월) TRC가 만델라 대통령에 의해 임명됨.
- 1996년 (2월) 바파나 바파나(Bafana Bafanfa) 국가대표 축구팀이 아프리카 컵에서 우승; (3월) 마그너스 말란(Magnus Malan) 장군과 다른 사람의 재판이 시작됨; (4월) TRC는 피해자로부터 인권남용에 대한 청취를 시작; (5월 8일) 최종 헌법이 헌법 법정으로 송부됨. 남아공과 미국이 암스코르(Armscor)논쟁에서 원칙적으로 동의. 반투 홀로미사(Bantu Holomisa)가 환경부의 차관에서 해고됨. 반 에이즈 운동인 사라피나 2(Sarafina 2)가 큰 실패를 함; (9월) 헌법 법정이 헌법을 제헌 의회에 되돌려 보낼 것을 지시. 넬슨 만델라가 남부 아프리카 발전 위원회(SADC)의 의장이 됨; (10월) 말란과 다른 사람들이 무죄로 판명됨. 드 콕(De Kock)은 유죄를 선언하고 플라크플라스(Vlakplass)의 지휘관으로써 잔악행위에 대한 판결을 함. TRC는 범죄자들의 정보를 수집하고 그 첫 번째 소환장을 발부; (11월) 노동관계법(Labour Relations Act)이 발효됨; (11월 10일) 최종 헌법이 만델

라에 의해 사퍼빌(Sharpeville)에서 서명됨. 사면 일에 대한 연장 기한이 1994년 5월 10일로 연장되고 스탠리 모고바(Stanley Mogoba) 주교가 PAC의 의장으로 선출됨.

- 1997년 (1월) 시리아(Syria)와의 무기 거래 논의가 중지됨; (2월 4일) 최종 헌법이 효력을 발휘하고 주 의회(National Council of Provinces)가 활동을 시작; (3월) 2004년 올림픽의 후보 도시로 케이프타운이 5개 도시 안에 들어감. TRC에서 아파르트헤이트 시기의 살인자들에 관한 폭로가 계속되었고 드 클레르크가 1980년도 중반 제3군(third force)의 창설에 참가한 것으로 고발됨; (5월) 남아공은 자이레(Zaire ; 지금의 콩고민주공화국)의 위기를 중재. 위니 만디키젤라-만델라(Winnie Madikizela- Mandela)는 ANC의 여성조직의 의장으로 재 선출됨. 마지막 사면 신청서가 TRC에 제출됨. 독립 방송 위원회(Independent Broadcasting Authority)의 광범위한 실수가 확인됨; (9월) 드 클레르크가 NP의 지도자 자리와 의회에서 사임. 케이프타운이 2004년 올림픽 개최지로 선정되지 않음. 마톨레 모체가(Mathole Motshekga)가 하우텡의 ANC의 의장과 토쿄 섹스왈레(Tokyo Sexwale)의 후임자로 선출됨. 룰프 메이어(Roelf Meyer)와 반투 홀로미사(Bantu Holomisa)에 의해 연합 민주 운동(United Democratic Movement)이 설립됨; 11월, 위니 만디키젤라-만델라는 1980년대 만델라 연합 축구 클럽(Mandela United Football Club)의 활동에 대해 TRC에 증언하고 그녀에게 부과된 살인죄를 부인; (12월) 오타와(Ottawa)에서 외무장관 알프레드 은조(Alfred Nzo)가 지뢰 금지 협정에 서명. 상업적인 농업지역이 백인 농장주 살해범으로 위협받음. 보타(P.W Botha)가 소환장에도 불구하고 TRC에 출석하는 것을 거부. 노스-웨스트 주(North-West Province)의 마피켕(Mafikeng)에서 ANC의 50번째 정기 회의가 열림. 만델라는 타보 음베키에게 ANC 의장의 지위를 넘겨줌. 쟈콥 주마(Jacob Zuma)가 ANC의 부의장으로 선출됨.
- 1998년 (1월) 남아공은 대만과의 외교관계를 단절하고 중국과 외교관계를 맺음; (3월) 미국 대통령 빌 클린턴이 남아공을 방문. 크루거 국립공원(Kruger National Park)에서 100주년 기념행사가 열림; (7월) 넬슨 만델라

가 80세로 전 모잠비크 대통령의 미망인인 그라카 마첼(Graca Machel)과 결혼함; (8월) 비동맹국가 정상회담이 더반에서 열리고 남아공이 의장국으로 선출됨; (9월), 남아공이 레소토에 군대를 파병함; (11월) TRC가 보고서를 제출함; (12월) 약 350만 년 전의 인류화석이 스테르크폰테인 동굴에서 발견됨.

- 1999년 (6월) ANC가 두 번째 민주적 선거에서 압도적으로 승리. 타보 음베키가 남아공의 두 번째 흑인 대통령으로서 취임. 쟈콥 쥬마(Jacob Zuma)는 부통령이 됨.
- 2000년 DP와 NNP가 ANC와 대항하기 위해 민주동맹(Democratic Alliance)을 결성; (12월) 지방 자치선거에서 ANC가 압도적 승리를 하였으나 투표율이 하락함.
- 2001년 (11월) 민주 동맹이 분리됨. ANC와 NNP가 동맹을 결성하여 웨스턴 케이프에서 승리.
- 2002년 (7월) 아프리카 연합(African Union)이 OAU를 대신하여 더반에서 출범; (8월) 지속가능한 발전을 위한 세계회의(World Summit)가 요하네스버그에서 열림; (9월) 음베키 대통령이 UN 특별 회의에서 아프리카의 발전을 위한 새로운 협력인 아프리카 개발을 위한 새로운 협력관계(New Partnership for Africa's Development : NEPAD)에 대해 연설.

주석

1 남아프리카공화국(Republic of South Africa)은 남아공으로 불린다. 남아공은 역사적으로 1852년 보어인들에 의해 세워진 국가로 나중에는 트랜스발(Transvaal)로 불렸고 1961년에 5월 31일에 영연방에서 탈퇴하고 남아공이 된다. 그러나 남아프리카(South Africa)라는 용어는 남아공과는 전혀 다른 의미로 사용되어야 한다. 남아프리카는 '남쪽의 아프리카'라는 의미로 네덜란드 동인도 회사나 영국 식민당국이 사용하는 말이었다. 이 용어는 또한 남부 아프리카(Southern Africa)라는 말과는 다르게 사용되어야 한다. 남부 아프리카라는 용어는 지역적으로 남부 아프리카를 지칭하는 것이지만 남아프리카는 역사적으로 사용되었던 용어이기 때문이다.

2 반투(Bantu)라는 말은 아프리카 대륙의 문화와 언어를 설명하기 위해 사용될 때는 적절한 용어이지만 남아공에서는 아파르트헤이트 정권에서 너무 오용되어 사회적으로 우호적인 용어로 사용되지는 않는다.

3 흑인과 아프리카인이라는 말은 남아공의 역사를 설명하면서 자주 혼용되어 사용되고 있다. 흑인이라는 용어는 백인 정부 하에서 백인, 흑인, 칼라드, 인도인 및 아시아인 등 4대 인종으로 분류하던 용어로 사용되어 현재 그렇게 호의적으로 받아들이고 있지 않다. 현재 남아공의 흑인들은 자신들을 아프리카인으로 불리어지기를 희망한다.

4 이러한 백인들의 역사관은 다음의 책에서 분명하게 주장되고 있다. Muller, C.F.J.(ed.), *500 years : A history of South Africa* (Pretoria, Academica, 1990).

5 호텐토트(Hottentot)족은 인종상 부시맨과 밀접한 관계가 있다. 노란 색깔의 피부빛깔이나, 이들의 언어에서도 나타나고 있는 단음절의 흡기음(吸氣音, staccato click sound) 사용은 호텐토트족 역시 부시맨과 동일한 혈통을 가졌음을 시사해 주고 있다. 이들은 스스로를 '사람 중의 사람'이라는 의미의 '코이코이(Khoikhoi)'로 불렸지만 백인들에 의해 '호텐토트'라는 이름이 폭 넓게 사용되고 있는 실정이다. 호텐토트라는 말은 '흡기음을 사용하는 사람'이라는 뜻으로 격멸적인 뜻이 담겨 있다.
1487년, 포르투갈인들이 남부아프리카에 도래했을 당시 코이코이족은 살단하(Saldanha Bay)만, 테이블(Table Bay)만, 모슬 베이(Mossel Bay) 등지에 걸쳐 고기잡이와 조개류 채취로 생활하고 있었으며 대부분의 코이코이족은 반유목민으로서 긴 뿔을 가진 소와 양을 사육하였고 사냥용으로 개도 길렀다(주로 서쪽에 있는 Swakop강과 동쪽의 Fish강 사이의 해안가). 1652년 얀 판 리비어크(Jan van Riebeeck)가 케이프에 상륙했을 때는 이들은 희망봉 주변지역, 오렌지(Orange) 강 유역 그리고 나탈(Natal) 지역과 서남아프리카 지역 훨씬 위쪽까지 분포하고 있었다. 그러나 산족보다 넓은 지역에 분포하여 살고 있지는 않았다. 이들은 유목을 하였기 때문에 건조한 내륙이나 산악지대보다는 해안가에 거주하는 것을 더 선호했다.

6 남부아프리카 지역에 정착하여 최초로 인간으로서의 생활을 시작한 종족은 부시맨으로 추정되고 있다. 일반적으로 우리가 부시맨이라고 부르는 명칭은 보어(Boer)인들이 격멸적인 의미로 '수풀에 사는 사람들(Boesman)'이라는 의미로 일컬었던 데서 유래하고 있으나 부시맨들에 대한 명칭은 다양하다. 예컨대, 코사족은 트와(Twa), 소토족은 로아(Roa), 코이코이족은 산(San, Saan)으로 부르고 있다. 오늘날 이들은 대략 10,000여명(실질적으로 약 500명 정도)이라는 극히 적은 수의 인구를 유지하며 칼라하리 사막 주변인 보츠와나(Botswana), 나미비아(Namibia), 앙골라(Angola) 등지의 건조지대에서 멸종의 위기를 맞으며 자신들의 전통적 석기시대의 생활방식인 수렵과 채집을 고수하며 살아가고 있다. 부시맨들의 신체적 특징으로는 매우 작은 키와 노랑색 또는 갈색의 피부 빛깔을 둘 수 있으며 이들의 언어는 매우 독특하여 "딸깍 딸깍 찰깍 찰깍"하는 소리나 혀 차는 소리들이 나는 소위 흡기음(吸氣音, click sound)을 구사하고 있다.

7 현재 케이프타운이라고 불리는 이 지역은 역사적으로 케이프, 케이프 식민지(Cape Colony), 그리고 케이프타운(Cape Town)이라고 표기되고 있다. 케이프는 유럽인들이 초기에 부르던 이름이었으며 케이프 식민지는 영국의 지배가 본격적으로 시작되어 부르던 이름이다.

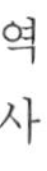

8 1647년 동인도 회사소속의 범선 하를렘(Haarlem)호가 테이블 만에서 난파되어 선원들이 약 6개월 동안 원주민들과 교류하며 생존하다가 1649년 본국에 귀환한 후 이곳이 기항소의 설치 및 유럽인들의 정착에 최적지라는 사실을 보고했다.

9 최초로 12명의 노예들이 1657년 자바(Java)와 마다가스카르(Madagascar)로부터 도착했으며, 그 다음 해에는 추가로 185명의 노예들이 서아프리카로부터 수입되었다. 인종 우월주의와 인종 차별 정책은 17세기 말경에 식민지에서 기반을 얻었다고 말할 수 있다. 보어인들로 알려진 정착민들이 천한 일이나 어려운 일을 싫어했기 때문에, 이러한 일들은 '나무를 자르고 물을 긷는 사람들'로 간주되었던 비유럽인들의 영역으로 여겨졌던 것이다. 얀 판 리비어크는 풍부할 뿐만 아니라 값싼 노동자를 구하려는 노력의 일환으로 노예들을 수입하였다.

10 카피르(Kaffir, Kafir)라는 말은 아랍어로 '이교도'라는 말로 소문자로 사용하면 코사족은 물론이고 흑인들을 경멸하여 부르는 말이다. Cape Frontier Wars, Kaffir Wars, Kafir Wars라고도 한다. 케이프 식민지인과 남아프리카 동부 케이프의 농경 유목민인 코사족 사이에 100년에 걸쳐 간헐적으로 벌어진 전쟁(1779-1879). 아프리카 민족이 유럽 침입자에 항거한 투쟁 중 가장 오랫동안 지속된 전쟁으로 코사족의 영토가 케이프 식민지에 합병되고 코사족이 동화되는 것으로 끝났다.

11 피의강 전투로 줄루족에 대한 승리 후에 개척자들은 나탈공화국(The Republic of Natal)이라는 그들 자신의 새로운 국가를 건설했다. 국민회의(Volksraad)가 새로 형성된 피터마리츠버그(Pietermaritzburg)시에 설립되었다. 그러나 케이프 식민지의 일부로 그 지역을 지배하기로 한 영국의 결정에 따라 나탈공화국은 오래 존속하지 못했다.
1842년 영국의 공격은 미약한 저항을 받았고 1843년 보어공화국과(Boer Republic)과 국민회의(Volksraad)는 항복했다. 2년 후인 1845년에 나탈은 하나의 주로서 케이프 식민지에 통합되었다.

12 1852년 샌드 리버(Sand River) 회담에 의해 영국 정부는 새로운 보어 국가에 그들의 간섭과 침입의 종식과 더불어 보어족에게 팔강 북부의 자치권을 부여했다. 비록 그것이 오래 지속되지는 못했지만 이것은 남아공이 합법적으로 출현하게 된 계기였다. 1858년 안드리스 프레토리우스의 아들인 마르티누스 베셀스 프레토리우스(Marthinus Wessels Pretorius)가 초대 대통령으로서 취임했다. 지금의 행정수도 프레토리아는 이 사람의 이름을 따서 만든 것이다.

13 샌드 리버 회담 선언 2년 후 영국은 오렌지 강 지역에 대해서도 같은 양보를 하였다. 1854년 블룸폰테인(Bloemfontein) 회담에 의해 후에 오렌지 자유주(Orange Free State)가 된 오렌지 강 지역의 식민 개척자들에게 완전한 독립이 주어졌다.

14 영국령 카프라리아(British Kaffraria) : 국경 분쟁의 종반 무렵인 1847년, 코사의 중요 지역을 통제했으며 희망봉(Cape)의 통치자이자 최고 위원인 해리 스미스(Harry Smith)경에 의해 점령당했던 케이스캄마(Keiskamma)와 케이(Kei) 강 사이의 영토이다. 그러나 이 지역에 대한 점령은 1850년 케이프와 코사 국경 전쟁을 일으켰다. 영국령 카프라리아(Kaffraria)는 1860년까지 최고 위원에 의해 직접 통치되었다. 그 당시 이곳은 분리된 영국 왕실 직할 식민지로 구성되었다. 1866년 희망봉 식민지의 한 부분이 되었고 때로 시스케이(Ciskei)로 알려져 있기도 했다. 백인의 이주는 코사의 힘을 매우 약화시켰던 1857년의 소 도살(catte-killing)과 1878년 최후의 국경 전쟁 후 다시 촉진되었다.

15 영국-트란스발 전쟁(Anglo-Transvaal War; 1880-1881) : 첫 번째 영국-보어 전쟁(Anglo-Boer War)이나 트란스발 독립 전쟁(the Transvaal War of Independence)으로 알려진 이 전쟁은, 1877년 4월에 영국이 아프리카너들의 영토를 합병한 것에 대해 이를 회복하고자 벌인 트랜스발의 아프리카너들의 짧은 전쟁이다. 그들의 탄원과 이의가 받아들여지지 않자 1880년 12월에 전쟁을 시작하였다. 그들의 전략은 영국 요새, 특히 포트체프스트룸(Potchefstroom)과 프레토리아(Pretoria)를 포위하고 영국이 나탈에서 트랜스발로 들어가 강화하는 것을 막는 것이었다. 가장 치열한 전투는 나탈에서 벌어졌으며 아프리카너 공화주의자들은 1881년 2월 마주바(Majuba)에서의 대승을 비롯한 많은 승리를 거두었다. 전투가 벌어졌을 때 영국은 트랜스발의 자치에 대한 많은 조항을 원상태로 되돌리기로 결정하였다. 1881년의 프레토리아 회의(Convention of Pretoria)에서 영국의 합병은 철회되었고 빅토리아 여왕(Queen Victoria)의 종주권에 있어 자치 주체(self-rule subject)를 부여하였다. 트랜스발의 외교관계는 여전히 영국에 달려있었으며 영국의 동의 없이 그 경계를 바꾸는 것이 금지되었다. 그러나 아프리카 전쟁에 대한 영국의 거부권은 1884년 런던회의에서 사라지게 되었다.

16 마주비 전투(Majuba War) : 영국과 보어군이 앙골로-트랜스발 전쟁(Anglo-Boer War)이 한창이던 1881년 2월 마주바 언덕(Majuba Hill)에서 전투가 벌어졌다. 1881년 3월 양측은 휴전협정에 서명하였다. 이 전쟁에서 영국이 보어 의용군에게 패함으로서 트랜스발의 독립이 다시 회복되었다.

17 이산들와나(Isandhlwana) 전투 : 케이프 식민지(Cape Colony)의 총독인 바틀 프레레(Bartle Frere)경은 줄루 왕국의 세력을 제압하기 위해 지속적인 압력을 가하였다.
1879년 1월 줄루족은 영국군을 침략해 이산들와나(Ishandhlwana) 전투에서 대승을 하였다. 영국군은 로케 드리프트(Rorke Drift)에서 투겔라 강을 가로질러 천천히 앞으로 움직였고 이산들와나로 불리는 언덕 한쪽에서 야영을 했다. 줄루군은 12개의 부토로 조직된 3개의 군단으로 편성되어 비교적 느슨하게 집단이 구성되어 있었으므로 상황에 따라 이동이 용이했다. 험난한 자연의 이점을 이용해 그들은 영국 정찰팀에 걸리지 않고 1879년 1월 22일 아침 캠프를 습격하여 기선을 제압했다. 영국군은 사령관이 주력군을 이끌고 몇 마일 내에 줄루족과 조우하게 되기를 희망하면서 본대와 떨어져 있는 상황이었기 때문에 상대적으로 약한 전력이었고 본대가 마차를 가지고 방어용 라거(laager)진지를 구축해놓고 있지 않았다. 영국군 사령관이 줄루의 공격을 막 예감하였을 때 병력을 한 곳에 집중시키지 않고 거의 2마일에 걸쳐 병력을 분산 배치시켰다. 전투가 벌어지자 줄루군은 소뿔전략을 펼쳐 영국의 측면을 둘러쌌다. 그들이 나아가자 살인적인 총세례를 받았고 많은 줄루족들이 땅에 쓰러졌다. 그러나 줄루족 전사들은 용감하게 탄막을 피해 손과 무릎으로 기면서 공격의 기회를 잡기 위해 다가갔다. 이러한 상황에서 영국군은 5열로 군을 정렬하여 맹렬히 다가오는 줄루족들을 향해 사격을 가했는데 마차로부터의 탄약 공급이 탄약을 소모하는 속도에 맞추지 못했다. 총탄세례가 줄어드는 것을 눈치 챈 부토는 새로운 약점을 발견하고 우수투 전사들을 선봉에 세워 공격을 가했다. 영국군은 몇 명을 제외하고 완전히 패배하였다.
이산들와나 전투는 사하라 이남 아프리카에서 백인에 대항한 아프리카인의 승리 중 가장 혁혁한 것이었다. 눈에 띈 용기와 규율 그리고 적절한 군사적 결정은 총의 위력을 극복했다. 이산들와나에서 줄루의 승리는 남아프리카 역사에 큰 충격이었다. 이 재앙은 영국에게는 물론 정부의 남아공 정책에 대한 자신감에 일격을 가하였다. 프레레는 줄루 전쟁을 자극한 것에 대해 비난받았다. 비록 그가 소환되지는 않았지만 남아프리카에서의 그의 권위는 나탈과 트랜스발을 포함하는 남동 아프리카 고등판무관이 분리되어 임명됨으로써 축소되었다.
줄루족의 승리는 영국인에게 큰 타격을 주었고 트란스발의 보어인들이 폭동을 일으키는 계기가 되었다. 또 연방 국가를 만들기 위한 영국의 시도를 무산시키는 결과를 가져왔다.

18 제머슨 습격(Jameson Raid)사건은 세실 로즈의 가장 가까운 친구 중의 한 명인 린더 스타 제머슨(Leander Starr Jameson)이 1895년 12월 보어공화국인 남아공을 전복시키기 위하여 일으킨 사건이었다. 마타벨레랜드(Matabeleland)에 있는 영국 남아프리카 회사의 경영자 제머슨은 케이프의 초대 수상인 로즈가 신임하고 있던 인물이었는데 보어공화국에 대한 침략의 구실을 만들기 위해 아위트란더의 선거권을 구실로 베추아나랜드(Bechuanaland)에서 트란스발로 약 500명의 회사 병력을 이끌고 침입하였다. 예상했던 영국 아위트란더(Uitlander)의 폭동도 발생하지 않았고 제임슨과 그의 병력은 1986년 1월 2일 트란스발 군대에 의해 제압되었다. 음모에 가담한 외국인은 사형언도를 받았지만 보석으로 대체되었다. 제머슨은 15개월 형을 언도 받았지만 4개월 후에 풀려났다. 로즈는 초대 수상직을 사임해야 했고 동시에 트랜스발의 대통령인 크루거의 명성은 보어인들의 민족주의와 함께 높아졌으며 국가의 통치권도 한층 견고해졌다. 1986년 1월 2일 독일제국이 크루거에게 침략을 효과적으로 방어한 데 대해 축하전문을 보내왔다. 그리고 영국에 대한 불신을 확신한 트란스발은 오렌지 자유주와 확고한 동맹을 맺었다.

19 음페카네(Mfecane), 디파콰네(Difaqane ; '타격'이라는 뜻) : 1810-30년에 벌어진 줄루족과 응구니족의 전쟁과 이에 따른 강제 이주를 가리키는 말.
이 때문에 남부와 중부 아프리카를 비롯해 동아프리카의 일부에 이르는 지역의 인구 분포와 사회적·정치적 구성이 바뀌었다. 음페카네는 샤카(1787-1828)가 이끄는 줄루 군사왕국의 발흥과 함께 시작되었고 그는 응구니계 부족들 간의 전쟁 양상을 혁명적으로 바꾸어놓았다. 샤카의 왕국은 기근과 사회적 불안이 계속되던 시대에 발흥했으며 남동부 아프리카의 형성이라는 보다 광범위한 현상의 일부였다. 이러한 국가형성은 델라고아 만의 무역을 둘러싼 극심한 경쟁의 결과이기도 했다. 음페카네는 광대한 지역으로 부족 대 부족의 대립이 확장되는 방식을 띠었으며 인구 과잉과 과도한 목축으로

황폐화된 지역에서 큰 성공을 거두었다.
남아프리카의 경우만 해도 음페카네로 인해 피난민들이 앞다투어 산 속의 은신처로 몸을 피하거나 죽음을 당하면서 극심한 고통을 겪었으며 막대한 지역이 황폐화되었다. 이로 인해 백인들이 나탈과 하이펠트 고원으로 영역을 확대하기가 더 쉬워졌다. 케이프콜로니의 경우 음펭구족으로 알려진 피난민들이 트란스케이의 주민들 속으로 떼지어 밀려들어옴으로써 동쪽 국경에 대한 압박이 증가했다. 그러나 이와 함께 음페카네의 결과로 바수토와 스와지를 비롯해 은데벨레와 가자(모잠비크) 같은 강력한 흑인 왕국들이 새로 나타나 백인들의 침투에 대항했다. 음페카네가 일으킨 충격은 남아프리카 훨씬 너머까지 영향을 미쳤다. 주민들은 샤카의 군대를 피해 북동부로는 탄자니아와 말라위(응구니계 부족), 북서쪽으로는 잠비아의 바로첼란드(콜롤로계 부족)로 피난했기 때문이다.

20 피의 강 전투(Battle of Blood River) : 남아프리카에서 줄루족과 푸어르트레커(케이프 식민지에서 트란스발로 대이동 중이던 보어인) 사이에서 일어난 전투(1838. 12. 16). 버펄로 강 지류의 모래톱에서 벌어졌는데, 버펄로 강은 3,000여 명의 줄루족이 학살되어 흘린 피로 붉게 물들어 뒤에 블러드 강이라 불리게 되었다. 보어인은 4명만 부상당했다. 이 전투로 나탈에서 이전에 줄루족에게 잇달아 패함으로써 기세가 꺾여 있던 푸어르트레커의 상황이 호전된 반면 줄루족의 왕 딩가네는 세력이 크게 약화되었다. 푸어르트레커는 1843년 영국에 합병되기 전까지 나탈을 지배했다. 남아프리카 백인들은 승리를 기념해 이날을 성약일(聖約日) 또는 딩가네의 날(Geloftedag ; Day of the Vow)로 정해 매년 경축한다. 이 전투의 결과 6개월 후 항복 조건으로 푸어르트레커에게 나탈의 넓은 지역을 양보하였다.

21 앙골로 줄루 전쟁(Anglo-Zulu War; 1879) : 1870년대 말 남아공에서 백인과 아프리카인 사이에 벌어진 가장 중요한 전쟁이다. 전쟁이 일어나기 전 영국의 나탈 식민지와 줄루랜드는 투겔라 강을 경계선으로 하고 있었다. 세츠와요는 1870년대 초 줄루족의 왕이 되었고, 영국에 복종할 생각이 없었던 그는 4만-6만 명의 병사를 모아 훈련시키고 장비를 갖추어 훌륭한 군대로 만들었다. 전쟁의 발발은 1878년 말 영국의 고등 판무관 바르틀레 프레레(Bartle Frere)경이 줄루왕인 세츠와요(Cetshwayo)에게 군대를 해체하고 줄루족의 소행으로 보이는 습격 사건에 대해 보상금을 지급하라는 최후통첩에 의해 일어났다. 프레레는 이러한 요구가 불합리하다는 것을 알고 있었지만 남아프리카 연방이 형성되면 줄루 왕국이 실질적으로 '위협'이 될 것으로 판단하고 줄루 왕국을 침략하려는 의도 하에 이런 요구를 하였다. 영국과 정착자들의 줄루랜드(Zululand)로의 진입은 1879년 1월, 이산들와나(Isandlwana)에서 영국이 갑작스런 패배를 당하면서 중단 되었다. 영국은 이후 벌어진 전쟁에서 7월까지 계속해서 승리를 거두었다. 줄루 왕국의 수도였던 우룬디(Ulundi)를 점령하였고 세츠와요를 잡아서 케이프타운으로 유배 보냈다. 월스레이(Wolseley) 장군은 줄루랜드를 13개의 땅으로 분할하는 조항을 만들고 각 지역의 통치자는 영국에 의해 임명되었다. 줄루 왕국에 적대적 감정을 가지고 있었던 인물을 통치자로 임명하여 서로 적대적 감정을 갖도록 한 결과 참혹한 내전(1883~1884)으로 이어졌고 1887년에 줄루랜드는 영국에 의해 합병되었다.

22 칼라드라는 용어는 남아공의 혼혈 인종집단을 지칭하는 말로 고유명사로 사용해야 한다. 원래의 뜻은 '혼혈인'이지만 칼라드라는 용어로 남아공 정부가 공식적으로 인종으로 분류했기 때문이다.

23 **그리콰(Griqua)족** : 코이코이족과 유럽인의 피가 섞인 민족. 19세기에 남아프리카 중부지방 오렌지 강 바로 북쪽에 살았다. 이 민족은 1848년 남아프리카를 다스리던 영국 총독과 협정을 맺어 자치권을 일부 인정받고 아담 코크 3세 때 보어 전쟁이 일어나자 영국 편을 들었으며 1854년 오렌지 자유국이 수립되고 1867년 이 지역에서 다이아몬드가 발견된 다음부터는 영국과 더욱 밀접한 관계를 유지했다.
필리폴리스 주변 그리콰 영토 동부지역을 다스리던 코크는 오렌지 자유국에 대항하는 것이 소용없다고 여겨 1861년에 토지소유권을 자유국에 넘겨준 다음 민족을 이끌고 동남동쪽으로 옮겨가 드라켄즈버그 산맥 남쪽 기슭 언덕에 다다랐는데, 이 새로운 터전이 그리퀄랜드이스트이다. 코크의 경쟁자로 킴벌리 서쪽을 다스리던 니콜라스 워터보어는 자기 땅에서 다이아몬드가 발견된 후 영토권이 크게 위협을 받자 그 땅(그리퀄랜드웨스트)에 대한 자신의 권리를 강력히 주장했으며 영국의 도움을 받아 자유국에 병합되지 않도록 하는 데 성공했다. 영국은 1871년 그리콰족을 영국 신민(臣民)으로 인정하고, 워터보어의 영토를 결국 케이프 식민지에 편입시켰다.
"그리콰족" 한국 브리태니커 온라인
〈http://premium.britannica.co.kr/bol/topic.asp?article_id=b02g3926a〉

24 그리퀄랜드이스트(Griqualand East) : 남아공 케이프 주에 있는 역사적인 지방.
현재의 나탈 주 남서 내륙과 트란스케이의 내륙영토 내에 걸쳐 있다. 그리콰족(백인과 코이코이족 사이의 혼혈족)은 백인 이주자들이 늘어나자 어쩔 수 없이 이들에게 토지를 팔고 1861년 추장 아담 코크 3세의 영도 하에 당시 오렌지 자유주가 되었던 거주지를 떠나 그리퀄랜드이스트에 도착했다. 영국인들은 그리콰족이 그곳에서 아프리카 부족들과 백인 정주자들 사이에 완충 역할을 해주기를 원했다. 그러나 그리퀄랜드이스트 지역에도 유럽 법률의 영향력이 증대되어 1879년에 그 지역은 케이프 식민지에 정식으로 합병되었고 그리콰인들은 다시 백인 이주자들에게 토지를 팔고 떠나야 했다. 낙심한 많은 그리콰인들은 케이프타운 북쪽으로 거주지를 옮겼다.
1903년 그리퀄랜드이스트는 아프리카 흑인의회의 한 지구가 되어 트란스케이의 영토에 편입되었는데, 그것은 이 트란스케이의 영토가 유럽인의 농장을 다수 포함하고는 있어도 주로 흑인 거주구역이었기 때문이었다.
옛 그리퀄랜드이스트 동부(움짐쿨루 주변)와 이보다 넓은 서부(플레처 산, 쿰부 산, 프레레 산, 아일리프 산 주변)는 1976년 트란스케이 독립국의 일부가 되었으며, 중부(칵스태드・시더빌・프랭클린 주변)는 1978년까지 케이프 주 안에 거의 고립된 지역으로 남아 있다가 나탈 주로 넘어갔다. 중요한 경제는 낙농업과 치즈 가공업이다.
"그리퀄랜드이스트" 한국 브리태니커 온라인
〈http://premium.britannica.co.kr/bol/topic.asp?article_id=b02g3928a〉

25 그리퀄랜드웨스트(Griqualand West) : 남아공 케이프주 북쪽에 있는 역사적 지방.
발 강과 오렌지 강이 만나는 지점 바로 북서쪽에 있다. 건조한 고원지역으로 18세기말 백인과 코이코이족의 피가 섞인 그리콰족이 케이프타운 지방의 인종차별을 피해 와서 살았다. 많은 사람들이 약탈과 사냥을 하는 반유목생활을 했으며 그 밖에 사람들은 물이 있는 곳 가까이에서 소를 키우며 살았다. 그러나 1867년 이곳에서 다이아몬드가 발견되자 보어 공화국과 그리콰족, 영국령 케이프 식민지 사이에 이 지역을 둘러싼 분쟁이 발생했다. 1871년 영국이 그리퀄랜드웨스트를 공식적으로 합병했다가 9년이 지난 후 케이프 식민지에 편입시키자 대부분의 그리콰인들은 자신의 농장을 백인들에게 팔아야 했으며, 19세기말에 와서는 극소수의 그리콰인들만이 이 지역에 남아 있었다. 그리퀄랜드웨스트에서는 지금도 다이아몬드가 채굴되고 있으며 소와 양을 방목하고 있다. 포스트마스버그 동쪽에 있는 매장량이 풍부한 핀슈 다이아몬드 광맥은 1963년부터 데베르스통합광산회사에서 채굴하고 있다. 주요도시는 킴벌리이다.
"그리퀄랜드웨스트" 한국 브리태니커 온라인
〈http://premium.britannica.co.kr/bol/topic.asp?article_id=b02g3927a〉

26 바스캅(Baaskap)은 아프리칸스어로 백인 주인 정신(Wit Baaskap ; white Bossmanship)을 의미하며 백인이 인종적으로 우월하다는 것을 설명하는 단어다. 즉 흑인은 백인보다 열등한 존재로 인식하는 것이다. 자세한 내용은 하경근, 현대 아프리카 정치론 (서울, 법문사, 1987), p. 253을 참조할 것.

27 남아공의 아프리카너들은 세계 기독교의 보편적인 흐름과는 완전히 유리된 네덜란드 개혁교회를 구성하고 있다. 네덜란드 개혁교회는 프랑스의 종교개혁자인 캘빈(John Calvin, 1509-1564)의 교리를 신봉한다. 즉 신의 참된 종복은 백인 기독교도라고 보는 것이다. 그러므로 모든 타 인종은 그 백인에게 봉사하기 위해 존재하며 그러한 논리에서 흑인은 신의 종복인 백인에게 봉사하는 것은 당연하다는 것이다.

28 "라거(Laager)"라는 말은 원래 원형모양의 방어진지 형태로 만들어진 소가 끄는 포장마차를 의미하는 아프리칸스어이다. 아프리카너들이 영국세력에 밀려 내륙지역으로 대이주를 했을 때 그들은 종종 원주민들의 기습이나 저항을 받게 되었다. 이때 아프리카너들은 그들의 우마차를 원형으로 바리케이드를 치고, 그 안에 부녀자, 아이들을 보호하고 남자들은 그것을 방패로 사방에서 오는 공격을 저지하였다. 그러므로 아프리카너들이 외부침략에 대하여 그들의 생존권을 수호하기 위한 하나의 구심점이 라거 정신으로 상징된다.

29 마사다 정신은 이스라엘 국민의 심층 속에 내재된 '패배는 이스라엘의 멸망이다'라는 의식을 말한다. 왜냐하면 AD 73년 마사다언덕에서 유태인 남녀노소 930명은 로마군에 최후까지 항거하다가 결국 자결로써 최후를 마쳤는데, 그 뒤 1948년 5월 이스라엘이 건국될 때까지 유태인의 나라는 없었던 것이다.

30 1999년 총선에서 이 당의 후신으로 민주당(Democratic Party)이 출현하여 제1 야당(9.56%)이 되었다.

31 헤르쵸그(J.B. Hertzog)가 이끌었으며 1948년에는 말란(D.F. Malan)이 주도했다. 1999년 선거에서는 NNP(New National Party)로 개칭되었으며 젊은 판 스칼베이크(Van Schalkwyk)가 이끌었다. 1999년 선거에서 제3 야당으로 약 6.87%로 지지도가 하락했다.

32 연합당(United Party : UP, 1934~1977) : 1948년까지 여당으로, 그 이후에는 국민당의 맞선 야당이 되었다. 연합당은 헤르초그(Herzog)의 국민당과 남아프리카 당(Saouth Africa Party)의 스머츠와의 합의에 의해 탄생되었다. 그것의 첫 번째 큰 위기는 1939년 9월에 닥쳤으며 그때 헤르초그와 그의 지지자는 남아프리카가 제2차 세계대전에 참전하는 것을 반대하였다. 1948년 투표에서 다수표를 얻어 었지만 그것은 도시에서의 승리때문이었고 농촌지역에서의 패배로 결국 의석 수에서는 국민당에 뒤지게 됨으로써 야당으로 전락하였다. 이 충격적인 참패는 얀 호프메이어(Jan Hofmeyr ; 1894~1948)의 죽음으로 인한 짧은 계승으로 이뤄졌고 1950년에 스머츠 자신도 큰 혼란 속에 당을 떠났다. 1961년 선거까지 국민당에 계속적으로 패함에 따라 자신감까지도 잃었다. 백인 주권을 위하여, 연합당은 단지 의회에서 소수 백인들의 지지만 받았는데 주로 영어를 구사하는 사람들의 당이 되었다.
1959년, 베르웨드(Verwoerd) 수상의 분리 발전 정책에 대한 응답으로 연합당의 우파는 베르웨드의 정책을 지지하는 방향으로 선회하자 자유파 구성원들 중 11명은 더 이상 당의 보수적인 표류를 받아들일 수 없게 되고 진보당을 형성하기 위하여 당을 버렸다. UP는 한동안 내부의 결속으로 당을 이끌어 갔지만 드 빌리아스 그랍(De Villiers Graaff) 경의 평범한 지도력과 연합당의 상반되는 정책으로 좌파와 우파의 결속은 흔들렸다. 1975년 2월에는 좌파에 또 다른 파격이 일어났다. 그 다음 해에 6명의 우파 회원들은 남아프리카 정당을 형성하기 위하여 흩어졌으며, 다른 6명은 진보당에 합류했다. 남아있던 연합당 회원들은 드 빌리아스 그랍의 지원 아래 있는 진보당 우파를 위한 새로운 공화당을 형성하였다. 이는 마침내 연합당의 소멸을 가져왔다.

33 아프리카너 형제동맹(Afrikaner Broederbond ; League of Afrikaner Brothers) : 오랫동안 아프리카너 민족주의를 추구하던 매우 영향력 있는 비밀 단체로서, 아프리카너 공화국 운동이 확산되던 1919년에 설립되었다. 이 단체는 정치, 경제, 문화 등 여러 분야에서 아프리카너들의 통치와 지배를 유지시키고 국민당의 정책노선을 지지하였다. 1960년대 초 회원들에 대한 연속적인 폭로 사건들은 단체의 영향력을 크게 감소시켰으나, 영향력 있는 남자 아프리카너들은 이 단체에서 계속 구성원으로서의 지위를 유지했다. 1980년대 중반이 지나면서, 드 랑거(Pieter de Lange) 박사가 이끌던 이 단체는 아파르트헤이트 인종차별정책의 폐지를 주장하는 정부를 지지했다. 1990년 이후 새 질서에서, 이 단체는 회원 자격을 백인이 아닌 아프리칸스어를 쓰는 사람들에게도 확대하기로 결정했다. 그러나 이 조치는 유명무실했다.

34 Facts on File, *African history on file* (New York, Facts. on File, Inc., 2004), 6-22.

35 압둘라 압두라흐만(Abdurahman, Abdullah ; 1872~1940) : 20세기 초 가장 중요한 칼라드 정치 지도자 중 한사람인 그는 1905년부터 죽음을 맞이하는 순간까지 아프리카 인민기구(African People's Organization : APO)의 의장으로 활동하였다. 자유노예의 후손인 그는 스코틀랜드의 글래스고우(Glasgow)에서 외과의사로서 교육을 받았으며 케이프타운으로 돌아와 병원을 개업하고 정치활동에 참여하였다. 그는 케이프타운 시위원회(Cape Town City Council ; 1904~1940)와 케이프지방의회(Cape Town Counci l; 1914~1940)에서 일한 최초의 칼라드였기 때문에 1930년대 후반에 들어와서는 급진적이고 호전적인 신 칼라드 행동주의자들로부터 많은 비난을 받았다.

36 아프리카인 인민 기구(African People's Organization : APO) : 아프리카인 정치조직으로써 1902년에 설립되었던 이 단체는 20세기 처음 30년 동안 칼라드정치 조직을 이끌었다. 백인들과 평등성을 추구하였고 이들은 모든 칼라드 엘리트집단을 대표했다. 압둘라 압두라만(Abdullah Abdurahman)과 그가 발행하는 신문 APO가 이 조직의 노선을 대표하였다. 1930년대 후반에 들어와 그들의 보수주의에 대항하는 많은 급진적인 경향의 사람들 때문에 APO의 중요성은 약해졌다.

37 전 아프리카 대표 회의(All-African Convention : AAC) : 엄브랠러 아프리카 정치 운동(Umbrella African political movement)은 1935년 보통 사람의 선거인 명부에서 케이프 아프리카인들의 선거인 명부를 제거하는 법안이 통과되는 것을 중지하기 위하여 설립되었다. 1936년 이 법안이 통과된 후 AAC는 계속 존재하였으며 ANC와 나란히 도전하며 얼마동안 남아 남아있었다. 하지만 AAC는 칼라

드와 인도인 기구와 연맹을 맺고 트랜스케이(Transkei)에서 상당한 지지를 받았음에도 단결력이 부족하여 붕괴되었고 1940년대에는 ANC만이 남게 되었다.

38 Were, Giddeon S., *A history of South Africa* (London, Evans Brothers Limited, 1974), p. 188.

39 *An illustrated history of South Africa* (Johannesburg, Jonathan Ball Publishers, 1986), p. 287.

40 Omer-Cooper, J.D., *History of Southern Africa* (London, David Philp, 1987), p. 225.

41 11개의 공식언어 중 아프리칸스어를 모어로 사용하는 비율은 전체인구의 약 14.3%(약 580만)이며 주로 백인 아프리카너와 칼라드가 해당된다. 하지만 남아공의 모든 사람들이 아프리칸스어를 이해하고 있으며 필요할 경우 사용할 수 있다. 비록 영어를 알지 못하는 흑인들은 있지만 아프리칸스어를 이해하지 못하는 흑인들은 드물다.
물론 경제적, 정치적, 문화적 이유로 요즈음의 추세는 각 문화집단들이 영어사용을 더 선호하고 있으며 과거에 비해서 상대적으로 아프리칸스어의 지위가 하락하고 있다. 그러나 한 번 고착화된 특정 언어나 문화는 쉽게 없어지거나 소멸되어질 수 없다. 지금 정치적으로는 힘을 잃어버리고 있지만 여전히 남아공에서 주도적인 역할을 하고 있는 남아공의 아프리칸스어 화자들이 그들의 언어와 문화를 지키고 더욱 발전시켜나갈 것은 물론이며 기존의 권리를 유지하려고 할 것은 자명한 사실이라고 할 수 있다.

정치

황 규 득

남아공의 정치체제는 1980년대 말부터 급변하는 국제정치체제와 함께 변화되기 시작하였다. 이와 함께 1948년부터 존속해온 인종차별정책인 아파르트헤이트가 1991년에 사실상 철폐되면서 정치체제에 더욱 큰 변화를 초래하였다. 즉 권위주의적인 인종차별체제가 민주주의적인 탈인종차별체제로 이행되면서 인종 간·종족 간의 갈등이 해소될 가능성이 나타나기 시작하였으며 흑인들에게 참정권을 비롯하여 각종의 권리가 부여되기 시작하였다. 따라서 정치적으로 평등한 선거를 위한 다인종의 선거 원칙이 실현되어 흑인들은 1994년에 최초로 참정권을 행사하였다. 법적 제도적으로 인종 간의 차별이나 종족 간의 차별이 더 이상 존재하지 않는 상황에서 민주적인 선거절차를 통해 의회와 정부가 구성되었으며 아파르트헤이트의 체제에서 발생했던 여러 비민주적인 법과 제도들이 개혁되기 시작하였다.[42]

1993년 12월에 남아공에서는 임시헌법이 채택되었고 1994년 4월 26일부터 실시된 민주 총선에서 아프리카 민족회의(African National Congress: ANC) 의장인 넬슨 만델라가 대통령으로 선출되면서 국민당(National Party: NP), 인카타자유당(Inkatha Freedom Party: IFP) 등과 함께 국민통합을 위한 정부(Government of National Unity: GNU)가 구성되었다. 1995년

넬슨 만델라(Nelson Mandela; 1918-): 아프리카 민족회의(African National Congress: ANC)의 지도자인 만델라는 1994년 첫 번째 다인종 선거에서 남아공의 대통령으로 선출됐다. 만델라는 변호사로서 올리버 탐보(Oliver Tambo; 1917-1993)와 함께 일했다. 그는 156명의 반아파르트헤이트 활동가에 대한 소위 반역공판(1956-1961)의 피고 중 한 명이었으며 그들 모두는 석방되었다. 그는 1960년 아프리카 민족회의의 활동이 금지되기 전에 ANC의 지도자로 활동하였고 움코토웨 씨즈웨(Umkonto we Sizwe: MK; 민족의 창)라는 ANC의 군사조직을 1961년 설립했다. 만델라는 계속해서 월터 시술루(Walter Sisulu; 1912-2003)와 7명의 다른 동지들과 반아파르트헤이트 활동을 계속하였고 사보타지(Sabotage)와 테러의 죄목으로 다시 체포되었다. 한 사람을 제외한 모든 사람들이 종신형을 선고 받았다. 1990년 석방되었고 그는 아파르트헤이트에 항거한 상징적인 인물로 국제사회에 알려지게 되었다. 그의 투옥 기간 그의 아내인 워니 만델라(Winnie Mandela)는 그의 곤경을 바깥 세상에 알리는데 노력했다. 석방 이후 만델라는 새로운 남아공의 탈 인종주의적 국가사회를 위해 협상을 통하여 신헌법 구성을 성공적으로 이끌어 냈다. 만델라는 1994년 첫 민주선거로 대통령이 되었을 때 남아공 전 백인 대통령이었던 드 클레르크(De Klerk)를 부통령으로 임명하면서 흑백 간의 용서와 화해를 통한 마음의 정치를 구현한 정치인물로 평가받는다. 그는 1993년 드 클레르크와 함께 노벨평화상을 수상했고 1999년 6월 대통령직에서 물러났다.

5월에는 '진실과 화해법'이 의회에서 통과되었는데, 이를 통해 소수 백인정권 하에서 저질러진 범죄적 행위의 진실을 규명하고 흑백 간의 화합을 이끌기 위한 노력이 시작되었다. 이에 따라 데스몬드 투투(Desmond Tutu) 주교가 이끄는 '진실과 화해 위원회(Truth and Reconciliation Commission: TRC)[43]가 설치되었다. 당시 만델라 전 대통령은 이와 같이 국내적으로는 흑백 간의 경제사회적 차별 종식에 힘썼을 뿐 아니라, 국제적으로는 아프리카의 정치·경제적 제반 문제와 로커비 사건과 같은 굵직굵직한 국제분쟁 해결에 적극 개입함으로써 남아공의 국제적 지위 향상에 기여하였다.

두 번째 다인종 참여총선은 1999년 6월에 실시되었는데, ANC의 압승으로 끝나긴 했으나 단독 헌법개정에 필요한 267석에서 1석이 못 미치는 266석을 얻는데 그쳤다. 이 선거에서 승리한 ANC는 만델라의 후계자인 타보

데스몬드 투투(Desmond Tutu; 1931-): 데스몬드 투투는 재치 있고 강력한 언변술을 가진 반아파르트헤이트 운동가였다. 인종차별 제도를 항한 비폭력 저항에 있어서 그의 중요성은 1984년 노벨 평화상 수상이라는 결과를 낳았다. 1986년 케이프타운의 대주교로서의 그의 지위는 그를 남아공과 레소토, 모잠비크(Mozambique), 나미비아, 스와질란드(Swaziland)의 영국 국교회(Anglican Church)의 지도자로 만들었다. 그는 1996년 대주교직에서 사임하였다. 인종차별제도의 몰락 후 그는 인종차별 주창자들에게 그들의 죄를 고백하고 용서를 구할 기회를 주기위해 진실과 화해 위원회(TRC)를 조직했다. 이 위원회는 그 역할을 수행함에 있어서 죄에 따라 형벌이 가해져야 한다고 주장하는 인종차별의 피해자와 그 가족들의 불만과 반대요구로 인해 곤경에 빠졌었다. ANC 역시 과거에 저지른 인권남용에 대해 사면을 요청해야 한다는 데스몬드 투투의 주장으로 인해 논란을 불러일으켰다.

타보 음베키(Thabo Mbeki; 1942-): 이스턴 케이프(Eastern Cape) 지방의 트란스케이에서 태어난 음베키는 백인 아파르트헤이트 정권 당시 반아파르트헤이트 운동가로서 마르크스주의적 사관을 가지고 아프리카 민족회의와 남아공 공산당(South African Communist Party: SACP)에서 주요한 정치적 인물로 활동 및 성장하였다. 만델라와 함께 코사족이며, 넬슨 만델라, 월터 시술루, 그리고 타보 음베키의 아버지인 고반 음베키(Govan Mbeki; 1910-2001)와 함께 반아파르트헤이트 운동을 주도하다가 이들이 감옥에 갇히게 되면서 타보 음베키는 영국으로 망명하여 ANC의 런던 지부에서 반아파르트헤이트 운동가로서 활동하였다. 영국의 서섹스 대학교(University of Sussex)에서 경제학 석사학위를 취득한 그는 총 28년 간의 해외 망명 정치활동의 경력을 가지고 있다. 1994년 그는 드 클레르크와 함께 첫 번째 부통령이 되었고 만델라의 뒤를 이어 1993년 ANC의 당수가 된 후, 1999년 이루어진 총선에서 대통령이 되었다. 음베키는 아프리카 연합(African Union: AU)과 아프리카발전을 위한 신경제 파트너십(New Partnership for Africa's Development: NEPAD) 등을 통한 전 아프리카 대륙의 정치·경제 및 아프리카 국제관계에서 중요한 정치적 리더로써 활약하였다.

음베키 ANC 의장 겸 부통령을 차기 대통령으로 선출하였다. 그러나 음베키 정부는 흑인의 높은 실업률과 생활고, 주택난, 에이즈와 범죄 등 인종간의 경제적 평등 실현과 국민전반의 생활수준 향상이라는 무거운 과제를 안고 출범하였다. 음베키 정부 출범 5년째가 되는 2004년은 남아공의 민주화 10주년 행사와 함께 1994년, 1999년에 이어 세 번째 전 인종이 참여하는 국회의원과 지방선거가 4월 14일에 실시되었고, 그 선거의 결과 4월 27일 자유의 날(Freedom Day)에 맞추어 음베키가 대통령으로 재 취임하였다.

하지만 1999년부터 부통령직을 수행해 오던 제이콥 주마가 2005년에 무기거래 관련 부패혐의와 강간혐의로 기소되었다가 이듬해 혐의에서 풀려나 ANC 부의장으로서의 지위가 복권되는 등 수차례 정치적 위기를 넘겼다. 마침내 주마는 2007년 12월 ANC 총재 경선에서 음베키를 상대로 승리를 거둔 직후 무기거래 관련 부패 혐의 재판에 회부되어 최대의 정치적 위기에 직면했으나 총선 직전 검찰의 기소철회를 이끌어내고 2009년 대선에서 승리하여 대통령에 취임하게 되었다.

이 글에서는 남아공에서 인종차별정책이 종식된 후 ANC가 새로운 집권당으로 출범한 1994년부터 2010년 최근까지의 시기를 중심으로 남아공 정치체제의 구조적 특징을 이해하기 위하여, 먼저 남아공의 정부구조와 정치권력의 주요 세력이 어떤 주체들로 구성되어 있는지를 살펴본다. 또한 1994년, 1999년, 2004년, 그리고 2009년에 치러진 국가 선거에서 ANC의 계속적인 강세로 인한 거대 여당화와 야당들의 약세가 두드러지고 있는 상황에서 남아공의 정

치권력에 핵심세력으로 존재하는 ANC의 성과와 도전을 살펴볼 것이다. 따라서 남아공의 기본적인 정치시스템의 특성들과 선거제도 및 그 선거결과를 살펴본 후 ANC 당의 권력구도를 분석할 것이다. 이러한 맥락 하에서 이 글은 정치체제와 권력의 핵심 주체세력인 ANC의 정치·권력구도의 변화와 연속성의 가능성에 초점을 맞추어 아파르트헤이트 이후(post-Apartheid) 시기의 남아공 정치체제의 메커니즘을 이해하는데 주안점을 둘 것이다.

1. 정부구조 및 정치권력의 주요세력

1.1 정부구조

1.1.1 사법부 체제

남아공은 비민주적인 과거사에서 비롯된 비정의 청산에 대한 문제의식과 함께 자세하고 포괄적인 협상을 거친 후 1996년에 신헌법을 제정하고, 1997년 2월부터 이를 시행하였다. 헌법 전문은 1) 과거 분리체제의 회복과 민주, 사회정의 및 기본적 인권에 기반을 둔 사회건설, 2) 국민 생활수준 개선과 잠재력 개발, 3) 정부가 국민 의지에 기초하며 모든 국민들이 법의 동등한 보호를 받는 민주 및 개방 사회를 향한 기초 건설, 4) 세계 국가 중 주권국가로서의 합법적인 지위를 점하는 민주적이며 연합된 남아공 건설을 그 목표로 밝히고 있다. 이는 개인의 권리 보호에 큰 초점을 맞추고 있는데, 이에는 보건, 식량, 물, 주택 및 기초교육과 같은 사회경제적 권리에 대한 접근 용이성이 포함되었다. 그러나 이 헌법에는 지방의 기능을 구체적으로 규명하지 않고 있고, 지방정부의 재량권 역시 제대로 규정하지 못했다는 한계점을 안고 있다.[44]

헌법은 아주 엄격하여 헌법 개정은 의회 2/3 다수의 동의가 있을 때에만 가능하다. 단 총선에서 2/3 다수 의석을 점한 집권당은 상기 절차를 거치지 않고도 헌법을 개정할 수 있다. 1999년 총선에서 ANC당은 66.58% 다수를 점하였으나 독점적으로 헌법을 개정할 수 있는 권리를 갖지는 못하였다. 그러나 ANC는 소수전선당(Minority Front)과의 연합으로 2/3 다수 의석을 점할 수 있었다. 남아공의 헌법은 초안 작성에서부터 모든 이해관계자들의 참여와 자문을 통해 이루어져 세계적으로도 가장 진보적인 성격을 띠고 있으며 국제적인 찬사를 받고 있다.

남아공 법은 로마식 네덜란드법과 영국 관습법이 혼합된 형식을 가진다. 전자는 실정법으로서 사회질서에 대한 행동규칙을 구체화한 것이다. 소송절차에서 당사자는 해당 행동이 법에 저촉이 되는지의 여부에 대해 논의를 벌인다. 실정법은 선례에 대한 것이 아니지만 오랫동안 영국의 영향을 받은 관계로 남아공 법에는 관습법의 전통이 부가되어 오랫동안 지속된 행동 또는 관습이 실정법의 권위를 가질 수 있다. 더 나아가 이러한 관습법은 점진적으로 선례가 형성되는 판례집에 기록된다. 법원의 결정과 국가법은 모두 장기적으로 법률을 구성하게 된다.

신 남아공의 법률에서 가장 중요한 변화는 기존의 의회 통치권의 원칙 확립과 구별되는 헌법의 우월성을 확립한 것이다. 아파르트헤이트 정권 하에서 통과된 여러 법률은 폭정 유지의 버팀목 역할을 했었다. 그러나 1996년 신 헌법은 민주적으로 채택된 투명하고 합법적인 기초를 다졌다. 또한 정부가 후원한 법률 또는 의회에서 발의된 법안은 헌법재판소가 헌법과 부합되지 않는다고 간주할 헌법재판소의 제재를 받을 수 있다.

대통령은 법원의 판사들을 임명하지만 대부분은 사법위원회의 자문을 통해 이뤄진다. 또한 최고항소법원과 기타 항소법원들은 행정부와 독립되어 있으며, 정부 유관기관들의 사법부에 대한 간섭을 저항해온 오랜 전통을 가지고 있다. 헌법의 우월성 원칙은 이러한 독립성을 더욱 강화시킨다.

1.1.2 행정부 체제

대통령 중심제이며, 대통령이 행정수반의 역할을 담당한다. 대통령의 임기는 5년이며 2회 연임이 가능하다. 대통령의 권력은 의회에서 도출되는데, 즉 대통령은 국회의 의석을 반드시 확보해야 하며 대통령 선거는 국민의 직접선거에 의해 선출되지 않고 국회에서 이루어진다. 의회제와 같이 대통령은 총선 이후 국회의 다수정당에서 선출되게 된다. 대통령이 부재할 경우 부통령이 내각을 주도하는데, 부통령 역시 대통령의 소속정당에서 선출될 가능성이 매우 높다. 내각 역시 국회에서 선출된 의원들이어야만 하는데 이들은 반드시 다수 정당 출신이 아니어도 된다. 음베키 대통령은 포용성 추

남아공 대통령 궁 유니온 빌딩

구의 측면에서 소수정당 출신의 내각 각료들을 포함시켰다.

대통령은 국가의 최고법인 헌법에 대한 책임이 있으며, 의회가 통과시킨 법안을 승인하거나 이에 동의하지 않을 경우 국회로 송부시킨다. 국회가 법안의 서명과 실행을 위해 이를 행정부에 다시 제출할 경우, 대통령은 이것이 비헌법적인 사항이 아닐 경우 반드시 이에 서명해야 하며, 이때 헌법재판소에 의견을 구하기 위해 이를 위탁할 수 있다. 헌법재판소가 이 법안이 헌법적인 원칙과 부합된다고 결론을 내린 경우 대통령은 이를 법안화 하는데 서명해야 한다.

내각 각 부서는 행정부가 법안을 실행할 수 있는 장치이다. 내각의 장관들과 부장관들은 각 영역의 민간 행정을 주재한다. 대통령, 부통령 및 장관이 각료회의를 담당한다. 내각 장관들은 각 영역의 사업 수행에 대한 개인적 책임을 지지만, 정부 수행에 대한 책임은 대통령과 각료들이 함께 담당한다. 즉 능력부재 및 담당부서 윤리의 착오 및 실책으로 인한 공공정책 실패는 정부의 집단적 과오로 간주된다.

1.1.3 입법부 체제

국회는 상하원으로 구성된 양원제이며 국회에 400석, 국가지방의회에 90석의 의석을 가진다. 하원은 5년 임기로 400명으로 구성되며 27개의 상임위원회를 운영하고 있다. 반면 상원은 9개 지방정부로부터 10명씩 선출된

〈표 1〉 남아공 정부구조도

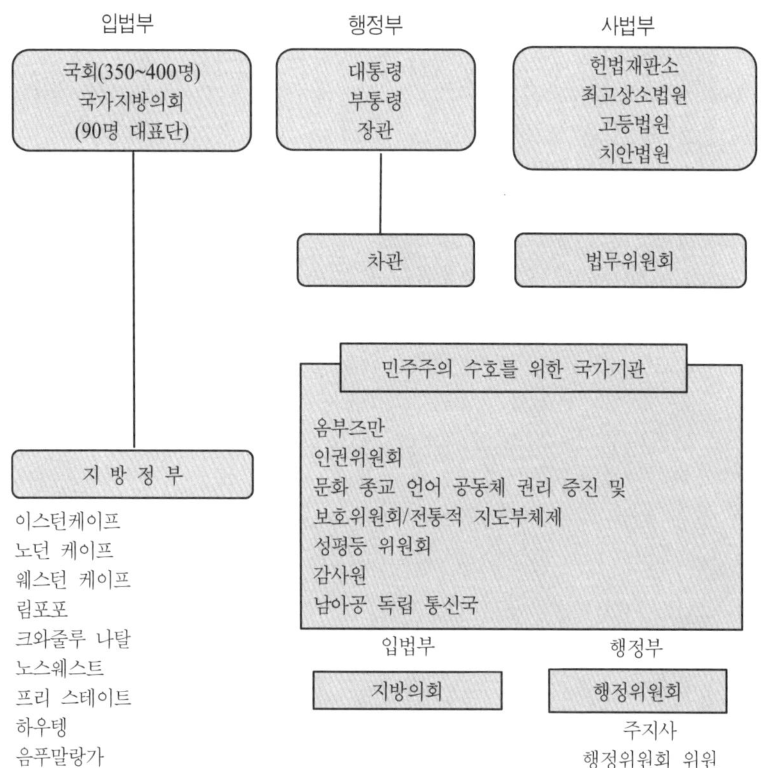

출처: South Africa Yearbook 2006/2007

90명으로 구성되어 중앙 및 지방 정부 간의 조정역할을 수행하고 있다. 9개 지방은 수도 지역과 같이 주 의회를 갖추고 있다. 국회는 재정부장관이 담당하는 재정 법안을 제외한 모든 영역의 법안을 초기화한다. 국회는 국회에 상정된 모든 법안을 심의, 수정하며 이를 통과 또는 철회하는 기능을 맡는다. 400명에 이르는 국회의원 중 200명은 국가 정당명부를 사용하여 선출된다. 각 정당이 선호하는 순위대로 후보자 명단을 색출하면, 후보자들은 해당 정당이 선거에서 승리한 투표율에 비례하여 이 명단에서 선출된다. 나머지 200명의 의원들은 지방 정당명부에서 선출되며 최소 30개 의석이상의 의석을 특정 지방이 획득하는가는 각 지방의 인구에 따라 결정된다.

일반적으로 상원으로 분류하는 국가지방의회(National Council of Provinces: NCOP)는 사실상 상원이라기보다는 정부 중앙에서 지방의 이익을 대변하는 기관이다. 국가지방의회는 국회를 통과한 법안을 처리하며 지방의 견해

를 국회논의에 첨부시킨다. 국가지방의회와 9개 지방의회와 직접적 연락이 이루어지는데 이는 각 지방에서 국가지방의회에 파견된 10명의 대표단이 특별 및 영구 대표단 격으로 파견되기 때문이다. 9개 지방의회의 정당구성은 국가지방의회로 파견되는 대표단의 구성을 결정하며 각 지방은 국가지방의회에서 한 개의 투표권을 행사한다.

1.1.4 전통적 지도부 체제

아프리카 전 대륙에서는 역사적으로 전통적 지도부 체제가 존재하였다. 실제로 고유한 아프리카의 정치는 통치자의 절대성을 배제한 민중적 통치 개념이 지배적이었다. 이러한 민중적 통치개념은 상이한 특징들이 존재하지만 일반적으로 합의와 토론 그리고 관습과 믿음에 기초한 것으로서 각 지역 공동체마다 그 지역의 문화적 전통에 따라 정치적 지도부 체제를 형성하여 유지하여 왔다. 그러나 많은 아프리카 지역과 마찬가지로 남아공도 역사적으로 서구의 침입과 약탈에 따른 제국주의와 식민주의의 세력에 의해 전통적 지도부 체제의 제도적 틀이 상당히 훼손되었다. 실질적으로 아파르트헤이트 백인정권은 전통적 지도부 체제를 약화시키고 변형 및 통제하기 위하여 여러 법률을 제정하고 입법화하였는데 그 대표적인 것이 1927년 흑인지배법 38조항(Black Administration Act 38 of 1927)이다. 더욱이 홈랜드 자치법이 통과되면서 전통적 지도부 체제는 보다 심하게 파괴되었다.

아파르트헤이트가 종식된 후 남아공은 헌법 12장에서 관습법에 기초하여 전통적 지도부의 제도, 지위 그리고 역할을 명시함으로써 남아공 정치의 전통적 지도자의 위상을 복구하려는 노력을 엿볼 수가 있다. 남아공 내 지방정부와 군소 정부의 부서에서 전통적 지도부의 여러 제도는 전통적 지도자와 제도의 다양한 자료 파일을 제공함으로써 전통적 지도자 국가의회(National House of Traditional Leaders)를 지지하고 있다. 이러한 자료 파일들은 민주주의 수호를 위한 국가기관 중의 하나인 문화, 종교, 언어 공동체의 권리 증진 및 보호위원회(Commission for the Promotion and Protection of the Rights of Cultural, Religious and Linguistic Communities)의 제 기능을 위하여 이 위원회와 직간접적으로 관련이 있는 다양한 사회공동체의 권리보호를 위한 규율적인 틀을 개발하여 시행하는 데 그 목적이 있다.

아파르트헤이트 정책의 영향으로 남아공 내 전통회의(Traditional Councils)는 비민주주의적인 성향으로 변형되었다. 즉 전통적 지도자가 전통적 회의에서 자신의 가족이나 가까운 친족들을 전통회의의 주 회원으로 임명할 수 있도록 구조화하였다. 그러나 아파르트헤이트 이후 시기에 남아공은 이러한 문제점을 인식하여 전통회의의 운영 원칙이 민주적인 절차를 따르도록 하였다. 이러한 운영 원칙들 중에서 가장 중요한 특징은 전통회의의 회원 중 40%가 민주적으로 선출될 것과 최소 3분의 1이 여성이어야 한다는 점이다. 또한 아파르트헤이트 당시 백인정권은 남아공 내에 아프리카의 왕(kings)과 여왕(queens)을 인정하지 않았으나, 아파르트헤이트 이후 시기에 들어서 전통적 지도부 체제는 제도 및 법률적으로 체제 내에 왕과 여왕을 인정할 수 있도록 허용하고 있다는 것이다.

남아공의 헌법은 지방과 국가의 입법체제에 의해 전통적 지도자 의회를 구성할 수 있도록 허용하고 있다. 전통적 지도자 국가의회는 1997년 4월에 설립되었고 전통적 지도자 지방의회는 이스턴 케이프(Eastern Cape), 크와줄루 나탈, 프리 스테이트(Free State), 음푸말랑가(Mpumalanga), 림포포 그리고 노스 웨스트(North West)를 포함한 총 6개 지방에서 설립되었다. 각 전통적 지도자 지방의회는 3명씩 전통적 지도자 국가의회에 지명하여 추천하며, 전통적 지도자 지방의회는 지방정부가 전통적 법과 관습에 영향을 끼치는 사안들에 대해 조언과 충고를 하는 일을 담당한다. 이처럼 전통적 지도자 국가의회도 정부가 전통적 법과 관습을 유지하고 있는 지역공동체의 권리 및 권한에 관해서 조언하는 기능을 하고 있다. 가령 이러한 충고성 사안들에는 할례(circumcision)와 일부다처제(polygamy)와 같은 전통적 관습들을 포함한다. 또한 전통적 부족사회와 종족 집단 그리고 현존하는 정당세력 사이에는 종종 밀접한 유대관계가 존재하는데, 그 대표적인 예가 바로 줄루족과 인카타 자유당(Inkatha Freedom Party: IFP) 간의 전통적 통합관계 그리고 코사족과 아프리카 민족회의 간의 상호 관계성이다.

음베키 대통령은 전통적 지도부 체제의 위상과 그 역할을 지원하기 위하여 2003년 전통적 지도부 체제와 거버넌스 틀 법(Traditional Leadership and Governance Framework Act, 2003)의 23조항에 근거하여 2004년 10월에 전통적 지도부 체제의 분쟁과 권리요구 위원회(Commission on Traditional Leadership Disputes and Claims)를 임명하여 발족하였다. 이

거버넌스 틀 법의 25(2)조항에 따르면 분쟁과 권리요구 위원회는 다음과 같은 사항에 관하여 심의할 수 있도록 하였다. 첫째, 전통적 지도부 체제가 관습법에 기초하여 설립되었는지, 둘째, 현직에 공무를 수행하고 있는 전통적 지도자의 직위와 권한이 위협을 받고 있는지, 셋째, 전통적 공동체로써 인정받고 보호받기를 원하는 공동체에게 요구조건을 수렴하고 있는지, 넷째, 형성된 '부족(tribes)'의 합법성의 유무, 마지막으로 전통적 권위를 둘러싼 분쟁과 마찰의 해소에 관한 사항이다.

1.2 정치권력의 주요세력

1.2.1 아프리카 민족회의

ANC는 남아공에서 가장 오래된 주요 정당이다.[45] ANC는 다수 지배(majority rule) 운동의 후산으로서 1912년에 창설된 이후 정의 증진, 공공시설이용의 동등한 이용, 재산권, 노동자들의 단체조직 및 교섭권, 법 앞에서의 평등을 주장해왔다. ANC는 아파르트헤이트 정부에 의해 그 활동이 금지되었던 시기를 포함하여 70여 년간 정부 및 공공기관의 위협과 합법화된 차별과 맞서 싸웠다. ANC는 1994년 최초 다인종 선거에서 전체 투표의 62%를 획득하여 여당으로 탄생하였다. 1999년에는 개헌의석에 1석 모자라는 66.35%를 획득했고, 2004년에는 개헌의석을 초과하는 69.68%를 획득하여 사실상 1당 체제를 갖추었고, 2009년에는 65.9%의 지지율로 압승을 거두었다. ANC는 전체인구의 75%이상을 차지하는 흑인들에 초점을 두고 남아공 인들의 생활수준 향상과 가난 해소에 역점을 두고 있다. ANC에 대해서는 남아공 정치권력의 메커니즘: ANC의 통합과 분화의 장에서 좀 더 상세히 다루기로 한다.

1.2.2 삼자동맹(Tripartite Alliance)

1990년 2월 2일 의회에서 드 클레르크(De Klerk) 대통령의 흑인 정치범들의 석방과 실질적인 반체제 단체들의 정치활동 보장 등을 담은 탈아파르트헤이트 정책이 선언된 이후, 1991년 아프리카 민족회의, 남아공 공산당(South African Communist Party: SACP), 남아공 노동조합회의(Congress of South African Trade Union: COSATU)는 삼자동맹(tripartite alliance)

드 클레르크(De Klerk; 1936-): 그는 1989년 보타의 후임으로 남아공의 대통령이 되었고 인종차별정책 폐지를 주도적으로 이끈 백인 정치인물이다. 1990년 넬슨 만델라를 석방하였고 다인종 협상을 이끌었으며 1994년 선거를 치르고 다당제 정부를 만들었다. 1994년 첫 민주선거로 만델라는 대통령이 되었고 타보 음베키와 드 클레르크는 부통령이 되었다. 그는 1993년 만델라와 함께 노벨평화상을 받았다.

관계를 맺었다. 이들 세 조직은 동맹의 목적과 운영 그리고 당면 투쟁지점에 대한 정치적, 조직적 공감대를 형성하였다. 즉 협상투쟁, 선거투쟁 그리고 그 이후의 사회체제 하에서도 민주화, 사회체제의 구조적 변화, 더 나아가 새로운 사회로의 이행 과제를 삼자동맹 구조 하에서 실현해 나가기로 합의하였다.

남아공의 사회경제적 구조개혁을 궁극적 목표로 두고 있는 삼자동맹체는 사실 ANC 중심의 정치적 핵심체의 건설로 국가 민주주의의 정치블럭을 구성한다는 것을 일차적인 목표로 두었고, 정치블럭을 토대로 각종 민중조직들과의 정치 네트워크 건설과 ANC의 헤게모니 장악, 특히 대중민주화운동(Mass Democratic Movement: MDM)에서의 헤게모니의 장악을 이차적인 목표로 설정하였다. 삼자동맹은 남아공 사회를 저발전 자본주의 사회로 규정하고 민족민주혁명의 필요성과 혁명의 주체는 바로 노동자 계급이라는 사실을 공감하였다. 즉 노동자 계급을 중심으로 재건개발계획(Reconstruction Development Programme: RDP)을 성공적으로 수행하여 남아공 사회의 당면 사회적 과제를 실현하고, 이를 토대로 사회주의 사회로의 전환을 실현하는데 그 기본 목표를 세웠다. 그러나 현재 삼자동맹 체제는 인종차별구조의 완전한 종식을 위한 정치적 투쟁에서는 통일성을 띠고 있지만, 경제사회체제의 이행을 둘러싼 구조 변혁적 투쟁에서는 분화되어 있다. 즉 COSATU와 SACP는 ANC와 함께 삼자동맹을 맺고 있지만 ANC 정부가 신자유주의 정책을 채택하면서 동맹의 균열이 가시화 되었다.

1.2.3 반 ANC 정당세력

◈ 민주동맹(DA)

민주당(Democratic Party)과 연방주의 연맹(Federal Alliance)이 통합하여 형성된 정당으로서 남아공에서 ANC를 견제하기 위한 야당 연합으로 2000년 6월 24일 창립하였다. 그러나 사실상의 뿌리는 제2차 세계대전 당시 남아공 집권당이었던 연합당에 두고 있다. 이 연합당은 1948년 국민당이 집권하면서 세력이 약화되어 1959년과 1988년에 각각 진보당(Progressive Party)과 민주당(Democratic Party)으로 창당한 이후 1999년 선거에서 제1야당이 되면서 민주동맹(DA)으로 새롭게 태어났다. 유태계 토니 레온(Tony Leon)이 이끌어 온 DA는 현 정부의 고질적 문제점인 빈곤, 높은 실업률, 에이즈 정책을 강도 높게 비판하면서 세력을 강화시키고 있는데 웨스턴 케이프지역의 다수 백인은 물론 흑인 및 칼라드층으로부터도 많은 인기를 얻고 있다. 2007년 5월 6일 DA는 헬렌 질리(Helen Zilee)를 새로운 당수로 임명하였다. DA는 아파르트헤이트 당시 기자로 활동하면서 남아공 흑인 저항운동의 상징인 스티브 반투 비코(Steve Bantu Bico)의 죽음을 파헤친 기사를 쓰면서 인기몰이를 한 헬렌 질리가 흑인 유권자들을 매료시킬 수 있다고 판단하여 여성 정치인을 새롭게 선출하였다. 이는 1994년, 1999년, 2004년 세 차례의 선거에서 보여준 ANC의 권력집중화에 맞서 제1 야당으로써 남아공 정치의 판도를 새롭게 변화시키겠다는 의지를 가지고 선택한 결정으로 풀이된다.[46]

토니 레온(Tony Leon; 1956-): 유태계 태생인 레온은 전 민주당과 민주동맹(DA)의 당수로 활약하였다. 1974년 18세에 진보당(PP)의 주요 정책조정자로 활약한 후 비츠대학(University of Witwatersrand)에서 변호사 자격증을 취득하고 1986년 동 대학 법학과에서 강의를 시작하였다. 1989년 과거 진보당이 민주당으로 바뀐 후 레온은 민주당의 권리장전위원회(Bill of Rights Commission)의 의장과 민주남아공회의(Convention for a Democratic South Africa: CODESA)의 고문으로 그리고 인종차별정책을 종식시키고 새로운 다당제 도입과 민주주의 정착을 위한 협상 대표단으로써 1990년부터 1994년까지 활약하였다. 1994년에 당수로 선출된 후 2007년 민주동맹(Democratic Alliance)의 당수에서 물러났다. 레온은 만델라와 음베키가 이끈 ANC 정부에 대하여 빈곤, 실업, 에이즈 등 사회문제를 중심으로 ANC 당과 정부의 정책을 비판 및 견제한 제1 야당 지도자로써 활약하였다.

헬렌 질리(Helen Zilee; 1951-): 전 케이프타운 여성시장이었던 질리는 비츠 대학에서 문학사를 받은 후 랜드 데일리 메일(Rand Daily Mail) 신문사의 정치부 기자로 활약하면서 스티브 비코의 죽음에 대한 숨은 진실을 파헤쳤다. 이 시기에 질리는 또한 민주당에서 여성정치가로 활동하였다. 케이프타운의 여성시장으로 재임하고 있을 당시 2006년에 시의회 의원선거(municipal election)에서 질리가 속한 민주동맹(DA)이 케이프타운에서 42%의 선거득표율을 획득함으로써 ANC를 물리치고 압승하게 되어 이 지역에서 DA의 정치적 우세를 입증하였다. 2007년 토니 레온이 당수 사퇴 이후 새로운 DA의 당수로 선출되었다.

스티브 반투 비코(Steve Bantu Biko; 1946-1977): 아프리카 흑인의식 운동(Black Consciousness Movement)의 창시자인 스티브 비코는 남아공 흑인 학생조직(South African Students' Organization)의 첫 번째 회장이었다. 그는 흑인의 자부심을 북돋우고 인종차별을 반대하는 흑인 공동체 프로그램을 조직하였는데 1973년 정부는 그의 정치활동을 금지시켰다. 그는 정부에 의한 정치적 구금 중에 머리에 상처를 입어 사망하였다. 의학도인 스티브 비코는 1970년대에 나타난 흑인 자각운동의 선도적인 사상가였다. 그는 백인들에 비해 열등하다고 많은 사람들이 느끼고 있는 것이 문제라고 지적하며 흑인들이 자긍심과 자부심을 가져야 한다고 주장했다.

◈ 인카타 자유당

남아공의 줄루족을 기반으로 1975년에 창당된 정당으로 망고수투 부텔레지(Mangosuthu Buthelezi)가 당내 확고한 지도자로 존재한다. 부텔레지는 포트 하레 대학에서 공부할 당시인 1940년대에 ANC 청년동맹에 가입하면서 정치에 입문하였다. 1953년 그는 줄루족 내 부텔레지 씨족의 추장으로 그리고 1970년에는 크와줄루(KwaZulu) 지역단체의 수장으로 임명되었다. IFP의 기반은 지역적으로 크와줄루 나탈 지역과 줄루족들이 많이 거주하는 하우텡 주이다. IFP는 1922~23년 사이에 문화조직으로 설립되었고 1975년 3월 부텔레지에 의해 두 번째로 재설립되었다. 회원 수는 1985년 백만 명을 넘어섰고 1980년대 후반에는 150만 명에 달하였는데 6만의 청년단(Youth

망고수투 부텔레지(Mangosuthu Buthelezi; 1928-): 줄루족 왕족의 일원인 부텔레지는 1970년 초기 남아공 크와줄루 홈랜드의 지도자가 되었다. 처음에는 아프리카 민족회의의 지지자였으나, 그는 후에 인카타 자유당으로 발전될 줄루 인카타운동(Zulu Inkata Movement)을 이끌었다. IFP는 크아줄루 나탈 지역의 자치를 얻어내기 위한 선거공약으로 1994년 주 선거에서 승리했지만 총선에서 제2 야당으로 남게 되었다. 부텔레지는 후에 새로운 남아공 흑인정부의 내무부 장관을 역임하였다.

Brigade)과 50만의 여성조직(Women's Brigade)이 형성되었다. 아파르트헤이트 당시 백인정권은 인종차별정책에 대한 흑인저항운동을 약화시키기 위한 방편으로 크와줄루 나탈지역에서 IFP의 입지를 한정된 범위 내에서 허용하였다. 이는 결국 탈아파르트헤이트의 민주주의가 이행되기 시작한 1994년에 크와줄루 나탈지역을 중심으로 발생한 IFP의 분리 독립운동의 배경이 되었다. 인구가 약 800만 명으로 남아공 내 최대의 흑인 종족인 줄루족의 기반으로 설립된 IFP의 이러한 분리주의 운동은 코사족과 소토족 출신이 중심을 이루는 ANC 통치에 대한 정치권력의 도전일 뿐만 아니라 남아공 통합의 최대 걸림돌로 남아있다.

2. 선거제도: 1994, 1999, 2004, 2009년 선거의 함의

남아공의 선거는 정당명부식 선거제도로 진행되는데 총선에 참여하는 각 정당은 정당명부, 즉 전국 국민의회 후보자 명부와 지방의회 후보자 명부를 동시에 제출한 상태에서 선거투쟁을 진행한다. 이와 같은 선거제도는 남아공 사회구성원들에게 급격하게 확대된 선거권의 기회를 보장해 줄 수 있는 탈 인종주의적이고 국민통합주의적인 선거제도를 모색해야 할 필요성의 인식에 기인한다. 따라서 이들은 지역적 대표성과 전국적 대표성을 동시에 반영해 줄 수 있는 '전국 정당명부식 비례대표제'를 채택하여 대통령을 국회에서 선출하도록 하였다. 이 선거제도 안에서는 총선에 참여하는 각 정당이 정당명부, 즉 전국 국가의회 후보자 명부와 지방의회 후보자 명부를 동시에 제출한 상태에서 선거경쟁을 진행한다.

이와 같은 선거제도는 그동안 인종별, 종족별로 분리되었던 남아공 사회에서 표면적으로 인종별 소수세력의 보호 및 국민통합과 참정권 확대유도의 목적을 가지고 채택되었으나, 결과적으로 일당 절대다수의 형성을 최고 수준에서 보장하기 때문에 거대 단일정당의 정치권력 독점과 정당 지도부의 권한 집중, 그로 인한 권력주체들의 정치적 소외를 야기할 수 있다는 문제를 안고 있다. 특히 정당 탈퇴시 의원직을 상실하게 되는 의회법 규정으로 인해 의회의원들의 정치적 자율성이 제한될 수 있는 반면, 정당 지도부의 권한은 더욱 집중된다. 이에 남아공노동조합회의(Congress of South

African Trade Union: COSATU) 등 일부 단체들이 지역구를 기반으로 하는 지역대표제와 정당명부식 비례대표제를 혼용할 수 있는 '혼합비례대표제' 도입을 결의하였으나 현재까지 시행되지 못하였다.

실제로 남아공은 정당명부식 선거제도를 통해 1994년, 1999년, 2004년, 그리고 2009년을 포함해서 4차례 총선을 실시했는데, 집권당인 ANC의 득표율이 계속 증가하는 추세를 보이고 있다. ANC는 1994년 선거에서 63%를 득표하여 주요 정당이 되었으며, 1999년에 66%, 2004년에는 69%, 그리고 2009년에는 65.9%의 표를 얻어 계속 그 입지를 굳히고 있다. 2009년의 득표율에서 야당 가운데 16.5%(67석)의 득표율을 얻은 DA를 제외하면 어느 정당도 10% 이상의 득표율을 얻지 못하였다. 음베키 전 대통령의 지지세력들이 ANC를 탈당하여 창당한 국민회의(COPE)는 7.4%의 득표율로 30석을 확보하는 그쳤다. 2009년 선거에서는 비록 ANC가 1994년 이후 계속하여 압승을 거두긴 하였으나 독자적인 개헌이 가능한 2/3 의석 확보에는 실패함으로써 과거에 비해 집권여당으로서의 통치기반이 다소 약화되었다고 볼 수 있다. ANC에 대한 지지율 하락은 당내 내분에 따른 것으로, 제이콥 주마가 대통령에 당선되기 이전 2005-2006년 기간 동안 뇌물 수뢰, 성폭행 등의 스캔들을 둘러싸고 음베키 전 대통령과 치열한 정치공방 및 갈등을 빚게 됨으로써 나타난 것으로 풀이될 수 있다. 더욱이 음베키 전 대통령을 추종하는 친 음베키 세력들이 ANC를 대거 탈당하여 신당을 창당함으로써 여당 지지표가 갈리게 된 결과로 이해할 수 있다. 한편 ANC 집권여당의 지지기반 공고 및 권력유지와는 달리 야당의 경우 각 당 지지율에 많은 변화를 보였으며 군소정당의 득표율은 과거에 비해 추락하는 경향을 보였다.

부텔레지가 이끌며 크와줄루 나탈 지방에 기반을 두고 있는 인카타 자유당은 1994년에 10%를 점유했으나 2004년에는 6.9%, 2009년에는 4.6%로

〈표 2〉 남아공 역대 선거의 각 정당 득표율

구분	ANC	DA	COPE	IFP	NNP	잔여정당
1994년	62.65%	1.73%	–	10.53%	20.39%	5.91%
1999년	66.35%	9.56%	–	8.58%	6.97%	8.34%
2004년	69.68%	12.37%	–	6.97%	1.65%	9.51%
2009년	65.9%	16.5%	7.4%	4.6%	–	5.00%

출처: Independent Electoral Commission, http://www.elections.org.za

하락하였다. 2009년 선거 이후 ANC는 총 국회의석 400석 중 264석을 점유했고, DA는 67석, COPE는 30석, IFP는 18석을 차지하였다. 나머지 의석은 22개 잔여 정당이 분할하였다. 이처럼 남아공에서는 한편으로 네 번의 다인종 선거를 거치면서 권위주의적인 인종차별체제가 민주주의적인 탈 인종차별체제로 이행되는 인종 간·종족 간의 갈등해소의 시기를 법적·제도적인 시행으로 가능하게 하였지만 다른 한편으로 일당지배의 고착화도 심화시키게 되는 문제점을 초래하게 되었다.

상기에서 언급하였듯이, 정당명부식 선거제도는 명목상 국가통합과 인종화합 차원에서 채택되었지만, 신 남아공에서 흑인 엘리트의 권익을 확보하려는 ANC 당의 정치적 선택에 기인한다. 사실 흑인정부가 탄생하기 직전 ANC는 정당명부제도가 ANC로 하여금 보다 편리한 방식으로 의회대표를 선택, 이동, 제거할 수 있도록 허용한다는 점에서 이 제도를 구상하여 채택하게 되었다. 그러나 이 제도는 민주주의 제도 안에서 변화하는 여론의 자유로운 움직임을 제한하고, 대표자와 유권자 간의 책임 개념을 무시할 수 있게 된다는 태생적인 문제점을 안고 있다. 이러한 점에서 많은 남아공 정치평론가들은 정당명부 제도를 남아공 정치발전에 부정적인 영향을 주는 주요한 정치시스템으로 지적하고 있다. 실제로 이 선거제도는 ANC로 하여금 당내 반대파 의견을 효과적으로 봉쇄하도록 했고 의회를 주변화 시키면서, 동시에 집권다수당과 대통령의 권력 집중화에 기여하였다.

이러한 선거제도의 문제가 제기되면서 2002년에 정당명부식 투표제도에 대한 교정 수단의 일환으로 반대당(파)에 찬성표를 던지는 플로어 크로싱(floor-crossing) 방식과 당이 당원들을 정당 간에 자유롭게 이동하게 하고 공공부문 및 사적부문을 폭넓게 넘나들 수 있게 한 '당원배치' 정책을 도입하였지만, 아래의 표 3에서 볼 수 있듯이 이는 오히려 ANC를 보다 강력한 집권여당으로 강화시키는데 일조하게 하였다.

ANC가 그 사회적 공약을 성취하는데 실패한 측면이 있었음에도 국민들이 '다수를 위한 국민해방'이라는 신조에서 크게 벗어나지 않음에 따라 이와 같이 선거에서 우세를 점할 수 있었다고 볼 수 있다. 그러나 일당 지배적 정치체제에서는 분열 양상이 내부적으로 조성될 가능성이 있는데, 남아공에서도 내부 분열이 음베키의 두 번째 임기 동안에 본격적으로 가시화되었다. 남아공의 내부분열로는 삼자동맹의 예를 들 수 있다. 비록 최근 제이콥 주

〈표 3〉 플로어 크로싱(floor-crossing) 이후 주요 정당 의석수 결과

정당	이전 의석수	이 후 의석수	획득한 의석수	잃어버린 의석수
아프리카 민족회의(African National Congress: ANC)	279	293	14	0
민주동맹(Democratic Alliance: DA)	50	47	2	5
인카타 자유당(Inkata Freedom Party: IFP)	28	23	0	5
연합민주운동(United Democratic Movement: UDM)	9	6	0	3
신국민당(New National Party: NNP)	7	0	0	7
아프리카기독교민주당(African Christian Democratic Party: ACDP)	7	4	0	3
범아프리카회의(Pan-African Congress: PAC)	3	3	0	0

출처: South Africa Yearbook 2006/2007

마가 대통령에 당선된 이후 삼자동맹이 재공고화되는 양상이지만 음베키의 집권 기간 ANC는 COSATU와의 정책노선 갈등으로 ANC의 정책에 혼선을 가져오기도 하였다. 이에 대한 논의는 ANC의 도전과 분열의 위협에서 다루기로 한다.

3. 정치권력의 메커니즘: ANC의 통합과 분화

ANC는 남아공의 정치적 과도기의 주요 핵심 기관이었다. ANC가 남아공 정치에서 중추적 입지를 차지하고 있음에도 불구하고 학자들은 그 내부 작업을 규명하는데 어려움을 겪었다. 아프리카의 정치해방을 추구하는 엘리트 집단으로서 ANC의 역사는 100여 년을 거슬러 올라간다. 20세기 후반에 이는 남아공에서의 인종차별주의에 대한 망명운동을 주도했으며 군사 및 외교적 투쟁을 통해 남아공인들을 아파르트헤이트 지배에서 해방시키는데 힘썼다. 한편 ANC는 결정적으로 중요한 노동운동과 1980년대의 대중적 국내투쟁에서는 주변적 역할을 하였다. 그러나 ANC는 민주화의 과도기 동안 노동계 및 시민사회조직을 포용하였으며 국민의 정당으로 자연스럽게 인식되었다. ANC는 대중적인 정치적 운동의 표상이 되면서 전혀 다른 이해관계 집단과 타협하고 일관적인 정부 계획을 발전시킬 수 있는 능력을 증명하

면서 국가통합에 박차를 가하였다.

ANC는 집권 15여 년 동안 국가의 주요선거에서 놀라운 선거결과를 내었는데, 1994년에는 63%, 2004년에는 70%, 2009년에는 65.9%의 지지를 받았다. 그러나 음베키의 두 번째 임기 5년의 정치는 크게 내부 분열이 가시화된 상태가 되었다. ANC는 제이콥 주마가 2009년 대통령으로 당선되기 이전 음베키 전 대통령이 주마를 둘러싸고 검찰 기소에 관여했다는 이유로 지난해 2009년 4월에 퇴임 예정이었던 음베키 대통령을 2008년 9월 조기 퇴진시키고, 친 음베키 당원들은 국민회의당(COPE)이라는 새로운 당을 창당하였다. 사실 음베키가 퇴진하기 이전 ANC는 당 지도부에 대한 당 내외로부터 공공연한 저항의 움직임이 표출되곤 하였다. 결국 남아공 정부는 탈아파르트헤이트의 민주화 과정에서 법적·제도적으로 자유와 평등을 보장하고 있지만 경제사회적으로의 다양한 분화적 요소들을 내재하고 있다. 마침내 ANC 당 내에서의 이러한 취약성을 둘러싸고 2008년 후반기에 당내 분열조짐은 정점에 이르렀고 최근 새로운 통합의 기운이 조성되고 있다.

3.1 ANC의 주요 성과와 통합의 동력

ANC는 극심한 경제적 불평등과 사회적 분리로 촉발된 정치경제적인 여러 도전들을 커다란 국가의 소요사태 없이 적절하게 대처하여 왔다. ANC는 인종적 · 종족적 갈등을 비롯한 다양한 잠재적인 갈등국면을 진정시켜왔고 국정운영에 있어서 과거 공산주의자, 노조활동가, 농촌의 전통주의자, 종교 지도자, 흑인기업가들이 활발히 참여하도록 사회적 합의를 도출하는데 나름대로 큰 성과를 보았다. 1994년 이후로 ANC가 성취한 주요한 과업은 다음과 같다.

3.2 ANC의 주요성과

3.2.1 국가건설을 위한 법적·제도적 기틀마련

ANC는 아파르트헤이트 국가가 남긴 폐허 속에서 자유와 평등을 기초로 한 헌정 민주주의체제를 만들었다. 과거 반투스탄(특정 흑인집단을 위해 따로 떼어놓은 시골지역)들을 흡수하여 새로운 행정구역을 설정하고 국가중심을 재구획하여 통합된 국가계획안을 발전시켰으며, 더 나아가 중장기 재정계획을 설정하는 등, 대외적으로 크게 공인되지는 않았지만 여러 성과를 남겼다. 그러나 권위주의적 아파르트헤이트 체제로부터의 전환은 다양한 사회적 부패와 각종 범죄행위가 양산될 수 있는 부정적 환경을 조성하였다. 더욱이 지방 도시와 법률 체계 및 경찰들은 아파르트헤이트의 오랜 악습으로 인하여 제대로 그 기능을 할 수 있는 사회적 면역력을 상실한 상태였다. 따라서 ANC는 굿 거버넌스를 위한 제도적 틀을 만들고 공적 권위의 남용을 제한할 수 있는 폭넓은 법안을 확충하였다.

3.2.2 국가통합을 위한 정치적 안정화

탈 아파르트헤이트가 시작되면서 국내외에서 우려했던 정치적 불안정을 적절하게 극복하였으며 이로써 권위주의체제에서 민주주의체제로 순탄하게 이행하였다. 정치적 범죄는 크게 줄어들었고 1994년 선거에서 크게 문제가 되었던 크와줄루 나탈지역의 분리 독립에 관한 영토분쟁도 줄어들었다. 세 차례의 선거에서 압승을 거둔 ANC는 비합법적이고 비민주적인 선거범죄를 통제하여 '지배 정당'의 자리에 오르는 쾌거를 거두었다. 또한 비록 각 선거에서 점점 유권자의 참여 수가 줄어들긴 했지만 민주선거로 대중적 참여를 지속시켰고 사회갈등을 저지하고 민주적 장치를 안정화시키는데 도움을 준 통합적인 정부 사업을 구체화하였다.

3.2.3 거시경제정책을 통한 국가경쟁력 강화

일각에서 경제적 비판의 목소리가 높았지만 ANC는 선거에서의 우세를 통해 꼭 필요했던 경제 안정화 사업을 추진할 수 있었다. ANC 당내 보수적인 경제정책인 성장·고용·재분배(Growth, Employment and Redistribution: GEAR) 전략은 국가의 거시 경제적 측면에서 지속가능한 경제성장 전망을 더욱 증대시켰다. 비록 신자유주의적 GEAR 정책은 구조조정의 부담을 빈곤층에까지 지워야하는 정치적 비용이 만만치 않았음에도 불구하고 민주주의가 견지될 수 있도록 기여하였다.

3.2.4 흑인경제력강화(BEE) 정책의 도입을 통한 신자유주의적 불만에 대한 대응

흑인 경제력 강화 정책의 도입은 인종 간 갈등을 잠재우는데 중요한 역할을 수행하였다. 100여 년 동안의 백인 통치기간 후 남아공 흑인들은 반투스탄에 강제 이주됐으며 '반투 교육'에 의해 평생 노동이 부과되었고 재산축적이 금지되었으며 비숙련 또는 준숙련직에만 종사해야 했다. 또한 기초적 사회기반시설의 이용 및 접근권을 거부당했다. 이러한 정치경제적 능력 상실은 광범위하고 원대한 새로운 흑인경제력강화(Black Economic Empowerment: BEE) 전략의 도출로 승화되었다. ANC는 신자유주의적 GEAR 정책에 따른 흑인들의 실업률 증가와 빈곤의 문제를 타결하기 위해 BEE 정책을 도입하였다. BEE 정책은 무엇보다 인종차별로 얼룩진 남아공 기업계의 지평을 새롭게 창조하고 있다는 평가를 받았다. 또한 아파르트헤이트 기간 동안 비즈니스 진행의 악조건 속에서도 꿋꿋이 버티며 투쟁해 온 많은 흑인 사업가들의 땀의 결실로서 앞으로 남아공 경제를 이끌어 갈 흑인 경제지도자를 양성한다는 데 큰 의미가 있다.

3.2.5 정부의 신뢰감 형성을 통한 정치적 불만에 대한 대응

ANC는 국민들의 의사를 잘 수용하고 정치적 불만에 대응하는데 중요한 역할을 감당했다. 민주주의로의 전환이 시작된 지 10여 년 동안 비록 가난으로부터의 탈출을 일구어 내지는 못하였지만 빈곤상태의 가중을 겪어온 가장 극빈층들로부터의 정부에 대한 신뢰감을 형성하는데 중요한 역할을 하였다. 2007년 4월 27일 남아공 민주화의 날을 맞아 남아공 스텔렌보쉬 대학이 "남아공 시민으로 자부심을 느끼는가"라는 설문조사에서 남아공 시민 95% 이상이 남아공 국민으로서 자부심을 느끼고 있는 것으로 나타났다. 설문조사는 남아공 시민 무작위 표본 수집을 통해 3천명에게 이루어졌는데, 응답자 중 흑인의 96%, 백인의 92%, 유색인종의 98%, 인도인의 92%가 "매우" 혹은 "꽤 자랑스럽다"고 답했다. 2001년 같은 설문 조사에서 "매우 자랑스럽다"라는 응답자가 72%로 집계되었으나 이번에는 78%로 증가했다. 응답자 중 흑인이 가장 긍정적인 대답을 한 것으로 나타나 아파르트헤이트 이후 남아공의 민주화가 큰 성과를 거둔 것으로 나타났다.

3.3 ANC 통합의 동력

3.3.1 동맹체제

ANC의 동맹체제는 다양한 계층과 이념적 갈등의 표현을 가능하게 하였다. 핵심적 관계는 COSATU와 SACP와의 삼자동맹이다. 비록 이 각 기관이 어느 정도의 독립성을 갖고 있었고 간헐적으로 동맹을 떠나겠다는 위협을 하기는 하였지만, COSATU 활동가들은 주로 ANC의 지지자들이며 종종 ANC 당내에서 중요한 의견을 형성함으로써 일종의 ANC 당의 지부장격으로 활동하고 있다.

ANC는 삼자동맹뿐 아니라 남아공 국가시정기구(South African National Civics Organization: SANCO)와 같은 지역공동체조직과도 동맹을 형성하였고, 인카타자유당과 신국민당과 같은 타정당과도 협력관계를 맺었다. 실제로 2005년에는 신국민당은 ANC에 합당차원에서 편입되었다. 또한 웨스턴케이프의 독립민주주의자당(Independent Democrats)과도 우호관계를 맺어 막 생겨나려고 하는 향후 군소정당 세력의 성장을 막았다. ANC는 시민사회와도 비슷한 전략을 취하여 ANC와 정부를 공개적으로 비판하지 않는 비정부기구와 관계를 쌓아나갔다. ANC는 이들 협력자들이 ANC를 대변하면서도 ANC와 정부 대표들을 공개적으로 폄하하지 못하도록 조정한다. ANC는 동맹 체제를 십분 활용하여 때로는 무자비하고 교묘한 방법을 취하면서까지 당의 이익을 극대화하는 한편 정부 사업에 대한 폭넓은 지지를 얻는데 성공하였다.

3.3.2 당 지지의 이념적 토대

ANC가 연합을 지속시키고 동맹 체제를 공고히 할 수 있었던 것은 때때로 아프리카의 사회적 보수주의와 논쟁보다는 합의적 일치를 선호하는 풍토로부터 출발하였다고 보기도 한다. 넬슨 만델라는 자신이 어렸을 때 주의깊게 관찰했던 부족회의에서 아이디어를 얻은 아프리카식 민주주의를 추구하였다. 만델라는 부족회의에서는 계급과 사회적 지위에 관계없이 발언할 수 있는 자유와 권리를 통해 모든 사람의 기본적 평등이 표현되었다고 말한다. 그는 과거 아프리카의 전통사회는 "모든 사람이 자신의 의견을 피력할 수 있는 자유가 있었고 시민으로서의 동등한 자격을 가졌다. 다수 지배의

개념은 서구적인 개념이었다. 소수는 다수에 의해 억압되지 않았다"고 말했다. 비록 남아공과 같은 복잡하고 계층이 분화된 사회에서 의견일치 또는 합의를 이끌어내는 일은 쉽지 않은 과제이지만 아파르트헤이트 이후 시기의 ANC는 폭넓은 지성적 체계와 조직적 관행에 의하여 부분적으로 이상적인 참여민주주의의 기초를 다졌다고 볼 수 있다.

ANC는 자체 사업을 '국가민주혁명'을 통한 보다 정의로운 사회 건설 투쟁으로 설명한다. 국가민주혁명은 국민에 대한 권력 이양을 추구하는 투쟁과정'으로 특징지어진다. 그리고 현 단계에서 국가민주혁명의 전략적인 목표는 국민이 모든 국가기관을 지배하는, '비인종차별적이며 비성차별적인, 민주적으로 연합된 남아공을 창설하는 것을 말한다. 이는 반종족주의, 반인종주의, 반식민주의에 기반을 둔 국가건설을 의미한다. 국가민주혁명의 체계는 ANC 지지자들 사이에서 강력한 당의 결속력을 위해 필요한 타협의 과정을 정당화하는데 사용되어져왔다. ANC의 한 핵심 토론문서에 따르면 이러한 연합된 비인종차별적이며, 비성차별적인 민주사회는 대부분이 남아공 흑인들과 여성인 빈곤층의 필요와 이익을 해결함으로써만 건설될 수 있다고 강조하였다. 따라서 남아공의 자유입헌주의, 공정한 경쟁선거, 독립적이며 대표성을 띠는 야당, 노조 및 지역공동체 조직은 모두 사회적 불평등의 문제를 해결하는데 실천적 의지를 지니고 있는 마르크시즘적 접근방식을 사용한 실용적 토대위에서 보호를 받는다.

3.4 ANC의 분열양상과 도전

ANC의 조직적 특징은 민주주의 도입 첫 10년 간 안정을 가져왔지만, 이러한 결과는 제반 원칙에 대한 당 내부의 기본적인 대치양상을 교묘하게 회피함으로써 이루어진 것이었다. 그중에서도 시장 경제, 자유입헌주의, 인종의 특성과 중요성에 대한 엄청난 의견불일치는 중재되긴 했으나 완전히 해소되지는 않았다. 이러한 내부의 분열 가능성의 조짐은 변화된 정치적 조건 속에서 다시 그 모습을 드러내고 새로운 저항적 반향을 일으켰으며 ANC 당의 승계투쟁에서 극명하게 표출되었다.

3.4.1 서구적 민주주의와 경제적 신자유주의의 위협

ANC 지지자들 중에는 자유민주주의제도가 부유한 백인 엘리트층의 특권을 강화시키는 신자유주의적 및 서구적 산물로 보는 시각이 있다. 그럼에도 불구하고 많은 ANC 당내 정치인들은 국가의 경제적 발전과 성장의 목표가 법치민주주의를 위해 협상할 논의의 소지가 되지 않는다고 본다. 신자유주의에 기반을 둔 성장·고용·재분배(GEAR) 정책은 ANC와 삼자동맹에도 불안정한 기류를 조성하고 있다. 비록 COSATU와 SACP는 ANC와 함께 삼자동맹을 맺고 있지만 ANC 정부가 신자유주의 정책을 채택하면서 동맹의 균열이 점점 심해지는 양상을 띠기도 하였다.[47]

3.4.2 종족주의에 기반을 둔 정치화

2005년에 부패 혐의로 기소되었던 전 부통령 제이콥 주마(Jacob Zuma)의 지지자들 가운데 상당수는 ANC 당내에 종족주의에 기반을 둔 음모론이 존재하고 있다고 믿었다. 크와줄루 나탈지역에서 이들 주마의 지지자들은 주마의 강간·부패 혐의에 대한 기소가 줄루족 출신의 차기 대통령직을 사전에 차단하기 위한 ANC 내 음모로 보고 있었다. 또한 음베키의 재임 기간 ANC의 당내운영이 종족적으로 균형과 형평성을 고려하지 못했다는 비판이 있다. 사실 코사족인 만델라는 자신의 후계자가 코사족에서 계속 승계된다면 이는 결코 ANC 당내뿐만 아니라 남아공의 정치적 안정에 위협을 가져오는 길이라고 예측했었다. 일반적으로 음베키는 비코사족의 정치지도자들을 선호하지 않는다는 의구심이 존재하였다.

제이콥 주마(Jacob Zuma): 주마는 1962년 20세 때 백인정권에 맞서 ANC 무장투쟁 조직에 가담하여 10년 동안 복역생활을 하는 등 1994년 민주화에 이르기까지 남아공 민주화 운동의 대표적인 정치인이다. 그는 남아공 최대 부족인 줄루족 출신으로 1973년 로벤섬에서 출소한 이후 다시 ANC의 지하조직 복원에 노력했으며 이후 모잠비크와 잠비아에서 망명생활을 하며 ANC의 무장투쟁과 정보 분야 업무를 주로 담당하였다. 그는 1990년 ANC가 합법단체로 인정받은 후 열린 1991년 전당대회에서 사무차장에 선출됐으며, 이후 전당대회 의장 등을 역임한 뒤 1997년 당 부총재, 1999년 부통령직에 오르는 등 출세가도를 달렸다. 그러나 그는 지난 2005년 자신의 친구이자 경제고문이었던 샤비르 섀이크가 유죄선고를 받은 부패혐의 공판에 연루돼 부통령직에서 해임되고 검찰에 의해 기소됐으나, 2006년 9월 법원이 공소기각 결정을 내리게 되어 정치인의 생명을 보전하게 되었다. 2007년 12월에 ANC의 새 총재로 선출되어 2009년에 대선에서 승리하여 대통령으로 취임하였다.

토쿄 섹스웰(Tokyo Sexwale; 1953-): 과거 반아파르트헤이트 운동가이었던 섹스웰은 1991년 프레토리아-비트바터스란트-베리니깅(PWV) 지방(현재 하우텡)의 ANC 지부장을 역임하였다. 1994년 총선 이후 섹스웰은 하우텡 지방의 주지사가 되었으나 1998년에 정계를 떠난 이후 남아공 내 주요한 흑인 경제계 인사가 되었다. 소웨토(Soweto) 출신 줄루족인 섹스웰은 만델라의 후임 대통령직을 둘러싸고 승계권 다툼에서 코사족인 타보 음베키에게 패배한 이후 음베키의 정적으로 지목받으면서 1998년 정계를 떠나게 되었다. 그는 현재 남아공의 다이아몬드를 비롯한 광산 및 에너지 산업과 관련이 있는 음베라판다(Mvelaphanda Holdings) 사(社)의 회장이며 트란스 헥스 그룹(Trans Hex Group)을 포함한 여러 기업의 사장과 기관장을 역임하고 있다.

시릴 라마포사(Cyril Ramaphosa; 1952-): 라마포사는 남아공에서 변호사, 노동조합 지도자, 정치가 그리고 기업인으로 변신한 남아공 흑인의 대표적인 성공인물이다. 그는 남아공의 가장 영향력 있고 규모가 큰 노동조합인 광산노동자 전국연맹(National Union of Mineworkers: NUM)을 설립한 인물이다. 또한 그는 1994년 4월에 치러진 남아공 민주선거를 위한 협상과 아파르트헤이트의 평화적인 종식을 위해서 국민당의 룔프 메이어(Roelf Meyer)와 함께 협상가로서 중요한 역할을 한 노련한 협상가이자 전략가로서 평가를 받기도 한다. 그는 토쿄 섹스웰과 함께 소웨토 출신으로 1998년 정계를 떠난 이후 남아공 경제에 가장 큰 영향력을 발휘하는 인물로 평가를 받고 있다. 지난 2007년 12월에 실시되었던 ANC 당의장 선거에도 출마할 것으로 예상되었으나, 제이콥 주마의 당선을 위해 경선에 나가지 않았으며 주마가 당의장에 당선되는데 많은 영향력을 끼쳤다.

특히 소웨토에서 태어난 줄루족 출신의 정치인들 중에 토쿄 섹스웰(Tokyo Sexwale)과 시릴 라마포사(Cyril Ramaphosa)가 이미 제이콥 주마보다 먼저 차기 대통령후보로 거론되자 음베키 진영으로부터 정치적인 압력을 받았었다. 2004년 음베키는 대통령에 재취임하면서 단행한 개각에서 13명의 장관직과 6명의 차관직을 코사족 출신의 정치인들로 임명하였다. 한편 2004년 선거 결과 크와줄루 나탈지역에서 IFP의 붕괴는 이 지역의 통제권을 ANC에게 넘겨주게 된 계기가 되었는데 이는 이 지역의 줄루 보수파들에게 있어서 줄루족의 이해를 수호할 수 있는 인물은 제이콥 주마라는 인식의 확산으로 반작용하게 되었다. 이러한 일련의 상황들은 주마의 지지자들에게 있어서 친 음베키 진영이 ANC 당내에서 줄루족 정치인의 세력을 사전에 차단하려는 음모론이 존재한다는 사실을 보여주었으며 이는 결국 ANC 당의 종족적 편파주의를 낳는 정치적 도전으로 현실화되었다.

3.4.3 ANC의 중앙집중화 심화

남아공의 대통령은 국회에서 선출되고 대통령이 내각을 임명한다. 헌법상 대통령과 함께 내각이 국정운영을 담당한다. 정부의 세 영역은 비교적 분명하게 그 역할이 규정되어 있다. 헌법은 모든 것에 최우선하는데, 타보 음베키 정부 하에서 정부체제는 입헌 정체(政體)와 대통령제 하에서의 중앙

집중화가 증대되는 현실 사이에서 긴장이 증폭되어왔다. 즉 권력은 사회에서 국가로, 지방에서 국가수준으로, 입법부에서 행정부로, 그리고 국가행정부 내에서는 내각에서 대통령에게로 점차 이양되어왔다.

내각 집단 지지체제와 정책조정유닛은 상호부서 간 분쟁의 궁극적 판결을 유니온 빌딩(대통령 궁)[48]으로 이관시켰다. 2004년 초 음베키 대통령은 거의 모든 부서의 차관들을 임명하였다. 한편 행정부 권력의 중심인 남아공 사무총장 포럼(Forum of South African Directors-General)의 운영위원회는 대통령의 직속 사무총장의 조정을 받는다. 국가 행정부 내 고위 공직자들은 내각 장관들의 부하직원으로서보다 대통령에 대한 직접적인 종속 및 계약관계에 있다. 강력한 대통령제는 업무 수행과 정책 조정상 신속하고 효율적인 국정운영의 과제에 대한 자연스러운 반응으로 풀이된다. 그러나 이는 역시 사유화된 통치 지배방식의 도구로 전락할 수 있고 책임을 물을 수 없는 권력 남용문제와 승계권 문제가 불거질 수 있다.

또한 ANC 내부에서 중앙집중화의 문제는 토론을 억제하고 선호 후보를 강요할 수 있으며 공직에 대한 선의의 경쟁을 통제하여 지부 활동가와 지방체제의 반발이 불가피하게 되는 경향이 있다. 특히 ANC의 중앙집권화는 후보자와 지도자 선택에서 지대한 영향을 끼쳤다. 어느 정당이나 가장 중요하고 극심한 논쟁의 대상이 되는 것은 후보자 선택에 대한 투쟁이다. ANC는 당론상 특정 종족 또는 자치단체를 대표하는 파벌이 조직화하는 것을 허용하지 않으며 이는 비인종주의의 원칙에 따라 운영된다. 사회계층에 의한 파벌주의는 삼자동맹체제에서 부분적으로 제도화되었으나 이는 선택과정에 있어서는 공식적인 역할을 하지 못하였다. ANC의 지방의원 체제가 후보자 선택에 있어서 중요한 역할을 하지만 ANC의 정당명부작업은 ANC 정부 즉 국가적 수준에서 강력하게 관리되며 규제된다.

더욱이 ANC의 정책문건들을 살펴보면 당의 리더십 스타일이 상당히 위계적이고 경직되어 있는 것을 확인할 수 있다. 1997년 ANC의 토론문서에 의하면 ANC의 '상의하달식(top-down)의 엘리트주의적' 성격을 드러냈으며 '자유롭고 개방된 비평적 토론환경'의 부족을 지적하였다. 이 문서는 성장·고용·재분배(GEAR) 정책의 입안이 합법적으로 통과되었는지에 대한 의문을 제기하며, 당내 지도자들의 지방업무에 대한 개입을 지적하면서 ANC가 언론의 자유와 사상의 자유로운 유포 원칙에 의거한 민주적 조직이어야

매튜스 포사(Mathews Phosa; 1952): 남아공의 변호사와, 정치인 그리고 반아파르트헤이트 운동가이었으며, 전 음푸말랑가(Mpumalanga) 지방 주지사이었다. 1999년에 전 ANC 국가집행위원회의 위원을 역임하였고 1999년 이후 기업 경영컨설턴트로 활약하였다. 현재 10여개 이상의 남아공 기업과 남아공대학교(University of South Africa)를 포함한 기관들의 회장, 부회장, 및 이사로 활동하고 있다.

함을 강조했다. 그러나 ANC 지도부는 2001년도에 내부적 민주주의에 대한 토론을 금지시켰다. 친 음베키 진영은 시릴 라마포사(Cyril Ramaphosa), 매튜스 포사(Mathews Phosa)와 토쿄 섹스웨일(Tokyo Sexwale)과 같은 잠재적 지도자들의 입지를 약화시키데 집중하였다.

4. 정치구조와 권력메커니즘의 향후 전망

상기에서 살펴본 ANC 당내 분열양상과 함께 아파르트헤이트 이후 시기의 남아공 최대 정당인 ANC 내·외적 위협요인들의 측면에서 남아공의 대통령 승계 과정은 남아공 정치체제 특히 정치권력의 메커니즘을 이해하는데 중요한 의미를 가지고 있다. 승계투쟁에서 드러난 당의 분열위기는 1994년 이후로 ANC가 거둔 성과와 한계점들을 모두 말해준다. 음베키 대통령 이후의 차기 대통령 후보로 거론되었던 제이콥 주마 부통령은 2005년에 부패 혐의로 기소되면서 해임된 이후, 2005년 말에는 강간 혐의까지 제기되면서 향후 지도자로서의 야망과 정치적 생명에 큰 타격을 받았다. 주마는 일단 2006년에 강간 혐의에서 풀려나 ANC의 부의장으로서의 ANC 내 지위가 복권되었다. 특히 2007년 12월 ANC 총재 경선에서 음베키를 상대로 승리를 거둔 직후 무기거래 관련 부패 혐의 재판에 회부되어 최대의 정치적 위기에 직면했으나 총선 직전 검찰의 기소철회를 이끌어내고 대권을 거머쥐게 되었다. 한편 친 음베키 진영의 국민회의(COPE)는 최근 2009년 선거에서 7.4%의 부진한 득표율을 기록하는데 그쳤다.

그러나 타보 음베키와 음베키 전 대통령 사임 이후 대통령직을 임시 수행했던 칼레마 모틀란테 대통령 시기와 마찬가지로 대통령으로 취임한 제이콥 주마 또한 2009년 이후 대통령으로서 효과적으로 직무를 수행하기에는 많은 어려움들이 존재한다.

한 가지 중요한 차원은 ANC가 향후 어떻게 동맹 체제를 형성해 나갈 것인가에 달려있다. 사실 삼자동맹은 통합과 분화가 동시에 존재하고 있다. 전 대통령이었던 음베키는 흑인중산층을 육성하는 정책에서는 어느 정도 성과를 보였으나, 노동계급과 빈민층에 대한 정책적 배려는 적었다는 것이 남아공 국민의 불만으로 표출되곤 하였다.

비록 주마 대통령이 후보시절 음베키 정부의 개방적 경제정책이 빈부격차, 지역 불균형 발전, 실업상승 등의 부작용을 낳았다고 비판해왔지만 이를 두고 외국자본에 대한 규제가 강화될 것이라는 우려가 제기되자 주마 대통령은 당선 직후 기존의 경제정책 기조를 그대로 유지할 것이라고 공식 발표함으로써 이러한 우려를 불식시켰다. 이는 무엇보다도 남아공 내 외국기업과 잠재적 외국인 투자자들을 의식한데 따른 것으로 판단된다. 이러한 정황을 고려해 볼 때 현재 주마는 COSATU와 SACP 등으로부터 지지를 받고 있지만 향후 노동계급과 빈민층에 대한 정책적 및 실질적 배려가 현실화되지 못할 경우 ANC 당내 동맹체제는 또 다시 위기에 직면할 가능성을 배제할 수 없을 것이다.

◈ 정부구조 개요

▶ 국가명

남아공(Republic of South Africa)
남아프리카(South Africa)
구 남아프리카연방(Union of South Africa)

▶ 정부형태

공화국

▶ 행정부

국가수반: 타보 음베키 대통령(1999년 6월 2일부터 재임)
내각: 대통령이 임명
선거: 국회에서 대통령 선출

가장 최근 선거결과: 2004년 4월에 ANC가 국회 총 400석 중 60.7%획득으로 승리, 국회 만장일치로 음베키 대통령 재선

▶ 입법부

상하양원제: 국회와 국가지방의회

국회: 5년 임기, 의석 400석, 비례대표제로 일반투표

최근 선거결과(2004년 4월 14일):

정당별 투표율

ANC 69.7%, DP 12.4%, IFP 7.9%, 잔여정당

정당별 의석점유

ANC 279, DP 50, IFP 28, 잔여정당

국가지방의회: 의석 90석, 9개 지방의회에서 10명씩 선출

▶ 사법부

헌법재판소, 최고항소법원, 고등법원, 치안법원

▶ 법률체계

로마-네덜란드법 및 영국의 관습법에 기반

▶ 헌법

1996년에 헌법재판소에서 신헌법 공인, 1996년 12월에 넬슨 만델라 대통령이 서명하여 1997년에 효력발생, 현재 단계적으로 시행되고 있음

▶ 행정부

9개 지방(이스턴 케이프, 프리스테이트, 하우텡, 크와줄루나탈, 음푸말랑가, 노스웨스트, 노던케이프, 노던프라빈스, 웨스턴케이프

▶ 주요 정당과 각 당 당수[49]

정당명	당수	비고
아프리카기독교민주당 (African Christian Democratic Party: ACDP)	Kenneth MESHOE	
아프리카민족회의 (African National Congress: ANC)	Thabo MBEKI	
민주동맹 (Democratic Alliance)	Helen ZILLE	민주당(Democratic Party 또는 DP)과 자유동맹(Freedom Alliance 또는 FA)과의 합병으로 탄생
인카타 자유당 (Inkatha Freedom Party: IFP)	Mangoshthu BUTHELEZI	
범아프리카회의 (Pan-African Congress: PAC)	Stanley MOGOBA	
신국민당 (New National Party: NNP)		
연합민주운동 (United Democratic Movement)	Bantu HOLOMISA	

주석

42 1991년의 아파르트헤이트 철폐 이후 흑백 간 정치적 협상이 시작되면서, 드 클레르크 대통령은 33개 흑인 인권운동조직의 합법화를 발표하고, 대표적인 흑인인권운동가인 만델라를 투옥된 지 27년 만에 석방하는 등 개혁조치를 감행하였다. 이에 뒤이어 남아공 집권 국민당과 아프리카 민족회의를 비롯한 26개 흑백 정당이 참여한 민주남아공회의(CODESA)가 창설되어 흑백 및 다민족 정치협상이 이루어지게 되었다. 민주남아공회의는 인종을 초월한 모든 국민에게 1인 1표를 부여하는 남아공 최초 자유선거를 1994년 4월에 실시하기로 최종합의 했으며, 과도정부 출범에 합의하여 이로서 341년에 걸친 백인통치가 종결되었다. 만델라와 드 클레르크는 이 과정을 성공적으로 수행한 공로를 인정받아 1993년에 노벨평화상을 수상했다.

43 아파르트헤이트 정권은 남아공 국민 다수의 정치적 존재성과 시민권을 거부하여 이들을 좌절감과 절망감에 빠지게 하였다. 많은 흑인들이 1970년대와 1980년대에 폭력저항운동을 지속적으로 벌였고, 한편 백인 경찰들의 이들에 대한 극악한 만행도 더욱 늘어났다. 아파르트헤이트 상황 하에 자행된 학대와 위협, 경찰구금으로 인한 실종 등은 아파르트헤이트의 종식에 따른 신헌법 공포만으로는 치유될 수 없는 분노, 슬픔, 좌절의 유산을 생성시켰다.
따라서 민주남아공회의(CODESA)의 대표단은 흑인대중의 집단적 고통의 유산을 청산하고 백인들의 흑인 보복에 대한 두려움을 제거하여 국민화합을 이끌 수 있는 과도적 정의 구축과정의 필요성을 절감하였다. 이에 따라 데스몬드 투투 주교를 위원장으로 한 진실화해위원회(Truth and Reconciliation Commission: TRC)를 1995년에 창설하였다. TRC는 2년 6개월 간의 노력 끝에 1998년 10월에 3,500쪽에 이르는 방대한 보고서를 발표하며, 반인권적 범죄를 처벌하지 않는 문화를 청산하고 법치주의 확립을 위해 일반사면은 거부해야 한다는 견해를 표명했다. 당시 만델라 대통령도 흑백 간 용서와 화합을 호소하면서 이와 같은 견해에 동의를 표명하였다. 정치적 압제에 저항한 정치범죄는 모두 TRC의 사면을 신청할 수 있었고, TRC가 그 문제의 진실이 규명되었다고 사료할 경우에 사면이 허가되었다. 이 과정에서의 핵심논리는 진실이 치유의 선행조건이었다는 점이다. 1995년에서 1998년까지 TRC는 15,000건에 달하는 희생자 진술서와 7,000건의 사면 신청을 받았다. 이중 10-15%의 희생자들이 위원회에서 공개 증언을 하였다. 1999년 말까지 538명이 사면되었으며 5,412건은 신청이 거부되었는데, 이는 주로 진상을 충분히 폭로하지 않았기 때문이다.
TRC가 그 소기의 목적을 달성했는가에 대해서는 논의가 계속되고 있다. 많은 백인 희생자들은 자신들보다 흑인 희생자들이 더 많은 주목을 받았다고 믿고 있으며, 위원회는 흑인 해방운동가들이 범한 폭력에 대해서는 미온적인 자세를 취했다는 평가를 받았다. 반면 많은 흑인 남아공인들은 TRC가 만행의 강도에 비해 백인들을 사면하는 데 지나치게 관대했다고 생각하는 한편, 진실과 정의는 상호 대체가능하지 않다고 여겼다. 이렇게 TRC에 대한 실망과 불만이 존재함에도 불구하고, 그 과업은 아파르트헤이트 이후의 남아공의 민주화 과정에 있어서 정치사회적 개혁의 과정으로서 큰 의의를 지니고 있다.

44 운영적 측면에서 정부는 연방제의 성격을 띠기보다는 중앙집권적이며 특히 국가재정은 고도로 중앙집권화되어 있다.

45 남아공은 다당제를 채택하고 있고 총 16개 정당 중 여당인 아프리카 민족회의(African National Congress: ANC)가 현재 가장 많은 의석을 차지하고 있다. 야당으로서 가장 많은 의석을 보유하고 있는 정당은 민주동맹(Democratic Alliance: DA)이다. 그 외 주요 정당으로는 인카타자유당(IFP), 신국민당, 독립민주주의당(ID), 아프리카 기독교민주당(ACDP), 통일 기독교 민주당(UCDP), 범아프리카의회(PAC), 아자니안 인민당조직(AZAPO)과 소수전선당(MF) 등이 있다.

46 헬렌 질리는 당수로 선출된 후 연설에서 크게 두 가지를 강조하였는데, 첫째는 현 정부의 범죄, 실업, 빈곤에 대한 경제정책의 비효율성을 지적하면서 “DA는 남아공이 필요로 하는 정치적·도덕적 리더십을 제공해야 한다.”로 말하였으며, 둘째는 “우리는 남아공 국민들에게 DA가 백인만을 위한 정당이 아니라 국민전체를 위한 정당이라는 점을 이해시켜야 한다.”고 주장하였다.

47 COSATU는 GEAR 정책에 대해 연쇄적 시위를 통해 반대 입장을 표명해 왔으며, 이는 지난 2002년도 말에 있었던 반 민영화 시위 때 정점을 이루었다. 역사적으로 흑인 노동자층이 정부 집권당과 아주 긴밀한 관계를 맺어왔다는 점은 집권당 ANC에 강점으로 작용하기도 하고 위협으로 작용하기도 해왔다. 사실 COSATU는 ANC가 사회주의로의 진입 또는 좌익적 경제레짐을 수용할 것이라고 오판하였고, ANC가 국유화를 통해 국가경제의 중요 부문의 국가 지분을 계속 유지하거나 더욱 확대할 것이라고 예측하였던 데서 동맹의 내재적인 갈등이 ANC의 위협으로 작용하고 있다. 지난해 2006년 5월 18일에 COSATU는 "고용과 빈곤 캠페인"의 일환으로 고용안정을 요구하는 총파업을 벌였는데, 이날 하루 총파업에는 광산노조, 금속노조 등이 참여했으며 케이프타운, 요하네스버그 등 주요 도시에서 격렬한 시위가 벌어졌다. 더욱이 ANC, COSATU와 함께 삼자동맹을 맺고 있는 SACP의 블레이드 은지만데 사무총장도 요하네스버그에서 열린 이날 집회에 참가해 "남아공 인민들이 빈곤과 실업, HIV와 에이즈에 맞서 싸우지 않는다면 우리의 혁명은 위기에 놓일 것"이라며 "자유를 위한 투쟁에서 중요한 역할을 했던 남아공 노동자들은 빈곤과 실업에 맞선 투쟁에서도 승리할 것"이라고 역설하였다.

48 1910년에 남아공의 현 행정수도인 프레토리아에 건축된 남아공 정부종합청사이며 현재는 대통령 집무실, 부통령실, 외무부 일부가 위치하고 있다.

49 ANC 청년연맹(Youth League)이 가장 강력하게 주마를 지지하고 있는 것과 함께 세대적 분열 역시 눈에 띈다. 또한 친 주마의 ANC 당원들은 주마의 주장에 깊은 헌신적 태도를 보이고 있다. 소수 흑인 엘리트와 중산층이 시장경제로 편승하면서 다수의 빈곤층들과 노조원들은 지난 10여 년간의 경제성장을 축하할 만한 이유를 가지고 있지 못하며 성장・고용・재분배(GEAR)정책 실행의 이유를 제대로 이해하지 못한 실정이다.

경제

서 상 현

남아공은 아프리카 국가들 중 우리 국민들에게 가장 잘 알려진 국가로 과거 백인의 유색인들에 대한 인종차별정책과 금, 다이아몬드 그리고 최근에는 아름다운 관광자원을 가진 국가 혹은 2010 월드컵 개최국가로 알려지고 있다. 그러나 아직도 남아공에 대해 제대로 알고 있는 국민들은 많지 않는 것으로 알려지고 있다.

남아공은 아프리카 남단에 위치한 국가로 인구 약 4천9백(2008년 기준)만 명, 국토면적은 한반도의 5.5배에 달하는 국가로 아프리카에서는 많지 않은, 정치, 경제적으로 안정되어 있는 국가이다. 또한 남아공은 아프리카대륙 전체 GDP의 27%, 수출입 22%, 제조업 생산의 40%, 광물생산의 45%, 전력생산의 50% 이상을 차지하는 아프리카의 정치, 경제 중심 국가이다.

이와 같은 정치, 경제 중심으로 인해 남아공은 우리나라뿐만 아니라 선진국들의 아프리카진출 교두보 역할을 하고 있으며 그 실례로 남아공에는 세계 유명 메이커의 자동차 회사들이 진출하여 자동차를 생산하고 있다. 특히 전 세계가 경제 블록화 되어가고 있는 현 상황에서 남아공은 남부아프리카 경제개발공동체(SADC)와 남부아프리카 관세동맹(SACU)의 주요 회원국으로서 그 역할의 중요성을 지니고 있는데 SADC 15개국 전체 GDP의 약

80%, 그리고 SACU 5개국 전체 GDP의 90% 이상을 점유할 정도로 그 영향력은 크다고 할 수 있다.

이에 따라 우리나라뿐만 아니라 미국도 남아공과의 자유무역협정(FTA) 체결을 원하고 있다. 남아공과의 FTA 체결은 남아공뿐만 아니라 인근 남부 아프리카 국가들과의 FTA효과를 볼 수 있다는 강점이 있기 때문이다.

우리나라와의 관계는 한국전 당시 유엔군의 일원으로 1개 비행중대를 파병하는 등 양국 간 우호관계가 유지 되었으나, 1978년 이후 남아공의 인종차별 정책에 대한 UN 제재에 우리나라가 동참함으로써 모든 공식관계가 단절되어 오다가 백인 정부의 인종차별정책 포기 발표를 계기로 1992년 외교관계가 복원되었다. 이후 1995년 남아공 최초 흑인 대통령이었던 넬슨 만델라(Mandela) 대통령이 방한하였고 이어 1998년에는 전 대통령인 타보 음베키(Mbeki) 당시 부통령이 방한하였으며 이어 2007년 5월 음람보-누카(Mlambo-Ngcuka) 부통령이 방한함으로써 한-남아공의 관계가 지속적인 발전 단계에 있음을 알 수 있다.

우리나라와 남아공과의 양국 간 교역량은 1992년 수교 이후 매년 큰 폭으로 증가하여 2008년도 교역규모는 31.8억 달러(수출: $18억 달러, 수입: $13.8억 달러)를 넘어섰다. 그러나 이후 남아공에 대한 교역량이 하락하여 2009년에는 수출이 10억 달러를 겨우 넘겼으며 수입도 2008년 21억 달러에서 2009년에는 11억 7천만 달러로 하락하였다. 우리나라는 주로 공산품(전자제품, 자동차, 폴리에스터 직물 등)을 수출하고 남아공으로 부터는 원자재(알루미늄, 합금철, 백금, 동스크랩, 철광석 등)를 수입하고 있어 양국 간 경제구조는 상호 보완성이 매우 크다. 따라서 우리기업의 투자 진출 및 향후 FTA체결은 양국 간에 상호 이익을 가져다 줄 것으로 보인다. 또한 남아공의 정상들이 잇달아 우리나라를 방문한 점을 고려한다면 우리나라도 대통령을 비롯한 보다 많은 고위급 인사들이 남아공을 방문하여 양국 간의 관계를 보다 돈독히 할 필요가 있다. 이미 미국을 비롯한 선진국 정상들과 중국 정상들은 최근 남아공을 방문하는 등 남아공의 중요성을 잘 인식하고 있어 우리의 남아공에 대한 관계도 현재보다 중시되어야 할 것이다.

1. 남아공의 최근 경제현황

2008년까지의 경제수행은 점진적으로 안정화되면서 성장의 기회를 잡기 시작했다. 남아공은 2005년부터 2008년까지 실질경제성장이 4.6%에 달했다. 인플레이션은 5%대로 하락하였으며 고용사정도 점차 안정화 되었다. 2008년까지의 성장은 강력한 국내수요 증가로 인한 것이며 이는 민간소비와 투자가 견고하게 유지되고 있기 때문이다. 일반가정 소비 또한 가처분소득의 증가, 고용증가 그리고 2007년 말까지 자산가치의 상승에 의한 부의 효과로 경기를 부양시켰다.

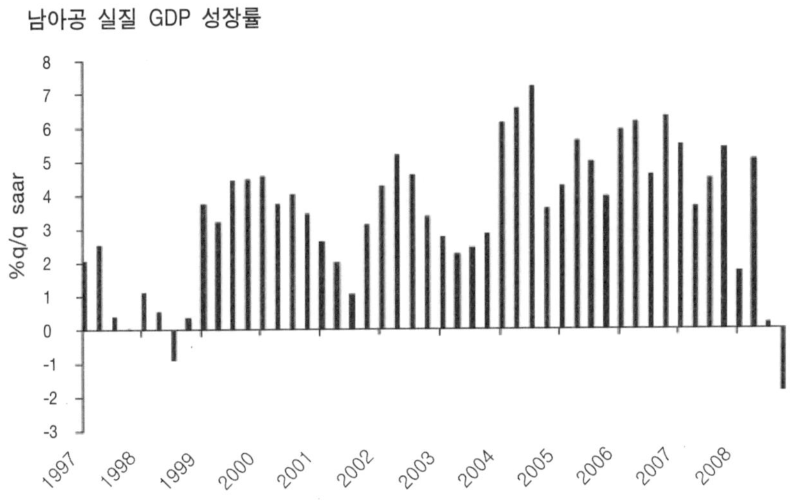

출처 : 남아공 중앙은행(South Africa Reserve Bank)

그러나 2008년 하반기부터 남아공 경제는 전력부족의 누적된 충격과 글로벌 경제의 침체 그리고 긴축 금융정책이 반영되어 하락하기 시작하였다. 이러한 결과는 2008년 실질 성장이 3.1%로 하락하는 것으로 나타났고 남아공의 경기침체가 본격화되기 시작되었다. 성장 속도의 감속은 남아공 중앙은행이 통화 공급의 조치에서도 분명히 보이는데 2007년 4분기 이후 통화량이 서서히 감소하다가 2009년 초에는 급격하게 하락하는 것을 볼 수 있다. 2008년 12월 14.8%에서 2009년 3월에는 10.6%로 더 나아가 4월에는 8.5%로 하락하였다.

2009년 상반기의 경제는 1분기의 마이너스 6.4%, 2분기 마이너스 3%로 약간 회복되기는 했지만 17년 만에 3분기 연속(2008년 4분기 포함) 마이너스 성장을 기록할 정도로 현재의 경제상황은 좋지 않았다. 그러나 남아공 경제는 2009년 3분기 이후 완만한 회복세를 보였고, 결국 2009년은 마이너스 1.8% 성장하였다. 사실 변덕스런 농업과 전력부족 사태로 인한 광업 분야를 제외한다면 남아공 경제는 실질적으로 2009년 1분기 마이너스 6.2%에서 마이너스 2.4%로 4% 가까이 개선된다.

건설, 정부와 개인서비스(보건과 같은) 부문은 큰 변동이 없었으며 수출지향적인 광업과 제조업은 전분기보다 개선되었다. 그러나 소매와 도매무역 부문은 기대했던 것보다 더욱 악화되었는데 2009년 1분기 2.5% 하락에서 2분기에는 4.5%로 하락하는 등 실망적인 성과를 거두었다.

제조업 부문도 2009년 2분기에 좋지 않은 지표를 보였는데 그래도 1분기의 22%하락에 비해 2분기에는 10.9% 하락하는 등 약간의 개선이 있었다. 금융부문 역시 약 3.5% 하락에 그쳤다.

광업 분야는 상품가격 개선에 힘입어 2009년 1분기 32% 폭락에서 벗어나 2분기에는 5.5% 성장하였다.

1.1 실업문제

남아공의 실업률은 2009년 1분기 23.5%에서 2분기에는 23.6%로 아주 소폭이지만 증가하였는데 이는 2분기에 26만7천 명이 일자리를 잃었음에도 불구하고 실업률 상승이 소폭인 것은 놀랄만한 일이다. 이것은 일자리를 구하려다 단념한 숫자가 20만2천 명에 달했기 때문으로 설명된다. 만약 그 숫자가 전체 실업률에 더해진다면 실업률은 더욱 올라가 약 29.7%에 달할 것으로 보인다(1분기에도 이와 같은 상황을 대비한다면 실업률은 28.4%에 달한다).

가장 중요한 것은 최근의 수치에서 비자발적 실업자를 포함한 전체 실업자 수가 2008년 2분기에 1백10만 명에서 2009년 2분기에는 1백50만 명으로 증가하는 것을 볼 수 있다. 그 결과 경제활동인구에서 경제 활동을 하지 않는 전체 인구는 2008년 2분기 1천2백86만 명에서 2009년 2분기에는 1천3백58만 명으로 크게 증가하였다. 이를 종합해 보면 전체 경제활동인구에서

비자발적 실업률은 11.2%에 달하는 것으로 조사되는데 이를 포함하여 경제적으로 활동하지 않는 인구는 현재 거의 고용된 인력의 1.5배에 달하는 것으로 보인다.

총 고용인구(천명, 2009년 3월말 현재)

2001	2002	2003	2004	2005	2006	2007	2008	2009
12 494	11 995	11 666	11 823	12 503	13 237	13 326	13 623	13 636

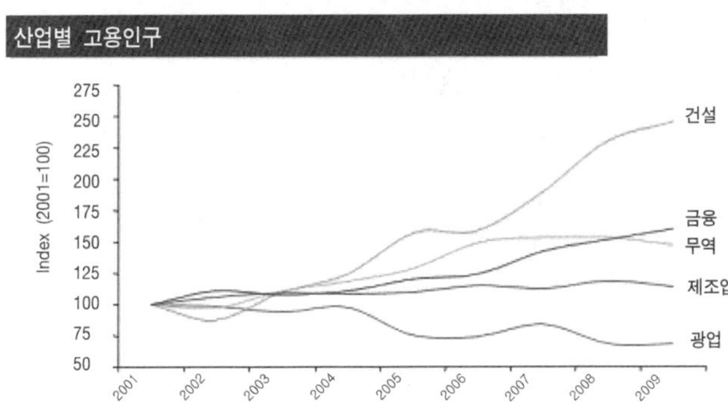

1.2 소매판매 여전히 하락

2009년 6월 가격기준 소매판매는 6.7% 하락하였는데 이는 5월의 4.4%보다 더 하락한 수치이다. 6월까지 3개월 간 소매 판매는 2009년 초 1분기에 비교하여 6% 가까이 위축되었다. 일자리 확보에 대한 우려와 높은 가계부채, 여전히 높은 인플레이션 그리고 상대적으로 여전히 낮은 소비자 신용지수 등이 소매판매에 있어 마이너스 성장을 가져오는 요인으로 보이며 이러한 현상은 2009년 말까지 이어졌다. 궁극적으로 금리인하, 보다 낮은 인플레이션 그리고 가계 재정의 개선 등이 이루어지는 2010년 초부터 소매판매가 회복되었다.

가처분소득에 있어 가계부채 비율은 2009년 1분기에 지속적으로 상승하였는데 2008년 4분기 76.3%에서 2009년 1분기에는 76.7%로 여전히 한계수익점에 머무르고 있는데 가계의 금융경색에 여전히 중요한 요인으로 남아있다.

1.3 제조업의 고전

최근의 제조업 생산 결과가 예상했던 것보다 크게 나쁘지는 않지만 제조업 생산은 여전히 하락하여 2009년 6월에는 연간 17.1%가 하락하였는데 2009년 5월의 연간 17.2% 하락에 비해 크게 개선되지 않고 있다. 남아공의 산업은 여전히 재고품이 싸이고 있는 상황이다. 철강 산업은 가동률이 24.3%, 자동차부문은 32.8%, 그리고 석유화학은 14.7% 하락하였다. 생산은 2009년 5월과 6월 사이 단지 0.1%의 증가에 지나지 않았다.

고무적인 것은 종종 경제활동의 지표로 유용한 전력소비가 1분기와 2분기에 2.9% 증가하는 등 점차 경기하강의 종지부를 찍을 것이라는 예상을 하게 하였다. 그러나 아직은 섣불리 예상을 하지 못하고 있는데 이는 제조업 구매 관리자 지수(PMI)가 아직은 좋지 않아 2009년 6월의 37.9에서 7월에는 37.3으로 오히려 하락하였기 때문이다. PMI는 기업체의 구매담당 전문가가 느끼는 경기를 지수화해 현장·전문성을 갖췄다는 것이 강점으로 PMI가 50% 초과이면 제조업 경기가 확장 국면, 50% 미만이면 수축 국면에 있다는 것을 뜻하는데 남아공은 여전히 제조업 경기가 좋지 못함을 보여주고 있다.

사실 남아공의 PMI가 위축된 것은 남아공의 주요 수출 파트너 국가들인 미국, 독일, 일본 그리고 영국 등의 PMI가 위축되었기 때문이다.

1.4 인플레이션 역시 여전한 문제점

2008년 연말까지 남아공 중앙은행에 의한 인플레이션 대상 척도는 대도시의 모기지 이자 비용과 다른 도시지역에서의 모기지 이자 비용을 제외한 소비자물가지수(CPIX)였다. 이와 같은 척도 하에 연간 인플레이션은 2008년 8월에 소비자물가지수는 절정에 달한 13.6%에 달했고 이후 하락하여 12월에는 10.3%였다. 중앙은행에 따르면 2008년 4분기 동안 식품가격과 연료와 전력가격 그리고 운송비(기름 값 상승) 상승 등이 인플레이션 상승을 이끈 것으로 조사되었다. 2008년 평균 소비자물가지수는 11.3%에 달했다.

2009년 1월 소비자물가지수는 연간 8.1%를 나타냈는데 전년도 말과 비교하여 향상된 수치였다. 이후 2월에는 다시 8.6%로 상승하였고 다시 3월에는 8.5%로 약간 하락하였다. 2009년 1분기 소비자물가지수는 식품가격,

술, 가계비용 그리고 수선, 전기 그리고 금융서비스 분야의 상승에 의해 주도되었다.

이후 물가상승률은 하락하기 시작하여 2009년 5월에 8.0%에서 6월에는 6.9%로 크게 하락하며 안정을 보였다. 그러나 여전한 문제는 공공부문의 물가가 멈추지 않고 있다는 점인데 전기료가 28.6% 상승하는 등 기름 값을 제외하고도 2009년 6월에 공공부문의 가격은 9.1%나 인상되었다.

반면 생산자 물가는 기름 값의 하락과 경기침체의 영향으로 지난 6월까지 연간 4.1% 하락하였는데 이는 5월의 3.0% 하락에 비해서도 큰 수치이다. 광물과 화학제품의 가격이 하락을 주도하였다.

〈표 2〉 남아공 주요 거시경제지표

주요지표	2006	2007	2008	2009	2010	2011
실질 GDP 성장 (%)	5.0	4.8	3.1	-1.8	4.7	4.8
소비자물가지수 (av; %)	4.6	4.8	4.7	4.2	4.0	3.0
예산 밸런스 (% of GDP)	0.6	0.5	-0.2	-0.3	-0.5	-0.6
경상수지밸런스 (% of GDP)	-6.2	-6.0	-5.7	-5.4	-4.6	-3.7
이자율 (av; %)	11.2	11.0	11.0	6.5	7.0	12.0
환율 R:US$ (av)	6.76	7.40	7.85	8.20	8.60	9.00

자료 : EIU

2. 통상정책

2.1 통상정책

남아공은 1994년 신정부 출범 이후 국제경제무대에 새로이 등장함으로써 국제사회의 일원으로 WTO 체제에 적응키 위한 관세 및 비관세 장벽 축소에 주력하고 있다.

특히 자동차, 섬유류 등 주요 품목의 수입관세를 2002년까지 연차적으로 인하하였고 또한 WTO 체제에 순응한다는 계획을 발표한 1996년 10월 이후 신규 제조업 투자(300만 란드 이상)시 법인세 면제를 발표하였고, 1996년 7월 이후 취득 자본재에 대한 감가상각률 확대 및 신설 중소제조업체(자

산총액 60만 달러 이하)에 대한 보조금 지원 등 제조업 육성을 통한 수출품 다변화를 도모하였다.

한편으로는 자국 산업보호 및 국제경쟁력 강화를 위한 기업체질 개선 및 국제화에 통상정책의 역량을 집중하고 있다. 수출 인센티브 제도를 강화, 수출금융은 물론 수출기업에 대한 우대금리 제공 등 금리차등화 정책도 추진하고 있다. 또한 40-50%(추정치)에 달하는 고실업율 개선을 위해 해외자본 적극 유치 및 대량고용 창출정책을 중점 추진하고 있다. 따라서 남아공은 외국인 직접투자를 적극적으로 유치하여 일자리 창출과 수출을 적극 장려하려는 각종 정책을 펼치고 있는 것이다.

이에 반해 남아공 상무부는 국내 자동차 산업보호 육성을 목적으로 시행하고 있는 자동차산업발전프로그램(MIDP ; The Motor Industry Development Program)을 2012년까지 연장 시행키로 했다. 남아공 정부가 이같이 자동차 산업 보호 정책을 연장한 것은 자국 내 자동차 산업의 지속적인 성장을 촉진하고 자동차 산업에 대한 투자 확대를 유도하기 위한 것이다.

당초 MIDP의 종료기간은 2007년까지 시행될 계획이었으나 2012년까지 연장됨으로써 남아공 자동차 업계는 5년간 외국 자동차 수출업체와의 경쟁에서 상당한 경쟁력을 유지할 것으로 예상되고 있는 반면에 남아공으로의 자동차 수출은 점점 까다로워질 것으로 예상된다.

MIDP 주요 내용은 다음과 같다.

남아공 정부는 자동차 수출 촉진을 위해 자동차 제조업체에서 수동차를 수입할 경우 국내 생산부분의 자동차 및 부품 수출액 상당의 수입액에 대해 수입관세를 면제하고 있다. 이 면제 금액은 현재 100%에서 2007년까지 연차적으로 70%로 낮출 계획이었으나 기간을 2012년까지 연장함으로써 실질적으로 자국 내 자동차 제조, 수출업계에 경쟁력을 유지시키는 효과를 주게 되었다. 2012년부터는 계속 70% 리베이트 혜택을 보게 된다.

이 계획 시행으로 남아공 자동차 업계는 7억 달러 상당의 자동차 산업 투자를 기대하고 있다. 이를 통해 국내 부품조달 비율을 높이고 주요 수출 산업으로 적극 육성할 계획이다. 남아공의 자동차 산업은 금액 기준으로 광업, 금융업에 이어 세 번째 산업으로 성장했다. 자동차 산업 육성을 통해 정부의 시급한 과제인 고용 창출에도 크게 기여할 것으로 예상된다. 남아공의 실업률은 40% 이상에 달하고 있는데 이와 같은 높은 실업률로 인해 각

종 범죄가 많이 발생하여 외국인 직접투자의 최대 장애요인이 되고 있다.

2.2 수출지원제도

남아공의 무역정책은 다양한 수출산업인센티브를 제공하는 수출 진흥 중심이다. 관세보호에 관한 규정은 국내업자에게만 제한적으로 해당되며 농산물과 광물, 공업용품에 대하여 수출을 제한하고 있다.

해외시장조사와 신규 수출선 확보비용을 부분적으로 보상하는 수출 마케팅 지원제도(The Primary Export Market Research Scheme)를 운용하고 있다. 보상 내역은 최고 2-10인까지 일당 R400으로 15일 한도 내의 비용과 비즈니스 클래스 왕복항공권비용의 50%를 포함하며 신청자는 통상산업부에 등록이 되어 있어야 한다.

공인된 무역협회나 통상산업부를 통하여 해외바이어가 남아공수출업자들과 거래할 수 있도록 무역사절단 조직에 원조를 제공하고 있다(The Inward Buying Trade Mission Scheme).

또한 남아공 수출업자들에게 해외진출을 위한 각종전시회와 박람회에 참가비용을 지원하며 지원액은 참가비용의 80%까지 최고 40,000란드가 가능하다. 그러나 지원 내역에서 항공료, 숙박, 보험, 운반비 등은 제외된다(The Exhibition Assistance Scheme).

주 정부 소유의 산업개발공사 (Industrial Development Corp, IDC)는 자본재의 수출 진흥을 위해 은행과 협력하여 저금리 10년 만기대출서비스를 제공하고 있다. 상품생산의 현지조달비율은 70%이며 지원 자격이 있는 기업은 자산규모가 백만 란드 이상이고 생산의 60%이상을 수출하는 기업이어야 한다.

1996년 10월부터 중소기업을 위한 수출지원보장제도가 신용보증보험기관(CGIC, Credit Guarantee Insurance Corp)의 협력으로 운용하고 있다. 통상산업부와 금융기관들은 독립소유의 자산 5백만 란드 이하, 직원 수 200인 이하의 기업에 한해 5만~1백만 란드의 대출서비스를 제공한다. 또한 중소기업은 선적을 전후하여 CGIC의 보험혜택을 받을 수 있으며 이후 통상산업부에 재보험이 가입된다.

2.3 수입관리제도

1992년 이래 남아공에서는 수입제한제도의 폐지가 계속되고 있다. 현행 남아 있는 수입허가제는 제한의 목적이 아니라 통계를 위한 정보수집의 목적이다. 수입허가와 환전에 대한 절차는 간단하여, 상공부의 허가를 획득한 후 승인도장이 찍힌 송장(Invoice)을 은행에 제출하면 바로 환전할 수 있다. 단, 수입 또는 선적이 지급전에 확인되어야 한다.

안전과 보건위생검역을 받아야 하는 품목으로는 농산품, 의료, 의약품이며 국제기준을 따르고 있다. 그러나 남아프리카 관세동맹(SACU) 내 국가에서 생산된 제조품의 경우 수입통제를 받지 않고 있다.

2.3.1 수입관리

과거 남아공 백인 정권에 의한 인종차별정책 아파르트헤이트로 인해 세계 각국의 경제제재를 받았으며 이로 인해 매우 높은 관세장벽으로 직물, 의류, 자동차 등 주요 산업을 보호하여 왔다. 그러나 1994년 5월 최초의 다인종 민주선거에 의한 신정부 수립에 따른 국제사회 복귀 및 WTO 출범과 함께 관세 인하계획을 계속 추진하고 있다.

섬유부문에서 이미 2002년까지 의류는 과거 90%에서 40%로, 가정용 직물은 55%에서 30%로, 산업용 직물은 45%에서 22%로, 각종 섬유사는 32%에서 15%로, 폴리에스터 파이버는 25%에서 7.5%로 인하되는 등 상당 품목에서 관세가 인하되었다.

자동차 및 부품의 경우에도 2002년까지 연차적으로 관세를 인하하여 완제품 승용차의 경우 54%에서 40%로, 각종 부품은 49%에서 30%로 인하되었다.

남아공의 수입규제 제도는 자국산 경쟁력이 약한 품목에 대한 수입품의 고관세 부과 및 비관세 장벽으로 반덤핑관세에 의존하는 특징을 가지고 있다. 따라서 선진국을 중심으로 시행되고 있는 환경관련 규제, 제조물 책임, 식품안전 등 보건 및 안전관련 규정은 미비한 상태로 일부 전기전자제품에 대해서는 남아공 규격청(SABS)의 규격 인증이나 이와 유사한 기관으로부터의 인증을 요구하는 선에서 그치고 있다.

이러한 남아공 수입규제 속에서 중국, 인도, 동남아의 저가격 제품의 남아공 시장 점유율이 계속 높아지고 있어 주로 반덤핑 관세 부과 대상으로 중

국과 인도에 초점이 맞추어져 있는 상태이고 남아공의 무역협정 전략이 점차 인근 아프리카 국가의 블록화 및 주요 무역대상국가의 자유무역협정으로 가닥을 잡아가는 분위기로 한국산 제품에 대한 반덤핑 관세 등 수입규제 조치 가능성은 희박할 것으로 전망된다.

특히, 한국의 대남아공 주력 수출 품목은 휴대폰을 비롯해 계속 수출 상승곡선을 그리고 있는 전자제품과 하향곡선을 그리고 있지만 여전히 남아공 수출 비중이 높은 폴리에스테르 직물, 자동차 및 화물차로 구성되어 있다는 점도 수입규제 가능성을 희박하게 만드는 요인으로 작용하고 있다.

휴대폰, 냉장고, 세탁기 등 전자제품의 경우 남아공 내 제조업체가 없고 조립업체만 존재하고 있어 대형 독점기업으로부터 반덤핑 제소를 받을 근거가 없으며 직물류의 경우 중국산, 인도산의 저가격 남아공 시장진출로 한국 상품이 오히려 피해의 대상으로 지목되고 있어 이 또한 반덤핑 부과 관세 가능성은 낮은 것으로 파악되고 있다.

자동차의 경우도 남아공 내에 이미 세계 유수 브랜드 조립라인이 진출해 있고 남아공 정부로 부터 수출부분에 대한 관세 감면 혜택을 받고 있고 수입완성차의 경우 2002년부터 38%로 관세율이 낮아졌다고 하더라도 여전히 고관세인 관계로 한국의 대남아공 시장 주력상품의 반덤핑 관세 부과 가능성은 희박한 편이다.

남아공은 남부아프리카 관세동맹의 일원으로 남아공에서 반덤핑 판정을 받은 경우 같은 회원인 보츠와나, 나미비아, 스와질랜드, 레소토에서 동일 관세를 부과하여야 한다.

남아공은 수입규제를 통한 국내시장 보호 및 시장점유율 유지를 위해서 반덤핑제소에 의존하고 있는데 대부분 독과점 지위에 있는 국내 제조업체에 의한 반덤핑제소로 이어지고 있는 상황이다. 특히 국내산업 보호 및 고용안정을 도모하는 정부의 입장과 취약한 경쟁력을 극복할 수 있는 대체수단으로 대기업들이 주로 반덤핑 제소에 의해 문제를 해결하고 있는 관행에 주목해야 한다.

따라서 남아공 내 소수독과점의 제조업체가 있는 품목일 경우 급격한 수출증대를 지양할 필요가 있다. 이는 시장이 협소하기 때문에 한국기업들의 급격한 수출물량 증대는 남아공 기업의 시장점유율 감소로 연계되기 때문이다. 만일 반덤핑 조사 개시의 경우 성실한 답변과 수입상과의 공조체제를

구축하면 덤핑판정을 피할 수는 없더라도 덤핑관세율을 최소화 할 수 있는 방안임을 명심해야 한다. 수입상의 높은 관세부담 경감을 위한 언더 밸류(Under-value: 고율의 수입 관세를 회피하는 방법으로 원래의 정상가격보다 낮은 가격으로 송장(Invoice)을 작성하는 것) 요구를 거절해야 사전 덤핑판정 위험으로 부터 벗어날 수 있다.

2.3.2 수출관리

수출업자 선지급 요구시 수입 사실증명을 제출하면 출고 가격의 33% 범위 내에서 선지급을 받을 수 있다. 수출대금은 수출일로 6개월 이내에 지불하여야 하나 시장 여건에 따라 1년까지 신용 공여가 인정되며, 자본재는 외환관리국에 신청하여 1년 이상 기간 연장 가능하다.

식품류, 사료, 비료, 일부 일차산품의 국내 공급 부족시는 수출허가가 필요하며 무기, 일부 전략광물 등 전략상품 수출은 국제관행을 준수 일부 상품에 대해서는 정부가 독점 수출을 한다.

◈ 일반수출 우대제도

남아공 상공부에 등록된 수출업자가 수출할 경우 일반수출 우대제도(GEIS: GENERAL EXPORT INCENTIVE SCHEME)에 의거 수출보조금을 지급하며, 중소 중견기업의 수출 마케팅 비용에 대해서도 보조금을 지급해온 바 있으나, 일반수출 우대제도는 수출상품 카테고리별로 지급률을 점진적으로 낮추어 1998년에는 완전 철폐하였다.

3. 상관습

남아공은 다른 대부분의 아프리카 국가들과 마찬가지로 수십 개의 언어와 인종들 그리고 종교, 문화적으로 다양성을 띠고 있다. 언어상으로는 영어 · 아프리칸스어 등 유럽 언어와 줄루 · 코사 · 스와지 · 은데벨레 · 소토 · 페디 · 츠와나 · 송가 · 벤다어 등 아프리카 언어군 9개를 합쳐 11개 언어를 공식어로 지정하고 있다. 또한 인종상으로는 크게 흑인, 백인, 혼혈인종인 칼라

드 그리고 인도인들이 대다수를 이루고 있는 아시아 인종 등 네 개 그룹으로 나누고 있다.

1994년 이전까지는 주요 수입품 구매고객들은 대부분의 경제를 독식하고 있던 백인들이 차지하였다. 그러나 최근 일부 사업에 성공한 흑인들도 구매력이 증가하여 주요 비즈니스 타깃이 되고 있다. 그러나 아직도 흑·백 간의 경제력 차이에서 오는 상대적인 박탈감으로 인해 범죄가 성행하는 등 사회적 불안요소들이 잠재되어 있고 남아공에서의 비즈니스 수행에 가장 큰 걸림돌로 작용하고 있다.

남아공의 경제력은 아프리카 대륙 내에서 막강한 영향력을 가지고 있다. 이와 같은 경제력으로 인해 아프리카에 진출하려는 유렵국가들과 미국 그리고 일본, 중국 등의 국가들은 남아공을 아프리카 진출 전진기지로 삼고 있다.

남아공 시장은 크게 3대 권역으로 구분할 수 있으며 그 첫째는 경제중심지인 요하네스버그와 행정수도인 프리토리아를 중심으로 한 하우텡 주(州) 내륙지역이며, 두 번째는 남아공 최대항구인 더반항구를 중심으로 한 동해안지역, 세 번째는 케이프타운을 중심으로 한 남서해안 상권이다. 하우텡 주는 남아공에서 인구와 경제력 등에서 가장 큰 소비시장지역이며 더반항구는 물류 중심지역이다. 이에 반해 케이프타운 지역은 관광산업과 포도주와 농업이 발달한 지역이다. 따라서 남아공 진출시 품목에 따라 마케팅 대상지역을 달리하는 것이 우선되어야 한다.

남아공 바이어들은 유럽식 비즈니스 사고로 인해 첫 상담에서 거래가 원만하게 이루어지는 경우는 드물다. 여러 공급업체들의 가격과 품질을 비교해 보고 거래를 결정하고 있기 때문이다. 또한 이들 바이어들에게 한번 물건을 팔고 만다는 생각으로 접근하면 실패할 요인이 된다. 따라서 남아공 바이어와의 원만한 거래관계를 위해서는 지속적인 연락을 통해 바이어에 대한 관심 및 지원을 해야만 본격적인 시장진출이 가능하다.

위에서 언급했듯이 남아공에는 다양한 인종들이 살아가고 있기 때문에 이들 인종들에 따라서 비즈니스 행태도 달리해야 한다.

첫째, 남아공은 흑백 간의 인종차별법인 아파르트헤이트법이 1991년 이후 공식적으로 철폐되어 정치적으로는 민주화가 이루어졌지만 경제, 사회 문화적으로는 아직도 엄연한 차별정책이 존재하고 있다. 특히 경제적으로는

남아공 경제수도 요하네스버그 전경

아직까지 백인들이 상권의 대부분을 장악하고 있으며 이들 백인들은 아주 보수적이고 배타적이어서 기존 시장에 진출하는데 많은 애로점들이 있다.

남아공은 과거 유엔 경제제재조치 기간 중 익숙해진 폐쇄적인 비즈니스 행태가 백인들 사이에 아직도 남아 있다. 처음 백인들과 거래를 성사시키는 데는 많은 노력이 필요하지만 한번 정해진 기존 거래선과는 특별한 사유가 없는 한 거래선을 변경하지 않으며 모든 분야에서 독점 에이전트 제도가 발달하여 있다. 따라서 백인들을 대상으로 한 마케팅을 위해서는 백인 에이전트들과 관계설정에 주의해야 한다.

둘째, 남아공 비즈니스의 많은 부분은 백인들에 의해 이루어지고 있지만 최근 흑인정부 집권 이후 흑인 비즈니스맨들이 많이 탄생하고 있다. 현재 남아공은 새로운 회사를 설립하기 위한 조건 중의 하나가 흑인을 일정비율 고용하거나 혹은 흑인을 회사대표로 내세워야 하는 조건들이 있다. 이는 '흑인 경쟁력 강화'라는 제도로 흑인이 경영하는 회사에 특별 우대를 해주고 흑인들의 일자리 창출을 위한 것이다. 따라서 남아공에 직접투자를 통한 회사설립이나 사업 파트너를 구한다면 흑인 비즈니스맨들과 우호적인 관계를 맺는 것 또한 중요하다.

셋째, 남아공에서 비즈니스의 한 축을 차지하고 있는 민족이 인도계 후손으로서 이들의 비즈니스 행태는 백인들과 다른 양상을 보이고 있다. 백인 바이어가 초기 냉정성과 업무 진행 흐름에 따른 신뢰관계라는 양면성을 가진 반면에 인도계 바이어는 이들보다 꼼꼼하지 않으면서 말로서 다소 과장된 면을 보이고 있으며 자신이 하는 말에 대해서 책임을 지지 못하는 경우가 있으므로 주의가 요망된다.

인도인을 포함한 아시아인들은 백인과 흑인들의 산업에서 중간자적인 역할을 하고 있다. 이들은 주로 중간 도매 상업에 종사하고 있는데 특히 섬유산업은 인도계 상인들이 더반지역을 중심으로 많은 상권을 잡고 있으며 최근에는 컴퓨터 등 전자제품에 대한 상권도 인도인들이 잡고 있다. 특히 인도인들은 품질보다는 가격 면을 우선시하기 때문에 인근 두바이 시장이나 대만 제품들과의 가격, 품질 등을 비교해야 한다. 이처럼 남아공에서 비즈니스를 수행하기 위해서는 인종별로 접근하는 것이 중요하다.

남아공의 인구는 4천9백만 명에 육박하고 있으나 총인구의 약 79%를 차지하고 있는 흑인계층은 아직까지 수입상품 주 수요계층으로 볼 수 없으며 대부분의 수입상품 수요계층은 총인구의 약 10%를 차지하고 있는 백인계층과 2.6%를 차지하고 있는 아시아인 계층이다. 그러나 1994년 흑인정부 탄생 이후 흑인 신부유층이 늘어나고 있어 이들을 수요 계층으로 한 새로운 시장진출 전략이 필요하다.

남아공에서 비즈니스를 위해 주의해야 할 관행들이 있다.

대부분의 다른 아프리카 국가들과는 다르게 남아공에서는 여성들의 정치, 경제에 대한 참여가 높은 편이다. 따라서 남녀 간의 차별이 없어 여성들도 폭 넓은 사회활동을 하고 있으며 국제 비즈니스를 담당하는 여성들도 많기 때문에 차별적인 시각을 가져서는 좋지 않다.

또한 남아공에는 세계 각국에서 몰려든 다양한 인종들이 살고 있기 때문에 특정 인종이나 특정 종교를 비판하는 것은 바람직하지 않다. 특히 남아공에는 인도인, 유대인들이 많이 살고 있으며 인도인들은 이슬람교를 많이 믿고 있어 종교적인 언급도 자제하여야 한다. 이 밖에 오랜 기간 동안의 흑백차별을 극복하고 인종 평등 시대를 연 남아공은 인종차별에 관한 언급은 절대 금기시하고 있다.

과거 집권층이었으며 영화를 누렸던 백인계층은 인종차별이 무너진 이후

상대적인 박탈감 및 역차별을 느끼고 있으며, 흑인계층은 흑백차별이 없어진 이후에도 경제적 차별은 여전하여 불만감이 내재되어 있다. 따라서 어떠한 경우에도 과거 백인 집권 시기를 찬양하거나 현 흑인정부의 문제점을 과거 백인 정부와 비교하여 비판하는 것은 바람직하지 않다.

또한 흑인들의 정서는 우리나라 사람들의 정서와 비슷하다. 흑인들에게 인간적으로 따뜻하게 대하면 그들과 쉽게 친밀감을 형성할 수 있을 것이다.

3.1 비즈니스 협상 전 알아야 할 것

일반적으로 영어사용권의 남아공 백인사업가들은 비슷한 배경을 갖고 있는데, 사립학교와 그들에게 잘 알려진 우수한 세 개 대학 중에 하나를 나왔고 해외경험과 병역(더 이상은 의무가 아님)을 마쳤다는 것이다. 아프리칸스 사업가들은 비슷한 과정을 갖고 있지만 아프리카너들의 학교들을 다녔다는 점에 차이가 있다.

현재 활동하는 흑인사업가들은 '인생 경험을 통해서 배우는 학교'로 묘사되는 과정을 경험했다. 많은 이들이 흑인 민주화 운동에 관여했거나 백인정권의 탄압으로 인해 외국망명을 통해 공부한 경우가 많다. 따라서 흑인 사업가들의 경우 백인 사업가들보다 해외거주경험이 더 많은 것을 볼 수도 있다.

흑인사회에서 사업을 할 때는 정부로부터 소외된 다수 인종의 관점을 이해하려고 노력해야 한다. 이 문제에 대해 이해하고 조심스럽게 대처하는 것은 큰 도움이 될 수 있고, 협상자의 진실한 태도는 상대 흑인 사업가들과 우호적인 분위기를 만드는데 도움이 될 수도 있다.

특히 남아공 백인들은 흑인들을 마치 도움이 필요한 어린아이들처럼 바라보며 아버지처럼 행동하는 태도를 갖고 있다. 그럼에도 불구하고, 다른 곳에서는 들을 수도 있는 분명한 인종차별적인 발언이 의외로 나타나지 않는다.

남아공 백인들은 사업가다운 성격으로 확실하게 행동하는 사업가인 경향이 있다. 회의를 할 때 확실한 전략을 갖고 철저하게 준비한다.

남아공인들은 수단방법을 가리지 않으며 원칙을 지키지 않는 협상가들은 아니다. 그들은 서로 의견이 일치되도록 노력하고 상호 이익이 되는 면으로

협상이 성취되는 것을 선호한다. 대부분 정당한 방법에 의해 일이 성사되고 가격에 대한 흥정이나 세부적인 것에 집착하는 일은 드물다.

협상 중에도 백인들은 느긋하고 여유 있게 앉아 있으면서 모든 상황을 이해하고 있다. 그런 태도에도 불구하고, 어떤 경우에는 그들은 그들 자신이 우세한 입장에 있다고 생각하며 기회라고 생각되는 시기에 회의를 주도한다.

남아공인들은 좋은 집안 내력(왕가, 귀족집안, 양반, 학자집안, 의사집안 등등)을 갖은 것을 중요하게 여기고 교육에 관해서는 무조건적으로 우위에 놓는 사람들이다. 예를 들어, 하버드나 소르본 대학의 대학원 학위는 그들에게 아주 좋은 인상을 줄 것이다.

1백만 명이 넘는 남아공 인도인들은 나탈 지역에 집중되어 있고 매우 부지런하고 백인들에 이어 중류계층을 이루고 있다. 그들은 주로 백인과 흑인의 중간지대에서 상업에 종사하고 있다.

약 450만 명의 칼라드들은 거의 웨스턴 케이프와 노던 케이프에 살고 있으며 그들은 백인, 흑인, 말레이시아인 그리고 부시맨들과의 혼혈에 의해서 비롯되었다. 그들은 시골지역에서 농장 노동자가 되는 경향이 있지만, 도시지역에서는 고도의 기술을 가진 노동자이든가 또는 기술공들이다.

남아공의 흑인들은 백인들만큼 교육을 잘 받지는 못하지만, 그들은 다른 아프리카 국가들과 비교할 때 비교적 교육을 잘 받고 있다. 그들은 다른 아프리카인들보다 높은 소득을 얻고 있고 이미 도시화 된 인구의 50%는 중류계급으로 빠르게 성장한다. 그리고 최근에는 남아공 정부의 흑인우대정책으로 인해 개인 사업이나 고위직으로 진출이 증가하고 있어 비즈니스에 있어 무시할 수 없는 세력으로 성장하였다.

그러나 남아공에서 비즈니스를 수행하는데 있어 가장 중요한 인종은 역시 백인들이다. 이는 아직도 남아공 경제의 중심 인종은 백인들이기 때문이다. 남아공에는 전체 인구 중 10%의 백인들이 있으며 이들 백인들 중 약 60%는 아프리카너들 그리고 약 40%는 영국계로 나뉜다.

남아공의 상업 중심지인 요하네스버그에는 많은 아프리카너들이 상권을 지니고 있으며 이들 아프리카너들과 만남은 영국계 백인들과의 만남과는 다름을 먼저 알고 있어야 한다. 특히 이들 아프리카너들은 오랫동안 영국계 백인들과 반목이 있어왔기 때문에 영국계 백인들과 같은 부류로 취급해서

는 반감을 가질 수도 있다. 아프리카너들과의 첫 번째 만남에서 이들의 이름이 영국계 백인들과 다르다는 것을 알 수 있는데 아프리카너들의 성은 약간 복잡하고 Jan van der Merwe와 같이 앞에 소문자를 붙이기도 한다.

물론 아프리카너들뿐만 아니라 흑인 인종들을 포함하여 성으로 남아공의 종족이나 부족을 식별하는 것은 쉽다. 대부분의 아프리카 사람들은 종족 그룹 이름과 더불어 영어 이름, 아프리카 이름, 성서 이름을 포함하는 몇 개의 이름을 갖는다. 그러나 사업적인 목적으로 만남에 있어서 그들의 이름은 일반적으로 이름과 성으로 간소화하여 주어진다.

또한 여성과의 사업상 대화를 할 때 '미스' 또는 이와 비슷한 아프리칸스 단어인 'mejuffrou'를 사용하지 말아야 한다. 이러한 단어는 감정을 해칠 수 있으므로 여자가 기혼인지 미혼인지 확실하지 않을 경우에는 이런 단어를 사용하는 것은 금물이다. 소개는 일반적으로 연장자 순서대로 한다.

3.2 비즈니스에 있어 남아공인들과의 대화

남아공에서 비즈니스 수행에 있어 필수적인 것은 비즈니스 파트너와의 원활한 대화가 선행되어야 한다.

특히 남아공은 다른 아프리카 국가들과는 다르게 복잡한 인종 피라미드 구조와 과거 백인들이 유색인종들에 대한 인종차별정책으로 인해 다양한 방식의 접근이 필요하다.

가벼운 인사로 시작되는 대화에서 자연스럽게 남아공의 지역정치나 정부의 사회적인 정책들을 논의할 수는 있다. 그러나 남아공의 인종정책에 대해서는 가급적 언급을 피하는 것이 좋다. 남아공인들은 아직도 각각의 인종에 대해 극도로 노골적인 감정을 표시하는 경우가 있다. 이 주제에 대해서 이야기하고 질문할 수는 있으나 당신의 의견을 개입하는 것은 피하는 게 좋다.

원활한 대화를 위해 가장 공통의 관심은 운동에 대한 것으로 오랜 기간 관계를 결속시킬 수 있다. 우연히 당신이 백인들에게 크리켓 경기나 럭비 시합을 좋아한다고 말한 것이 누군가의 초대를 받게 될 수 도 있다. 또한 흑인들과의 대화에서는 축구를 선호할 수 있다. 이것은 일반적으로 남아공 사람들이 인종마다 다르겠지만 운동이라는 대화가 사업을 하는데 있어 훌륭한 디딤돌이 될 수도 있다.

대화나 토론은 친절한 태도와 조용한 목소리 속에서 진행되어야 한다. 당신이 계속 듣고 있다고 가정을 하면, 고개를 끄덕이고 때때로 말로 대답하는 것은 최고의 관심의 표시가 될 것이다.

일반적으로 남아공 사람들은 이야기하는 것을 좋아하고 대화들은 활기차다. 만약 대화 중에 드물게 조용한 때가 있다면 그 상황이 어색하거나 무언가가 심각하게 잘못되었다는 신호이다.

남아공인들은 본성이 따뜻하고, 친절한 사람들이고, 짧은 기간의 관계 후에도 개인적인 대화를 할 수 있다. 일반적으로 협상 동료들은 당신의 모국과 당신이 남아공에 대해 생각하는 것에서 인생의 방법에 대한 진정한 관심을 가질 것이다.

남아공인들은 대화를 할 때 육체적인 행동을 좋아한다. 당신은 많은 악수와 등을 치는 행위를 경험할 것이다. 게다가, 손을 잡는 것은 친근감의 표시이다.

많은 남아공 사람들은 영어를 빠르고 강한 악센트로 발음한다. 그렇기 때문에 주의를 기울여 들어야 한다. 그들에게 다시 말해달라고 요청하는 것은 결국에는 모욕적인 행동으로 비추어 질 것이다. 그래서 무언가에 대해서 묻는 것은 피하되 꼭 필요한 경우에는 적당한 속도와 크기, 톤을 유지하며 물어야 한다. 너무 느리게 말하는 것 또한 듣는 이에게 모욕감을 가져다주며 듣는 이는 이런 말하기 속도를 당신이 은혜를 베푸는 척 하는 것으로 착각할 수 있기 때문이다.

그들의 대부분은 질문을 받을 경우 그 질문에 대한 답을 모른다는 것을 인정하려 하지 않는다. 이런 경향은 환대의 전통과 상대를 실망시키지 말아야 한다는 소망과 관련 있다. 보통, 당신은 정확한 정보를 늦어도 바로 다음에 만날 때까지는 얻을 수 있을 것이다.

이 밖에 상거래에 있어 주의해야 알 팁(Tip)들이다

- 눈을 계속 마주치는 것은 굉장히 중요하다.
- 검지를 흔들면서 어떤 사람을 가리키는 것은 무례한 행동이다. 이는 개인적인 도전으로 해석된다.
- 주머니에 손을 넣고 이야기하는 것은 버릇없는 행동이다.
- 출입문을 통과할 때, 남자가 여자 앞에 가는 것은 관습이다.

- 영국계 백인, 아프리카너, 남아공 흑인은 모두 독특한 인사법을 가지고 있으며, 각 인사법은 그들 집단의 특성을 반영하는 경향이 있다.
- 영어를 사용하는 아프리카너들은 영국식의 공손하고 형식적인 인사를 주고받는다.
- 아프리카너들은 느긋한 경향이 있는 허물없는 그들만의 인사를 나눈다. 여행과 가족에 대한 질문을 받았다고 생각해 보라. 이러한 대화를 나누는 동안 참을성을 가져라.
- 신체적인 접촉 시 움찔하는 것은 비우호적이거나 무관심하거나 신뢰가 결여된 것으로 여겨질 것이다.
- 손바닥을 안쪽으로 향하게 하고 가운데 손가락과 집게손가락으로 평화를 나타내는 'V' 표시를 하는 것은 어떤 사람에게 지독한 욕을 하는 것과 동일하다.
- 놀이 공원을 방문하려면 사파리 복장과 모자를 준비하라.
- 오히려 전형적인 정장은 가장 훌륭한 선택이다. 남자의 경우 하얀색이나 밝은 색상의 셔츠와 타이가 표준이다. 긴소매 셔츠를 선호한다.
- 짧은 소매는 업무 후 격식을 차리지 않는 모임에만 적합하다.
- 저녁을 먹으러 나가거나 다른 사람 집에 방문할 때 남자는 재킷을 입고 타이를 매야 한다.
- 여자의 경우 치마와 정장이 기본이다.
- 방문한 집에서 여자는 소매 없는 옷이나, 짧은 옷, 속이 들여다보이는 옷을 입어서는 안 된다.
- 겨울은 6월부터 8월까지이며, 가정에서 중앙난방은 드물다. 스웨터를 가지고 가라.
- 스니커즈는 체육관이나 테니스 코트에서만 신을 수 있다.
- 도시문화의 남아공인들은 일반적으로 서구적인 옷을 입는다.
- 선물을 주는 것이 사업의 기준은 아니다.
- 왼손으로 선물을 주지마라.
- 선물을 증정하고 줄 때는 두 손이나 오른손을 사용해라.
- 사업상 만남은 좋은 식당에서의 점심이나 저녁으로 계속할 수 있다.
- 백인 집에서의 식사는 braaivleis(아프리카인들의 구운 고기)나 브라이라는 바비큐 등이 있다.

• 악수는 가장 일상적인 인사이다. 인종 사이에는 다양한 악수법이 있다.
• 사람들에게 직함과 성을 사용해서 말을 걸어라.
• 약속은 오전 9시부터 시작해야만 한다.

4. 주요 주(州)별 경제와 투자유치

남아공은 아프리카의 관문으로 세계 유명 기업들이 남아공을 기반으로 아프리카대륙에 진출하려 하고 있다. 이로 인해 남아공에는 많은 대형 외국기업들이 진출하여 남아공을 거점으로 생산하여 판매활동에 나서고 있다. 특히 자동차 산업의 경우 세계 유명 자동차 메이커들이 남아공에 현지 조립공장을 설립하여 남아공, 아프리카뿐만 아니라 전 세계로 자동차를 수출하고 있다. 예를 들면 우리가 잘 알고 있는 BMW의 우측 핸들 차 즉, 일본이나 영국령에 주로 판매되는 BMW의 차량은 남아공이 세계에서 가장 많은 생산을 한다. 또한 전 세계 BMW 공장 중에서 생산성이 가장 높은 곳이기도 하다. 이처럼 남아공에 대한 외국기업들의 투자가 점차 증가하는 것은 남아공이 아프리카에서 도로, 항만 등의 인프라나 우수한 노동력이 많기 때문이기도 하다. 그러나 이들보다는 남아공의 경우 각 주(州)에서 외국기업들을 유치하기 위해 많은 노력들을 기울이고 있기 때문이다. 특히 남아공 9개 주 중 하우텡은 남아공의 경제중심지로 인해, 그리고 이스턴 케이프 주는 항공, 도로, 철도망 등의 현대적인 네트워크를 통해 접근이 용이한 점과 이미 많은 외국기업들이 진출하여 활동하고 있다는 점에서 우리기업들도 이들 지역에 진출해 볼만 한 곳이기도 하다. 아래에서는 하우텡 주와 이스턴 케이프 주 그리고 웨스턴 케이프 주의 개황과 투자유인 등에 대해 간략히 살펴보겠다.

4.1 하우텡 주(州)

• 주도 : 요하네스버그
• 언어 : 줄루어(21.5%), 아프리칸스어(14.4%), 소토어(13.1%), 영어(12.5%)
• 인구 : 9,525,571명 (2006)

• 남아공에서 차지하는 인구 비율 : 20.1%
• 면적 : 16,548 평방킬로미터
• 남아공에서 차지하는 면적 비율 : 1.4%
• 인구밀집도 : 1킬로평방미터 당 576명
• 지역 총생산 : 4천136억 란드
• 남아공에서 차지하는 GDP 비율 : 33.3%

하우텡 주는 남아공 경제의 중심지인 요하네스버그와 행정수도인 프레토리아가 포함된 남아공 정치, 경제의 중심지이다. 일찍부터 금광을 중심으로 도시가 발달한 지역으로 경제에 있어서는 남아공의 관문이기도 하다.

하우텡 주는 남아공의 금융 허브로 또한 교통, 기술, 통신 산업의 중심지이기도 하다. 또한 아프리카에서 사업기반을 마련하고자 하는 기업들에게 많은 혜택을 제공하고 있다. 하우텡 주는 남부 아프리카 지역 경제의 견인차 역할을 하고 있을 뿐 아니라 아프리카 지역의 중요한 비즈니스 관문이기도 하다.

하우텡은 남아공 전체 국토 면적의 불과 1.4%를 차지하는 아홉 개 주 중 면적이 가장 작은 곳이지만 남아공 GDP의 33%이상, 재정수익의 60%를 차지하고 있다. 실제로 하우텡은 아프리카 대륙 전체 GDP의 10%를 차지하고 있다.

하우텡은 전 세계의 40%를 차지하고 있는 금을 통해 부를 형성했다. 경제는 금융과 제조업 그리고 금광을 통해 운용되고 있으며 다양한 분야를 통해 더욱 발전하고 있다. 하우텡 주는 가장 큰 도시인 요하네스버그를 중심으로 인구의 97%가 도시생활을 하고 있다.

요하네스버그는 남아공의 가장 큰 도시이자 하우텡의 주도이다. 요하네스버그는 거대한 하이웨이 인터체인지로 연결된 미국의 로스 앤젤로스(LA)와 비교되기도 한다.

4.1.1 하우텡 경제개발청

하우텡 경제개발청(GEDA)은 하우텡을 비롯하여 기타 아프리카 지역에

서 사업을 시작하고자 하는 투자가들이 가장 먼저 찾는 곳이다. 하우텡 경제개발청은 하우텡 주 정부의 공식 경제, 투자, 무역 진흥기관으로써 지역경제 성장 및 개발 촉진 업무를 주로 담당한다. 하우텡 경제개발청은 지역 내 투자처를 발굴하고 이를 홍보하며 국내외 투자가들을 지원하고 있다.

또한 해외홍보 및 투자 수출 사절단을 정기적으로 파견, 초청하며 유럽 기계부품 시장을 중심으로 한 국내외 입찰 참여기회를 현지 산업계에 제공하고 있다.

가장 중요한 경제 분야는 재정과 기업 서비스, 물류관리 그리고 통신, 광업 등이다. 하우텡은 아프리카의 금융 중심지로 70개 이상의 외국 은행들이 하우텡에 사무실을 두고 있으며 동일한 수의 남아공 은행과 증권사무소들 그리고 거대 보험사 사무실을 두고 있다. 요하네스버그에 있는 요하네스버그 증권거래소(JSE)는 세계에서 17번째 큰 증권거래소이기도 하다.

하우텡의 경제는 전통적인 중공업 시장과 낮은 부가가치 생산품에서 높은 부가가치 생산품인 정보화 기술, 이동통신 그리고 기타 하이테크 산업으로 이동하고 있다.

2000년 국제사회의 조사에 의하면 하우텡은 46개 테크놀러지 혁신의 글로벌 허브 중의 하나로 지정되었다. 특히 프레토리아와 요하네스버그의 중간에 위치한 미드랜드(Midrand)가 하이테크 밀집지대로 떠오르고 있는데 남아공에서 가장 빠른 발전을 보이고 있는 지역이다.

또한 하우텡 주는 아프리카에서 이동통신과 IT기술이 가장 발달한 지역으로 세계 주요 언론 지부들도 이곳에 있다. 그리고 남아공의 텔레비전 방송국 5개가 있기도 하다. 이 밖에도 아프리카에서 라디오와 인터넷 그리고 신문 등이 가장 집중되어 있는 곳이기도 하다.

철과 금속, 금속제품들과 식료품, 기계, 전기기구, 각종 기구 그리고 전기부품, 자동차부품 그리고 액세서리와 화학제품 등의 제조업 중심지이기도 하다.

4.1.2 블루 IQ

하우텡은 '블루 IQ' 로 불리는 자체 특구 개발 프로젝트를 실시하고 있다.

이는 혁신주도형 산업, 금융 및 비즈니스 서비스, 고부가가치 첨단 제조업 분야에 그 초점을 맞추고 있다. 하우텡 주는 전략적 정책 결정을 통해 전통적인 중공업과 저부가가치 제품 분야에서 탈피하여 현재는 국가의 "스마트 센터"라는 이미지 구축을 위해 노력을 기울이고 있다.

불루 IQ 투자 홀딩스는 경제성장을 유지시키는 촉매작용과 일자리 창출을 위한 간접적 기여를 위해, 수출품들의 조정에 영향을 주기 위해 그리고 하우텡 GDP 요소의 다양화에 영향력을 주기 위해 전략적 경제 인프라스트럭처를 이행하기 위한 목적으로 설립되었다.

불루 IQ 투자 홀딩스는 5가지 프로젝트를 통해 4개의 성장 분야에 초점을 맞추고 있다. 네 가지 성장분야는 다음과 같다.

- 비즈니스 관광
- 고부가가치 제조업
- 물류
- 정보와 기술(ICT)

다음은 외국인직접투자의 주요 대상 분야이다.

- 맥주 & 몰트 (맥아)
- 자동차 부품
- 생명공학
- 비즈니스 관광
- 콜센터
- 화학제품 생산 및 폐기물처리
- 영화 산업
- 금융서비스
- 식품 & 농산품가공산업
- 정보통신 기술 (ICT)
- 제약업
- 철강 / 알루미늄 관련 산업

4.2 이스턴 케이프 주(州)

- 주도 : 비쇼(Bisho)
- 주요도시 : 포트 엘리자베스
- 언어 : 코사어(83.4%), 아프리칸스어(9.3%), 영어(3.6%)
- 인구 : 6,919,071 (2006)
- 남아공에서 차지하는 인구비율 : 14.6%
- 면적 : 168,966 평방킬로미터
- 남아공에서 차지하는 면적비율 : 13.9%
- 인구비율 : 1평방킬로미터 당 41명
- 지역총생산 : 880억 란드
- 남아공에서 차지하는 GDP 비율 : 8.1%

이스턴 케이프는 남아공 9개 주 중에서 두 번째로 면적이 크며 인구 또한 약 7백만 명이 거주하여 세 번째로 많다. 이스턴 케이프는 아름다운 가든루트를 포함하여 다양한 기후를 지닌 휴양지가 많은 곳이기도 하다

이스턴 케이프는 주요 도시, 공항, 항만이 잘 갖춰져 있을 뿐만 아니라 제조업 분야가 크게 발달하여 세계적인 기업들이 이곳 이스턴 케이프에 남부 아프리카 지역 본부를 두고 있다. 남아공 주요 시장 중심부에서 멀지 않은 곳에 위치였으며 항공, 도로, 철도망 등의 현대적인 네트워크를 통해 접근이 용이하다. 제조업 분야는 이미 상당 부분 세계 경제와 통합되어 있다. 일례로 120개 대규모 기업 중 절반 가까이가 국제 기업과 관련되어 있으며 대기업의 절반 이상은 생산의 25% 이상을 수출하고 있다.

4.2.1 이스턴 케이프 주의 제조업

효과적인 수송체계와 교통망이 잘 갖추어진 버트워스(Butterworth), 이스트런던(East London), 포트 엘리자베스, 퀸스타운(Queenstown), 우이텐하게(Uitenhage) 그리고 음타타(Mthatha)에서 훌륭한 공장들을 이용할 수 있다.

남아공은 전기료가 세계에서 두 번째로 싼 국가로 220/380볼트의 3단계 전기를 공급받고 있다. 생활수의 질도 매우 좋으며 수돗물을 직접 마실 수도 있다. 이스턴 케이프 주는 산업시설을 확대할 수 있는 충분한 용지를 가

지고 있으며 대부분의 도시들에서 저렴하게 이용할 수 있다.

또한 이스턴 케이프 주는 남아공 기업 생산량의 약 35%를 차지하고 있다. 세계 유명한 기업들이 이스턴 케이프 주에 투자를 하고 있는데 대표적인 기업들을 살펴보면 폭스바겐, 제너럴 모터스, 다임러 크라이슬러 남아공, 굿이어 타이어, 네슬러, 파이어스톤 타이어, 듀라셀 에버리디, 포드, 존슨 엔 존슨, 둘럭스 페인트, SKF 베어링 그리고 기타 많은 기업들의 공장이 있다.

전체 주 가처분 소득은 연간 500억 란드에 달한다. 주요 소비 시장은 이스턴 케이프의 내외 모두이다. 수출은 포트 엘리자베스와 이스트 런던의 항구를 통해 이루어지는데 2008년 약 100억 란드 이상을 수출하였으며 6백만 톤의 화물을 취급하였다.

4.2.2 이스턴 케이프개발공사

이스턴 케이프개발공사 (ECDC)는 경제 및 환경관광부의 정책을 이행하는 공식 기관이다.

주 정부로부터 부분적으로 재정 지원을 받고 있으며 정부, 기업, 노동계로 구성된 이사회에 보고를 한다. 이스턴 케이프개발공사는 정부부처, 회의소, 자치단체, 정부기관들과 긴밀히 협력하여 지역 경제활동에 참여하는 기업 및 투자가들을 개발 및 지원한다.

다음은 외국인직접투자의 주요 대상 분야이다.

- 농업
- 농산물, 농산품 가공, 낙농품/유제품, 양모 및 모헤어 제품
- 자동차 산업
- 전자 및 IT
- 광물, 금속, 엔지니어링
- 제약
- 플라스틱
- 섬유, 의복, 피혁 & 피혁 제품
- 관광
- 공원, 박물관, 공예품 시장, 야생동물 보호구역 및 리조트

- 어업
- 임업 및 목제품, 가구

4.3 웨스턴 케이프 주(州)

- 주도: 케이프타운(Cape Town)
- 언어: 아프리칸스어(55.3%), 코사어(23.7%), 영어(19.3%)
- 인구: 4,739,090 (2006)
- 남아공에서 차지하는 인구비율: 10%
- 면적: 129,462평방킬로미터
- 남아공 전체면적에서 차지하는 비율: 10.6%
- 인구밀집도: 킬로미터 당 37명
- 지역 총생산: 1천810억 란드
- 남아공 전체 GDP에서 차지하는 비율: 14.5%

웨스턴 케이프 주는 남아공의 가장 남부에 위치한 주로 주도인 케이프타운은 백인들의 마더시티(Mother City)이기도 하다. 우리가 잘 알고 있는 희망봉이 이곳에 있으며 많은 관광자원으로 남아공 최고 광광지역이자 세계에서도 가장 아름다운 관광지역 중 한 곳이기도 하다. 웨스턴 케이프는 남아공을 방문하는 외국인들의 약 50%가 방문하는 지역으로 남아공 관광시장에 있어서 전체 수익의 24%를 담당하고 있다. 연간 약 8백만 명의 관광객들이 웨스턴 케이프 주를 방문하고 있다. 따라서 웨스턴 케이프 주는 관광산업이 주요 산업 중의 하나로 투자와 고용 그리고 서비스 분야의 다양화를 이끌어 내고 있는 핵심 산업이다.

웨스턴 케이프 지역 경제 발전은 여러 주요 분야에서 훌륭한 성장 잠재력과 중요한 틈새 분야들 그리고 새로운 투자 프로젝트가 많이 있는 등 다양한 분야에 걸쳐 산업 기반이 마련되어 있는 것이 특징이다.

최근의 세계적 추세에 따라 남아공의 수출지향적인 산업은 항구도시와 해안 산업벨트를 중심으로 재편되고 있다. 특히 수입관세의 인하와 웨스턴 케이프 중공업의 기반이 되는 살다나 제철(Saldanha Steel)의 설립으로 이러한 추세가 가속되고 있다.

남아공의 대표적인 관광도시인 케이프타운

웨스턴 케이프는 개방 경제 체제로 해외무역이 이 지역 총생산의 30%에 육박하고 있다. 과일, 생선, 야채와 같은 1차 산업 상품들이 전통적으로 웨스턴케이프의 수출을 주도해 왔으며 최근에는 가공 산업을 통해 고부가가치를 창출하고 있다.

4.3.1 웨스턴 케이프투자무역진흥청

웨스턴 케이프투자무역 진흥청(WESGRO)은 웨스턴 케이프의 공식적인 투자와 무역을 촉진하는 기관으로 외국인 수입업자들을 연결시켜주고 지역 수출입자들과 투자자들이 케이프타운과 웨스턴 케이프 전 지역의 잠재적인 사업의 이점을 받을 수 있게 해 주고 있다. 1982년에 설립된 비영리단체가 발전해 만들어진 웨스턴 케이프투자무역진흥청은 지역 내 경제 개발과 고용 창출의 촉진을 위해 1996년 주법 제3호에 의해 설립되었다.

이 진흥청은 남아공 정부, 비즈니스, 노동자, 케이프타운 도시, 그리고 농촌지역 당국들과 밀접하게 연계하여 일을 수행하고 있다.

이 진흥청의 주요 목표로는 다음과 같다.

- 웨스턴 케이프의 경제잠재력, 이점과 투자기회 등을 국내외적으로 홍보
- 웨스턴 케이프지역에 대한 신임과 경제성장 유지 및 촉진

• 역동적인 개발지역으로서의 인지도 고양 등이다.

다음은 외국인직접투자의 주요 대상 분야이다.
• 국제회의 관광
• 생태관광
• 영화제작 / 산업
• 선박수리, 컨테이너 선적, 오일 / 가스 굴착
• 정밀공학
• 선박건조
• 섬유, 의복, 신발류
• 농산물 가공

5. 남아공 경제의 위상과 기업들

5.1 아프리카에서 차지하는 남아공 경제

남아공이 2007년 아프리카 100대 기업들 중 62개를 차지함으로써 아프리카의 경제대국임을 다시 한 번 보여주고 있다.

아프리카 지역의 유력 월간지(Business Times)는 아프리카 100대 기업을 선정, 발표하면서 남아공 기업들이 사하라 이남 지역의 대규모 개발 프로그램에 투자하면서 점차 이익이 확대되고 또한 이들이 수십억 달러씩 투자하면서 이 지역에 엄청난 경제적 파급효과를 일으키고 있다고 설명했다.

이번 조사에서 10대 기업 중 9개 기업이 남아공 기업들이었으며, 시장가치 200억 달러를 넘어선 6개 사가 모두 남아공 기업들이었다. 상위 10개 기업 중 이집트의 통신 회사인 오라스콤텔레콤만이 유일하게 남아공 기업이 아니었다. 100대 기업 리스트에 이름을 올린 남아공의 기업은 총 62개에 달했다. 특히 남아공 광산업체들의 강세는 계속됐는데, 1~3위를 차지한 '톱 3'기업 외에도 9개의 남아공 광산회사가 100위 안에 이름을 올렸다.

이번 조사에서 1위는 남아공의 광산회사인 앵글로 아메리칸(Anglo American plc) 사가 차지했다. 앵글로 아메리칸의 시장 가치는 약 719억

달러(약 66조8450억원)로 집계됐는데, 이는 2위와 3위의 시장 가치를 합친 수준이다.

수익률 면에 있어서도 뛰어나 2006년 수익률은 44.35%를 기록한 것으로 나타났다. 앵글로 아메리칸은 지난 1999년 5월 ASCSA(Anglo American Corporation of South Africa)와 미놀코(Minorco)의 합작법인 형태로 세워졌다. 현재 이 회사는 아프리카 대륙을 비롯하여 유럽, 호주, 아메리카 등의 대륙에서 백금, 금, 다이아몬드, 철광석, 니켈 등 주요 자원들을 생산하고 있다.

약 451억 달러(약 41조 9300억원)의 시장 가치로 전체 2위를 차지한 BHP 빌리톤 역시 남아공의 광산회사이나 1885년 설립된 이 회사는 현재 폴 앤더슨(Paul Anderson)이 CEO를 맡고 있다. 철, 석탄, 구리, 석유, 가스, 다이아몬드, 은, 납 등을 주로 생산하는 BHP 빌리톤은 생산과 함께 가공 판매까지 하고 있다. 직원 수는 총 3만 8000명이며, 전 세계 약 25개국에 100개 이상의 지사를 두고 있는 글로벌 기업이다.

세계에서 유일하게 유연탄에서 자동차용 기름을 추출하는 기술을 보유하고 있는 사솔(Sasol)이 전체 4위에 랭크됐다. 사솔은 남아공 자동차 연료시장의 20% 정도를 점유하고 있는 남아공 최대의 연료 회사이기도 하다. 이 회사의 시장 가치는 약 246억 달러(약 22조 8700억원)이다. 1927년에 설립된 사솔은 화학, 가스, 연료 정제 분야의 사업에 주력하고 있다. 이처럼 남아공 경제를 견인하는 산업은 바로 광업이다. 광업은 남아공 수출·수입의 1/3을 담당하고 있는 산업이기도 하다.

풍부한 지하자원을 바탕으로 광업은 경제 성장의 주춧돌 역할을 해왔다. 하지만 광업은 조금씩 그 성장세가 주춤하고 있다. 한때 남아공 GDP의 20%를 담당했던 광업은 이제 GDP의 6.2%를 담당하는 산업으로 전락했다. 특히 제조업과 서비스산업의 성장세가 두드러지면서 광업은 더욱 초라해지고 있다.

지난 2004년 5월 발효된 광업헌장은 광업의 미래를 더욱 암울하게 만들고 있다. 이 헌장에 따라 모든 광업회사들은 2010년까지 광업권 소유 지분의 15%를 흑인에게 넘겨야 한다. 또한 관리층의 흑인 비율은 최소 40%까지 늘려야 한다. 백인들 중심의 광업 시장을 재편하려는 의도인 것이다.

지금까지 남아공의 경제에 있어 광업은 직접적으로, 혹은 연관 산업을 통

남아공 최대 금광지대였던 골드리프시티

해 경제 발전에 큰 기여를 해왔다. 특히 금, 다이아몬드, 석탄, 백금 등 4대 광물은 남아공 산업 발전을 이끈 일등공신이라 해도 과언이 아니다. 지금도 광업은 남아공 경제를 이끄는 성장의 중심축이다.

현재 광업의 규모는 1조 란드(약 130조 3500억원)에 달한다. 요하네스버그 증권거래소(JSE) 시가총액의 3분의 1이 광업 관련 기업들이고, 광업에 종사하는 인구만 현재 45만 명이다. 이들에게 나가는 임금 또한 360억 란드(약 4조6926억원)를 차지할 정도로 경제에 있어 큰 몫을 차지하고 있다.

또한 전력의 93%는 석탄에서 나오고 있다. 사솔은 남아공 휘발유 생산의 30%를 생산하고 있는데, 이 석유는 석탄에서 추출해낸다. 광업은 여러 측면에서 남아공의 최대 산업 자리를 굳건히 지키고 있다.

흑인 정권이 들어선 후 광업 분야도 개혁의 바람이 불고 있는데 2004년 발효된 광업헌장이 대표적이다. 광업헌장은 2015년까지 단계적인 개혁을 명시하고 있다. 광업권 소유지분은 오는 2010년까지 15%, 2015년까지 26%를 흑인에게 이전해야 한다. 그리고 관리자층의 흑인 비율은 최소 40%까지 확대하고, 흑인 여성의 고용 비율도 10%까지 확대해야만 한다. 이를 통해 백인 위주의 산업에 흑인들의 참여를 늘릴 수 있는 계기가 될 것으로

보인다.

한편 2007년 상반기 영국의 African Business magazine에서 조사한 남부아프리카 50대 기업 선정을 살펴보면 남아공의 경제규모가 다른 여타 남부아프리카 국가들과 비교가 되지 않음을 알 수 있다. 실제로 남아공의 국내총생산(GDP) 규모는 15개 남부아프리카개발공동체(SADC) 회원국들의 전체 GDP의 80%를 차지하고 있다.

이번 남부아프리카 50대 기업 조사에서 남아공 기업들을 제외한 50대 기업 수에서는 짐바브웨가 50개 기업들 중 19개를 차지하고 있어 1위를 차지하고 있으며 다음으로는 13개를 차지한 보츠와나이다. 3위는 8개를 차지한 잠비아, 4위는 5개를 차지한 말라위, 5위는 4개를 차지한 나미비아 그리고 6위는 모잠비크로 1개를 차지하고 있다.

이번 조사에서는 각 국가들의 주식시장에 상장된 상장액수를 기준으로 선정하였다.

남아공을 제외한 기업들 중에서 1위는 짐바브웨에 기반을 둔 프레토리아 포트랜드 시멘트(PPC) 회사로 시장 가치로 미화 44억 달러를 기록하였다.

나미비아 기업들 중 상위권을 차지하는 회사들은 대부분 금융과 광업 기업들로 1위부터 4위까지가 금융회사들이다. 나미비아에서 1위이자 짐바브웨 PPC 다음으로 큰 기업은 Barclays Bank로 약 8억9천3백만 달러의 가치를 지니며 다음으로는 First National Bank (FNB), Standard Chartered Bank 그리고 Botswana Insurance Holdings Limited (BIHL) 등이 뒤따르고 있다.

그러나 만약 남아공 기업들을 포함한 50대 기업을 선정한다면 PPC를 제외한 49개 회사들이 남아공 차지가 된다.

1위는 남아공 광산회사로 앵글로-아메리칸 기업이 719억 달러의 자산을 지니고 있으며 아프리카 전체적으로도 1위를 차지하고 있다. 2위는 BHP Billiton으로 451억 달러, 3위는 앵글로-아메리칸 플래티늄 기업(Anglo American Platinum Corporation)으로 263억 달러의 가치를 지니고 있는 것으로 조사되었다. 다음으로는 사솔(Sasol)이 246억 달러, SABMiller가 227억 달러, MTN 그룹이 200억 달러 등의 순위를 기록하고 있으며 PPC는 27위를 차지하고 있다.

특히 남아공 기업들은 거대 자본을 앞세워 SADC 회원국들뿐만 아니라

동남부아프리카 경제공동체(COMESA) 시장에서도 사업을 확장하고 있어 남아공경제의 영향력은 더욱 커질 것으로 보인다.

5.2 기업들

5.2.1 앵글로 아메리칸 그룹

앵글로 아메리칸은 2007년 세계 여성 영향력 7위를 차지하고 있는 신시아 캐롤(Cynthia Carroll)이 대표를 맡고 있다. 앵글로 아메리칸은 이미 90년의 역사를 지닌 전통 있는 기업으로 남아공을 대표하는 기업 중 하나이며 회사의 본부는 영국 런던에 위치해 있다.

앵글로 아메리칸(Anglo American plc) 그룹은 1917년 남아공 이스트 랜드의 금광개발을 위해 어니스트 오펜하이머(Ernest Oppenheimer)에 의해 창업되었다. 이 회사는 자본금 1백만 파운드로 시작하였으며 주로 영국과 미국 자본으로 형성되어 회사 이름도 앵글로 아메리칸으로 시작하였다. 오펜하이머 경영 하에 앵글로 아메리칸은 1920년대와 1930년대 주요 금광개발 회사로 성장하였다. 1926년 앵글로 아메리칸은 드 비어스(De Beers)사의 가장 큰 주주가 되었으며 오펜하이머가 1929년 대표가 되었다. 1928년 앵글로 아메리칸은 현재 잠비아 구리벨트로 알려진 광산을 최초로 개발하는 회사가 되었다. 또한 같은 해 앵글로 아메리칸은 오늘날 남아공이 세계에서 가장 많은 백금을 생산하게 한 백금 광맥의 원조를 발견한 한스 메렌스키(Hans Merensky)와 협상을 시작하였다.

1920년대와 1930년대 성장을 통해 앵글로 아메리칸은 아프리카 폭약과 화학 산업(AECI)과 같은 기업들의 설립에 중요한 역할을 하였다. 더 나아가 연계 산업을 만들기 위해 석탄회사를 설립하게 되는데 예를 들면 새로운 자회사로 콜 이스테이트스(Coal Estates)를 설립하였다.

1940년대와 1950년대 앵글로 아메리칸사의 주요 원동력들은 프리 스테이트(Free State)의 금광개발과 다섯 개의 주요 광산들이 거대한 비율로 계약하여 동시에 개발하였던 바알 리프(Vaal Reefs)의 광산 등이 직접적인 원천이었다. 이들 광산의 성공은 앵글로 아메리칸 그룹을 전보다 두 배나 깊은 곳에서도 금을 캐낼 수 있는 기록을 세우게 했던 웨스턴 딥 레벨스(Western Deep Levels : 1957년 개업)를 발전시키는데 자신감을 불어넣는

경험과 국제 광산산업의 전초지로 만들게 하였다. 1957년에 어니스트 오펜하이머가 사망하고 야당 국회의원이었던 그의 아들인 해리 오펜하이머가 사업을 계승하였다.

1961년 캐나다의 허드선 베이 광업과 제련 회사(Hudson Bay Mining and Smelting Company)가 남부아프리카 이외의 지역에서는 앵글로 아메리칸의 첫 번째 주요 투자가가 되었다. 이와 같은 투자로 1970년대 초 라틴아메리카 자산과의 합병을 하였고 이어 광물 자원회사(Minerals and Resources Corporation : 후에 Minorco)를 설립하였다.

1960년대 중반에 이 그룹의 기업 자산의 상승은 앵글로 아메리칸 산업회사(amic)로 합병하여 정리하였으며 또한 스코 메탈(Scaw Metals)의 합병을 통해 제철 산업으로 뛰어들었다. 그리고 제철 정제를 위한 혁신적인 하이벨트 프로세스의 발전을 이룩하였다.

1967년 앵글로 아메리칸 그룹은 목재, 펄프, 그리고 제지산업에 진출하기 위해 몬디 그룹(Mondi Group)을 설립하였다. 1984년 이후 유럽의 포장분야 산업의 두 개의 주요 산업 중 하나로 성장하였다.

1975년까지 앵글로 아메리칸은 남아공에서 8개 석탄광산의 합병을 통해 암콜(Amcoal : 후에 Anglo Coal)을 설립하였다. 또한 이 회사는 남아공이 주요 석탄 수출국이 될 수 있도록 한 리차드 베이 석탄 터미널 개발에 있어 주요 투자회사 중 하나가 되었다.

1948년 국민당이 정권을 잡은 이후 앵글로 아메리칸 그룹은 남아공 정부와 좋은 관계를 맺지 못하고 불편한 관계를 지속하였다. 오펜하이머 가계는 야당을 만들었던 집안이었고 앵글로 아메리칸은 흑인 교육 프로젝트의 주요 지원자이기 때문이었다. 1981년 이 회사는 흑인 광부들에게 최초로 노동조합의 승인을 한 광산회사가 되었다.

1982년 말과 1984년 해리 오펜하이머는 앵글로 아메리칸과 드 비어스사의 회장직에서 각각 물러났으며 가빈 렐리(Gavin Relly)와 줄리안 오길비에 톰슨(Julian Ogilvie Thompson : 1990년에 앵글로 아메리칸의 회장이 됨)이 각각 앵글로 아메리칸과 드 비어스 사의 회장으로 계승하였다. 1985년에 남아공 정부의 분노가 더욱 폭발한 것은 가빈 렐리가 기업인들의 대표단을 이끌고 루사카의 아프리카 민족회의 대표들과 만남이었다. 앵글로 아메리칸 인물들은 비 인종차별 민주화를 위한 변화 과정에 중요한 역할을 여러 차례

하였다.

1993년 앵글로 아메리칸은 아프리카에서 사업의 영역을 넓히며 재정비하기 시작하였고 세계의 다른 주요 광산기업인 미노르코(Minorco)에 대한 관심도 가지기 시작했다.

1995년 칠레의 만토베르데(Mantoverde) 구리 광산에서 생산의 속도를 높이기 시작하였고 1996년에는 말리의 사디올라 힐(Sadiola Hill) 금광에서 생산을 시작하였으며 라틴아메리카에서 첫 번째 석탄을 채탄하기 시작하였다. 또한 1997년 베네수엘라와 아일랜드에서 니켈과 아연의 건조를 시작하였으며 1999년 앵글로 아메리칸사가 지분의 44%를 가지고 있는 콜라후아시(Collahuasi) 구리 광산을 대규모로 개발하기 시작하였다.

남아공에서 1996년 앵글로 아메리칸사는 광업에 대한 흑인들의 참여를 높이기 위해 정부가 발표한 흑인지분확대의 방향에 발맞춰 잔닉(Johnnic)과 JCI 지분을 National Empowerment Consortium과 아프리카 광산그룹(African Mining Group)에 매매하는 남아공 역사상 가장 큰 흑인들에 대한 지분 판매를 단행하였다.

1998년 주요 전략적 고려에 따라 앵글로 아메리칸 그룹은 룩셈부르크에 본부를 두고 있는 미노르코와 앵글로 아메리칸의 합병을 발표하였다. 이것은 국제 경쟁력에 보다 더 우위를 점하고 사업의 팽창을 하기 위한 것이었다. 이 새로운 기업은 1999년 5월 24일 런던, 요하네스버그 그리고 스위스에 동시 상장되었다. 최근에는 가나의 아샹티 골드필드 회사(Ashanti Goldfields Corporation)를 인수하여 앵글로 골드 아샹티로(AngloGold Ashanti)로 이름을 바꾸어 운영하고 있다.

현재 앵글로 아메리칸 그룹은 타르맥(Tarmac: UK), 코프버라스(Copebras :Brazil), 앵글로 플래튬(Anglo Platinum Ltd : South Africa) 등의 지분을 가지고 있으며 또한 세계 최대 다이아몬드 광산을 지니고 있는 드 비어스의 지분 45%를 가지고 있다.

2006년의 경영성과를 살펴보면 총 수입은 386억370만 달러에 운영 수익은 98억320만 달러 그리고 순이익은 61억860만 달러에 달하는 것으로 나타났다. 현재 종업원의 수는 209,000명이다.

5.2.2 드 비어스(De Beers) - '다이아몬드는 영원하리'

드 비어스는 다이아몬드 원석 채굴, 다이아몬드 광산 그리고 다이아몬드 거래 등을 포함하는 다이아몬드 관련 여러 사업체들을 거느리고 있는 회사로 영국인 세실 로즈가 설립하였다. 드 비어스 내의 여러 다양한 회사들은 세계 다이아몬드 시장의 약 40%를 차지하고 있다.

드 비어스의 탄생은 남아공 다이아몬드 발견과 시작되었다고 할 수 있다. 1871년 5월 디에데릭과 요하네스 드 비어스 형제의 농장에서 처음으로 다이아몬드가 발견되고, 인근지역에서 또 다른 다이아몬드가 채굴되자 남아공에는 킴벌리라는 다이아몬드 도시가 생겨나고 다이아몬드를 채굴하려는 사람들이 전 세계에서 모여 들면서 남아공은 일약 다이아몬드의 중심지로 떠오르게 된다.

이들 수천 명의 모험가들 가운데 영국인 세실 존 로즈는 광산소유자들에게 협동의 필요성을 조금씩 설득해 1881년 드 비어스 광산회사를 설립한다. 이후 1888년 전 세계에서 가장 큰 광산인 킴벌리 센트럴 마인과 함께 드 비어스 광산법인을 결성하면서 드 비어스는 다이아몬드의 중심 회사로 발돋움하게 된다. 드 비어스란 원래 킴벌리 인근에 거주하던 형제의 이름(De Beers, D.A and J.N.)에서 유래된 것으로 이 형제는 남아공의 한 농장을

남아공 최대 다이아몬드 생산지였던 킴벌리의 빅홀

50파운드에 매입하였는데 이후 1871년 이 농장에서 우연히 다이아몬드가 발견되었다.

드 비어스 형제는 이 농장을 매입가의 무려 126배인 6300파운드에 포트 엘리자베스 회사에 매각하면서 농장의 명칭을 자신의 형제의 이름, 즉 드 비어스로 붙여줄 것을 요구하게 되었다. 결국 포트 엘리자베드 회사가 이 요구를 수용하여 이 농장의 명칭을 "드 비어스 광산"으로 칭하게 되었다.

이것이 계기가 되어 오늘날 전 세계 다이아몬드의 약 40% 정도를 차지하고 있는 "드 비어스 연합광산"회사로까지 발전하였다.

드 비어스의 창업자인 세실 로즈가 1902년 젊은 나이로 사망한 이후 드 비어스를 오늘날의 다이아몬드 제국으로 만든 사람은 1930년 독일 출신의 다이아몬드 판매상 어니스트 오펜하이머이다. 그는 1917년 뉴욕의 은행가 존 피어폰트 모건의 도움으로 기업을 설립했고 드 비어스 회장이 되었다.

오펜하이머는 1930년 다이아몬드 중앙 판매 기구를 설립하고 다이아몬드의 가격을 결정할 수 있는 카르텔을 결성 지금까지 그 영향을 미치고 있다. 1998년부터 2001년 사이 드 비어스는 시장점유율이 48%로 줄고 상장을 폐지하며 사업을 대대적으로 재정비하는 등 많은 변화를 겪었다. 드 비어스는 다이아몬드 공급을 조절하는 사업방식에서 수요를 촉진하는 방식으로 전환했으며 또한 요하네스버그증권거래소와 런던증권거래소에서 상장을 폐지해 사기업화 됐다.

2002년 드 비어스는 프랑스의 LVMH와 합작기업을 설립하고 드 비어스의 이름으로 전 세계에서 액세서리 컬렉션을 시판하고 있다.

드 비어스는 노천, 지하 갱 그리고 대규모 충적토와 해안 혹은 심해 등 여러 유형의 다이아몬드 광산에서 사업을 하고 있다. 드 비어스는 경제적 가치가 많지 않은 소규모 다이아몬드 광산에는 관심을 갖지 않고 있다.

드 비어스는 현재 25개 국가에서 사업 활동을 하고 있는데 보츠와나, 나미비아, 남아공 그리고 탄자니아 등에서 주요 사업을 하고 있다.

보츠와나에서는 보츠와나 정부와 절반씩 투자를 통해 뎁스와나(Debswana) 광산회사를 설립하여 운영하고 있으며 나미비아에서도 역시 나미비아 정부와 공동으로 절반씩 지분을 투자하여 남데브(Namdeb)를 설립하여 운영하고 있다.

남아공에서는 드 비어스 연합광산(DBCM)을 설립하여 운영하고 있는데 흑인정부 이후 흑인 경제력 강화법의 주요 파트너인 포나할로(Ponahalo) 투자회사와 파트너를 형성하고 있다. 탄자니아에서는 탄자니아 정부와 공동투자를 하고 있는데 드 비어스가 75%, 탄자니아정부가 25%의 투자로 회사를 운영하고 있다. 2007년 드 비어스는 캐나다에도 처음으로 광산을 열었는데 캐나다 노스 웨스트 지역에 있는 스냅 레이크(Snap Lake)에 위치하고 있다.

드 비어스의 판매와 마켓팅은 다이아몬드 트래딩 컴퍼니(DTC: Diamond Trading Company)가 맡고 있다. 이 회사는 세계 다이아몬드 원석의 거의 절반을 판매하고 있다. DTC를 통해 판매되는 다른 다이아몬드의 원석으로는 러시아 다이아몬드 회사인 알로사(Alrosa)로부터 원석을 구매하여 판매하고 있다. 이 두 회사의 관계는 유럽연합의 반 트러스트 규정으로 인해 2009년 말 관계를 청산했다. 이로써 알로사는 드 비어스와 경쟁하며 직접 시장에서 자사의 다이아몬드 원석을 판매하게 되었다.

드 비어스는 주식회사가 아닌 개인회사로 앵글로 아메리칸 회사가 지분의 45%를 지니고 있는 실질적인 모회사이다. 이 밖에 드 비어스 투자회사(DBI)가 45%의 지분을 지니고 있으며, 디브스와나그룹이 10%를 지니고 있다.

드 비어스는 성공적으로 사업 영역을 개척하고 있다. 가장 유명한 광고문구인 '다이아몬드는 영원하라'는 1947년에 만들어졌으며 이 광고문구 이후 드 비어스는 성공적인 다이아몬드 이미지를 지니게 되었다. 이 광고는 다이아몬드를 사랑과 약속의 상징으로 인식하게 되었다. 따라서 이후 다이아몬드는 약혼 혹은 결혼식 예물, 특히 반지로서의 가치를 지니게 되었다.

그러나 드 비어스가 세계 최대의 다이아몬드 생산회사임에는 변함이 없지만 드 비어스의 시장 점유율은 지난 20년 간 현저하게 줄어들었다. 1980년대에 드 비어스는 80~90%의 시장 점유율을 유지했다. 그러나 드 비어스의 독점 행태는 2000년을 기점으로 눈에 띄게 줄어들었다. 2000년의 드 비어스 다이아몬드 생산량은 전 세계 생산량의 60%였으며 드 비어스는 세계 다이아몬드 유통량의 70%를 담당하고 있었다. 그러나 최근 이와 같은 점유율은 경쟁기업들의 증가와 드 비어스의 독과점에 대한 비판 등으로 인해 점유율은 줄어들고 있으며 최근의 점유율은 40% 내외를 보이고 있다.

이를 반증하듯이 드 비어스의 2007년도 상반기 매출은 13%, 순익은 33% 감소하였다. 총매출은 13% 줄어든 34억 달러였으며 주원인은 DTC에 대한

공급 감소였다. 드 비어스는 2000년 중반에 SOC(Supplier of Choice)를 DTC(Diamond Trading Company)로 새롭게 명명한다고 발표하였다. 즉, 공급을 조절하는 대신 수요를 증가시키는 것에 목적을 두고 있는 것이다. 이 목적의 중요한 부분은 드 비어스와 사이트 홀더가 다이아몬드의 거래와 판매를 위해 함께 일하는 선택된 공급업체(SOC : Supplier of Choice) 프로그램이다.

또한 드 비어스가 앞으로 더 이상 옛 영광을 찾을 수 없을 것이라는 비관적인 전망은 그동안 형성해왔던 드 비어스와 러시아 알로사 사이의 '독점적 제휴' 관계가 끝나게 됨으로써 드 비어스의 100여 년 동안 계속된 세계 다이아몬드 시장의 독점 체제가 무너지게 된다는 점이다.

유럽연합은 2006년 2월 27일 영국에 본사를 둔 드 비어스가 알로사(Alrosa)의 생산 물량을 독점적으로 구매해 온 것을 '불공정 거래'로 판정하고 2009년 말 이후 두 회사 간의 독점거래를 중단하라고 발표하였다.

세계 2위 생산국인 러시아의 국영 독점기업인 알로사는 1960년대부터 일부 국내 수요를 제외한 전량을 드 비어스에 공급하면서 이런 독점 체제를 더욱 강화했다. 드 비어스에 도전하는 대신 손잡고 함께 독점을 즐기는 쪽을 택한 것이다. 그동안 드 비어스와 알로사는 세계 다이아몬드 시장을 좌지우지했다. 하지만 이번 조치로 드 비어스와 알로사는 서로 경쟁하게 됐다.

그러나 일부 자회사들의 생산은 점차 증가하고 있는데 예를 들면, 탄자니아에 있는 윌리암슨 광산은 8만4천 캐럿을 생산, 38%라는 가장 높은 생산 증가율을 기록했으며 뎁스와나 광산의 생산량은 1천620만 캐럿에 달했다. 2007년 드 비어스 그룹의 자산은 41% 늘어난 5억5천4백만 달러였으며 이는 새로이 건설 중인 4개의 광산 때문이다. 드 비어스는 현재 캐나다와 남아공에 각각 두 개씩의 광산을 건설 중이다.

오펜하이머 회장은 이 중 다이아몬드 해양 광산인 "Peace in Africa"가 남아공의 서부 해안에서 다이아몬드 생산을 개시했다고 전했다. 페니(Penny) 부회장은 또 드 비어스의 탐사 작업이 아프리카 중부 및 남부, 러시아, 인도, 캐나다 등 다섯 개 지역에서 집중적으로 이루어지고 있다고 말했다.

1990년대에 다이아몬드의 불법거래가 아프리카 내전을 부추겼다는 사실이 밝혀지면서 드 비어스가 도마에 오른 이후 드 비어스는 투명한 경영을

지향하면서 이미지 쇄신에 힘쓴 바 있다. 드 비어스는 지금도 당시의 부정적 이미지를 벗기 위해 노력하고 있다.

5.2.3 샨두카 그룹(Shanduka Group)

샨두카 그룹은 흑인이 소유한 기업 중 선두를 달리고 있는 기업으로 2000년 11월 대표적인 흑인 기업인 시릴 라마포사가 설립하였는데 투자회사로 출발하였다. 이 회사의 주요 사업은 자원개발(광업, 제지), 금융서비스, 자산관리(펀드 매니저먼트), 에너지(전력, 오일 그리고 가스) 그리고 전략적 투자 등 5개 분야이다.

샨두카 그룹은 흑인 경제력 강화법으로 흑인 기업인들이 점차 증가하고 있는 상황에서 남아공 기업 활동의 변화를 주도하고 있다. 샨두카 그룹은 남아공 경제구조 변혁을 주도하며 사업을 수행하는 것에 자긍심을 가지며 아프리카 대륙에서 큰 변화를 불러일으키고 있다.

샨두카 그룹의 주요 임무는 아프리카 투자회사의 선두기업으로 성장하는 것인데 가치창조와 차별성을 목표로 하고 있다. 이를 위해 혁신을 주도하고 주주들의 기대치를 만족시켜 주며 다양성을 포용하고 투자에 초점을 맞춘 경영을 시도한다.

이를 위해 사회투자 활동들은 샨두카 재단을 통해 이루어지는데 주로 흑인들과 같은 사회활동에 있어 약자들에 대한 사업방법이나 교육 같은 분야에 헌신하고 있다.

샨두카의 사업 활동의 주요 목적들은 주주들의 가치를 강화하는데 초점을 두고 있는데

- 회사의 성장과 이익
- 회사원들의 발전
- 그리고 사회적 책임감을 다하는 것 등이다.

이와 같은 목적들을 달성하기 위해 높은 수준의 사업 포토폴리오를 수립하고 있다.

샨두카는 흑인경제력 강화법에 부응하여 회사의 목적과 영업활동에 있어

흑인들의 고용과 기업육성을 위해 많은 노력을 하고 있다. 직, 간접적으로 흑인들이 70% 이상 이 회사를 소유하고 있으며 약 1천여 명의 사회 소외자들이 이 기업의 혜택을 입고 있는 것으로 추정되고 있다. 따라서 샨두카의 주식보유도 흑인들이 통제할 수 있는 수준의 주식을 보유하고 있다.

◈ 자원개발

샨두카 자원개발의 장기 전략은 지리학적 다양성, 다양한 상품, 흑인이 소유하고 관리하는 자원 집하 등이다.

목표 요소들은 광업과 이들의 개발, 그리고 목재와 제지상품, 화학, 철 그리고 철광 등이다. 현재 샨두카가 투자하고 있는 주요 산업들로는

- 캉그라 석탄(Kangra Coal) (40%)
- 몬디 샨두카 신문용지(Mondi Shanduka Newsprint) (42%)
- 남아공 몬디 포장(Mondi Packaging South Africa) (40%)
- 웨이크 필드(Wakefield) 30%
- 그래스판 석탄운송(Graspan Colliers) (30%)
- 바버톤 광산회사(Barberton Mines Limited) (26%)
- 애스로(Assore, 광산투자회사) (11.74%)
- DRA와 미노펙스(DRA and Minopex, 석탄제련회사) (25%)
- 라스 다이아몬드 광산(Lace Diamond Mine) (13%)
- 남아공 스코(Scaw South Africa, 철광제조) (5%)

◈ 에너지

에너지 분야에 있어 샨두카는 연료자원의 확보에 주력하고 있다. 샨두카 에너지가 초점을 두고 있는 투자분야는 전력, 오일, 가스 및 관련 산업들로

- 넷 그룹(Netgroup, 전력 컨설팅회사) (30%)
- 기가좀레(Gigajoule, 가스 거래 및 분배) (39%)

샨두카 그룹이 전략적 제휴를 맺고 있는 주요회사들은 다음과 같다.

- 알렉산드 포버스(Alexander Forbes(16%): 아프리카의 가장 큰 보험 회사 중 하나. 포버스는 전 세계 30개 국에 베네핏 관련 서비스와 리스크 등을 제공하고 있다.

- 인베스트먼트 솔루션(Investment Solutions(16%): 남아공의 대표적인 투자 관리회사
- 스탠더드 은행(Standard Bank (1.2%): 남아공 및 아프리카의 가장 큰 은행
- 리버티 그룹(Liberty Group(1.5%): 남아공 보험 및 자산관리 회사
- 크레디트인폼(Kreditinform (40%): 남아공 신용정보회사

5.2.4 **스탠더드 뱅크그룹**(Standard Bank Group)

지난 2006년 11월 아프리카 지역의 유력 경제 월간지인 '아프리카 비즈니스'는 아프리카 100대 은행을 발표했다. 이 조사에서 남아공은 100대 은행 중 10개 은행을 순위에 올렸으며, 1위부터 5위까지를 차지했다. 이번 조사에서 1위는 '스탠더드 뱅크 그룹'이 차지했으며, '압사 그룹(Absa Group)', '퍼스트랜드 뱅크 그룹(FirstRand Bank Group)', '네드뱅크 그룹(Nedbank Group)' 등이 뒤를 이었다. 아프리카 대륙의 은행 중 500억 달러(약 46조 3350억원) 이상의 자산 규모를 가진 은행은 이들 4개 은행뿐이다.

이들 은행 중에서도 단연 1위는 스탠더드 뱅크로 2006년 남아공 정부가 발표한 연간 보고서에 따르면 스탠더드뱅크의 매출은 2005년 750억 란드(약 9776억원)에서 2006년에는 900억 란드(약 1조1731억원)로 20%가 성장했다. 이 은행은 아프리카 17개 국뿐만 아니라, 전 세계 21개 국에 지사를 두고 있는 글로벌 은행으로 성장했으며 현재 직원 수는 약 4만 명 정도이다.

남아공의 스탠더드 뱅크는 1862년 존 패트슨(John Paterson)이 만든 브리티시 사우스 아프리카 스탠더드 뱅크에서 기원한다. 최초의 영업활동은 1863년 포트 엘리자베스에서 시작하였고 곧 포트 엘리자베스 상업은행, 콜러스버그 뱅크(Colesberg Bank), 브리티시 카프라리안 뱅크(British Kaffrarian Bank)와 파우르스미쓰 뱅크(Fauresmith Bank) 등을 합병하여 문을 열었다.

이 은행은 1867년 킴벌리에서 다이아몬드가 발견되고 개발되면서 금융산업의 발전을 가져오는데 기여하였다. 1883년 '브리티시'라는 명칭을 없앴다. 그리고 비트바트스란드에서 금이 발견되자 이 은행은 북부지역으로 팽창하였으며 1886년 10월 11일 이 은행은 오늘날 요하네스버그에서 텐트를 치고 업무를 시작하였다. 1901년 11월 1일 요하네스버그 엘로프 스트리트

(Eloff Street)에 두 번째 지점을 개설하였다.

1890년대부터 1910년대 기간 동안 이 은행은 아프리카 전역에 은행을 개설하였다. 1912년 뉴욕에 최초로 지점을 설치하였고 1950년대 중반까지 이 은행은 아프리카에 600개의 지점을 개설하였다. 1962년에 현재의 이름인 스탠더드 뱅크로 남아공 회사로 등록하였다. 1965년에는 서부아프리카 은행을 합병하여 카메룬, 감비아, 가나, 나이지리아 그리고 시에라리온 등으로 진출하였다. 1969년에는 인도와 중국, 호주 등지에 있는 은행들을 인수하여 오늘날의 스탠더드 차트드 뱅크로 합병하였고 스탠더드 뱅크 투자회사를 설립하였다.

2006년 스탠더드 뱅크는 아르헨티나에 진출하기 위해 뱅크보스톤 아르헨티나(BankBoston Argentina)를 인수하였다. 2007년 8월 21일에는 IBTC Chartered Bank를 인수하였다. 또한 2007년 8월에 터키 은행인 Dundas Ünlü Securities의 지분 67%를 인수하였다.

특히 2007년에는 중국 공상(工商)은행(Industrial and Commercial Bank of China)이 스탠더드 지분 20%를 인수함으로써 세계 은행계의 주목을 받기도 하였다. 공상은행은 세계 최대 상업은행 중 하나로 스탠더드 뱅크 지분(20%) 인수를 위해 55억 달러를 지급하였다. 이로써 공상은행은 아프리카 금융부문 진출 및 중국 기업의 아프리카 진출 확대를 위해 아프리카 최대 은행이자, 아프리카 내 광대한 영업망을 보유하고 있는 스탠더드 뱅크를 활용할 수 있게 되었다.

공상은행의 55억 달러 투자는 남아공 및 아프리카 경제에 대한 신뢰도 향상으로 이어져 향후 외국인 직접투자의 유입이 증대될 것으로 전망되는데 공상은행의 스탠더드 뱅크 지분인수 소식 이후 남아공 란드화가 강세를 보여 2006년 5월 이후 최저치인 달러 당 6.56란드까지 하락하였다.

6. 기업인

6.1 시릴 라마포사(Matamela Cyril Ramaphosa)

남아공은 1994년 이후 정치는 흑인들이 주도하는 ANC에 권력이 이양되었지만 경제는 아직 백인들이 대부분 장악하고 있다. 이를 반영하듯 아프리카 최대 그리고 세계의 17번째 큰 규모인 요하네스버그 정권 거래소에서 흑인기업들이 상장된 비율은 아직 2%를 넘지 않고 있다.

만델라 정권 이후 남아공의 최대 현안은 흑인들의 가난을 줄이는 것으로 이를 위해 흑인 경쟁력 강화법(BEE)을 제정하여 흑인들의 경제력 향상을 위해 노력하고 있다. 이와 같은 정책에 있어 가장 큰 수혜자는 시릴 라마포사(Cyril Ramaphosa)와 토쿄 섹스웰르(Tokyo Sexwale)를 들 수 있다.

시릴 라마포사는 기업가이자 전직 노동조합을 이끌었던 인물로 1994년 남아공 최초의 다인종선거를 이끌었던 인물 중의 한 사람이다. 그는 타보음베키와는 정치적으로 좋은 관계를 맺지 못하였는데 이는 그가 비즈니스에 있어 좌파적인 정치성향을 보이기 때문이다. 그러나 그는 BEE의 최대 수혜자이자 지지자이기도 하며 백인 사업가들로부터도 많은 호감을 받기도 했다.

반면, 토쿄 섹스웰르는 백인정권시절부터 정치활동을 한 인물로 아파르트헤이트 정권을 전복시키려는 음모와 테러리스트라는 이유로 18년의 형을 선고받고 13년간 감옥에서 복역한 정치적 경력을 지닌 인물이다. 1990년대 말 이후 그는 여러 차례 성공적인 사업을 수행하였다. 그는 대중적인 인기를 얻고 있지는 않지만 정치, 경제 등 모든 분야에서 무난한 평을 받고 있다.

이 두 사람 중 현재 시릴 라마포사는 남아공 경제에 가장 큰 영향력을 발휘하는 인물로 최근에 실시되었던 ANC 당의장 선거에도 출마할 것으로 예상하였으나 그는 주마의 당선을 위해 경선에 나가지 않았으며 주마가 당의장에 당선되는데 많은 영향력을 미쳤다.

라마포사는 1952년에 태어나 남아공에서 변호사, 노동조합지도자, 정치가 그리고 기업인으로 변신한 남아공 흑인의 대표적인 성공인물이다. 그는 소웨토에서 태어나서 남아공 정치변동의 역사를 지켜보면서 성장했다.

그는 위대한 협상가이자 전략가로서 존경을 받기도 하는데 남아공의 가장 영향력 있고 규모가 큰 노동조합인 광산노동자 전국연맹(National Union of Mineworkers :NUM)을 설립하였다. 또한 그는 1994년 4월에 치러진 남아공 민주적 선거를 위한 협상과 아파르트헤이트의 평화적인 종식을 위해서 국민당의 룉프 메이어(Roelf Meyer)와 함께 협상가로서 중요한 역할도 하였다.

라마포사는 어린 시절 대부분을 소웨토에서 보냈으며 1971년 벤다의 시바사에 있는 고등학교를 졸업하였다. 그리고 그는 1972년 노스대학(University of the North)의 법학과에 입학하였다.

그는 대학생활 동안 학생 정치운동에 뛰어들었고 남아공학생기구(South African Students Organization :SASO)와 흑인인민회의(Black People's Convention :BPC)에 가입하였다. 이로 인해 그는 11개월 구금되기도 하였다. 1976년 그는 6개월 동안 다시 감금되었으며 후에 그는 요하네스버그에서 변호사 활동을 하면서 남아공대학교(University of South Africa :UNISA)에서 공부를 계속하였다. 그는 1981년 이 대학에서 학위를 취득하였다.

학위를 취득한 이후 라마포사는 남아공 노동조합 위원회(Council of Unions of South Africa :CUSA)에 법률 고문으로서 가입하였다. 1982년 남아공 노동조합 위원회는 라마포사에게 광산노동자를 위한 노동조합 설립을 요구하였고 같은 해 광산노동자 전국연맹이라는 조합을 설립하였다. 라마포사는 이 일로 백인 정부에 의해 체포되었다.

라마포사는 초대 광산노동자 전국연맹 사무총장에 임명되었으며 1991년 6월 그가 사임하기 전까지 그 직책을 계속하였다. 1991년 그는 ANC 사무총장에 선출되었다. 그의 지도력 하에 광산노동자 전국연맹 회원은 1982년 6천명에서 1992년에는 30만 명으로 증가하였으며 남아공 광업에 일하는 전체 흑인 노동자의 절반이 이 조합에 가입하였다. 라마포사는 이 조합을 이끌고 남아공 역사상 가장 큰 파업 중의 하나인 광산노동조합의 파업을 이끌기도 하였다.

1985년 광산노동자 전국연맹은 남아공 노동조합 위원회로부터 탈퇴하였고 남아공 노동조합회의(COSATU)를 설립하는데 도움을 주었다. COSATU는 연합민주전선(UDF)과 함께 국민당에 대항하는 정치운동을 전개하였고 라마포사도 대중민주화운동(MDM)을 이끌고 정치운동을 전개하였다. 이후 만델라가 석방되었을 때 라마포사는 국민환영위원회의 일원이 되었다.

1991년 ANC의 사무총장으로 선출된 이후 그는 국민당 정부와 아파르트헤이트 종식을 위한 협상대표의 수장이 되었고 1994년 선거를 통해 그는 국회의원이 되었으며 1994년 5월 24일 국회의장으로 선출되어 국민화합정부에서 중요한 역할을 수행하였다.

그러나 타보 음베키가 1997년 ANC 당의장으로 선출되고 차기 대통령 후보가 됨에 따라 라마포사는 1997년 1월 정치를 그만 두고 뉴 아프리카 투자회사(New Africa Investments Limited)의 대표가 되면서 이후 그는 본격적으로 남아공 경제의 대표적인 흑인 인물이 되었다.

여기에 그치지 않고 그는 다양한 사업을 수행하였다. 2004년 그는 흑인경제력 강화법 시행에 참여하면서 설립한 산두카 홀딩스(Shanduka Holdings)의 대표이사로 취임하였고 이 밖에 비드비스트 그룹(Bidvest Group), 남아공 대표적 통신회사인 엠티엔 그룹(MTN Group) 그리고 사스리아 회사(SASRIA Limited)의 이사를 겸직하였다. 이 밖에도 그는 맥스틸 홀딩스(Macsteel Holdings), 알렉산드 포브스(Alexander Forbes), 스탠다드 뱅크(Standard Bank) 그리고 사브밀러(SABMiller)의 사외이사 그리고 2007년 3월 앵글로 아메리칸 자회사인 몬디(Mondi)의 사외이사로 선임되기도 하는 등 남아공 재계에서 가장 막강한 권한을 지닌 인물로 떠올랐다.

6.2 어니스트 오펜하이머(Sir Ernest Oppenheimer)

어니스트 오펜하이머는 다이아몬드, 금광 그리고 금융 기업가로 남아공 앵글로 아메리칸 회사를 건립하였다. 그는 1880년 5월 22일 독일 프리드버그(Friedberg)에서 담배상인인 에드워드 오펜하이머(Edward Oppenheimer)의 아들로 태어났다. 오펜하이머는 17세에 런던의 다이아몬드 중개사인 던클스벌러 & 컴퍼니(Dunkelsbuhler & Company)에 입사하였다. 그는 열심히 일한 결과 그의 사장으로부터 능력을 인정받아 1902년 22세의 나이로 남아공 킴벌리에서 다이아몬드 구매자로 일을 하

였다.

1906년 6월 19일 그는 런던 출신의 리나라는 여성과 결혼하여 2명의 아들을 낳았다. 1934년 그의 첫 번째 부인이 사망한 2년 후 그는 캐롤린 하비(Caroline Harvey)와 두 번째 결혼을 하게 된다.

오펜하이머는 정치활동에도 참여하여 1908년 킴벌리에서 시의원이 되었고 1912년에는 시장에 되었다. 그는 제1차 세계대전이 발발했을 때 킴벌리 연대를 설립하기도 했으며 업핑톤(Upington)과 나미비아 국경을 있는 철로를 건설하는데 노동자들을 조직하기도 하였다. 영국 정부는 그에게 기사작위를 수여했으나 전쟁으로 인해 반독일 감정이 발발하였고 그의 성(姓)으로 인해 1916년 폭도들에 의해 그의 집이 파괴되기도 하였다.

1924년 그는 얀 스머츠(Jan Smuts) 장군이 이끄는 남아프리카 당의 당원이 되어 킴벌리의 대표로 의회에 들어갔다. 그는 인종차별 문제에 대한 의회의 무관심을 지켜보았으며 1938년 그가 정치로부터 은퇴할 때 까지 금융과 경제에 대해 관심을 가지고 일을 하였다. 일부 역사가들은 오펜하이머를 다소 진보적인 정치인으로 간주하고 그가 오늘날 잠비아인 북 로데지아의 구리광산에서 일하는 흑인 광부들과 그의 가족들에게 적절한 숙소를 제공한 첫 번째 기업인이라고 소개하였다.

오펜하이머는 그의 가족들이 광산을 운영하고 있는 요하네스버그로 이사하였다. 그는 이스트랜드에서 두 개의 광산을 개발하고 있었던 미국인 엔지니아 호놀드(W. L. Honnold)를 알게 되었고 곧 친구가 되었다. 오펜하이머는 호놀드와 함께 1917년 미국의 J.P. 모건(J. P. Morgan)의 재정적 도움을 받아 앵글로 아메리칸 회사를 설립하였다.

1888년부터 영국의 제국주의자였던 로즈는 두 개의 기구를 통해 다이아몬드 시장을 통제하였다. 첫 번째는 1880년에 만든 드 비어스 연합 광산이며 두 번째는 다이아몬드 시장에 대한 중요한 정보를 제공하여 가장 큰 다이아몬드 상인이 되게 만든 런던 다이아몬드 신디케이트라 불리는 카르텔을 들 수 있다. 이와 같은 내부 정보는 로즈나 오펜하이머에게 인위적으로 다이아몬드의 공급을 통제할 수 있게 만듦으로써 소비자들에게 적절한 가격을 형성할 수 있게 하였다.

독일의 통제 하에 있던 남서아프리카(오늘날의 나미비아)에서 다이아몬드가 발견되자 드 비어스는 이전에 누리던 독점적인 위치에 위협을 느끼고 오펜하이머에게 이 지역을 감시토록 하였다.

제1차 세계대전이 발발하자 독일의 토지 사용권은 묶이게 되었고 1919년 전쟁 막바지에 이르러서는 남아프리카 정부가 패배한 독일인으로부터 몰수한 자산을 오펜하이머가 사들이기 시작했다.

그는 남서아프리카의 연합 다이아몬드 회사를 형성하고 앙골라와 벨기에령 콩고에서의 새로운 다이아몬드 발굴을 개발하는 벨기에 광산회사인 포르미니에르와 제휴를 맺으면서 그의 소유 재산을 재조직하였다. 1925년까지 오펜하이머는 드 비어스 중역회의 이사로 선임 되었으며 그의 나이 50세가 될 때인 1929년에는 회장이 되었다.

대공황이 임박한 엄청난 위기의 시기에 때를 같이 하여 승진한 오펜하이머는 즉시 이에 대처해 나가야만 했다. 다이아몬드 판매는 실제로 정지 상태였고 캐럿당 가격은 떨어졌다.

오펜하이머는 외부에서 공급되는 모든 다이아몬드를 사들이는 다이아몬드 주식회사를 설립하고 1932년에 드비어스 광산의 문을 닫았다(1944년까지 폐쇄되었다). 드 비어스 연합 광산 회사는 3년 동안 계속하여 손해를 보았다(43년 역사상 처음으로 일어났던 일이다. 1931, 32, 33년까지).

1935년 즈음에는 팔리지 않는 다이아몬드 재고량이 5,600만 달러어치에 달했고 세계 판매량은 해마다 1,500만 달러 정도 밖에 되지 않았다. 오펜하이머와 드비어스는 파산 직전에 있었다. 그의 재정적 압박이 가장 심한 바로 그때에 그는 아내와 막내아들을 잃었다. 제2차 세계대전으로 공업용 다이아몬드와 다른 전략상 중요한 금속 시장이 확장되었다.

드 비어스와 앵글로 아메리칸은 전쟁 성과에 중요한 역할을 담당하게 되었으며 오펜하이머 자신은 적십자 지원에 활동적이었다.

1946년 전쟁이 끝나자 오펜하이머는 요하네스버그에 다이아몬드 연구실을 세워 새로운 공업용 기구에 다이아몬드를 사용할 수 있는 방법을 연구하도록 했다. 모든 것을 통해 오펜하이머는 그의 재정 왕국을 계속 확장시켜 나갔다.

그의 생애 말기에 어네스트경(그는 제1차 세계대전 중의 봉사로 1921년 영국 왕궁으로부터 기사 작위를 받았다)은 34개의 주요 회사들을 지배하였다. 1957년 그가 사망하기 전 그는 세실 로즈에서 시작된 꿈을 실현시켰다. 다이아몬드 생산과 판매의 모든 통합을 지배하는 절대 권력의 제국을 완성

해 놓은 것이다. 그의 역사는 곧 드 비어스의 역사이다

1956년 오펜하이머의 건강이 악화되어 1957년 그는 사망하였다. 그리고 그의 아들 해리(Harry) 오펜하이머가 그의 뒤를 이었다.

7. 경제의 새로운 문제점으로 대두된 토지재분배 문제

남아공은 1994년 다인종 선거에 의한 민주화 이후에도 흑인 정부가 열망하는 고도성장을 이루지 못하고 저성장에 그치고 있으며 국내의 빈곤층 역시 증가하고 있다. 1993년 50%였던 빈곤 이하의 인구는 2001년에는 62%로 확대되었다. 빈곤층은 주로 인종차별정책 하에서 불이익을 받았던 흑인들이 대부분이다. 인종별로 비율을 보면 흑인 61%, 혼혈인 칼라드 인종 38%, 인도계 5%, 백인 1%로 되어 있다. 또 도시와 농촌의 경제 격차도 넓어지고 있으며 빈곤층의 72%가 농촌지역에 거주하고 있다.

빈곤층 지방 거주자의 대부분은 여전히 수도, 전력이나 난방용 에너지, 보건 위생, 교육 등의 기본적인 사회 서비스를 만족하게 받지 않고 있으며 수입의 39%는 식료품에 지불하고 있다. 빈곤의 최대의 요인은 국내에 실업을 흡수하기 위한 충분한 고용이 없다는 것이다. 또한 빈곤층들은 자영업을 하고 싶어도 충분한 자금이나 토지 또는 주거를 담보로 하는 등의 자산을 갖고 있지 않다는 것이다. 또한 가사 농지를 소유하고 있어도 농약이나 비료 등 농업에 필요한 기자재를 구입할 자금이 없는 등의 이유로 경제 활동에의 참가 기회를 거의 얻지 못하는 상황에 있다.

이와 같은 부의 재분배 문제를 해결하기 위해 남아공 정부는 흑인경제력 강화법을 제정하여 흑인들에 대한 고용증대와 부의 재분배를 시도하였다. BEE 정책은 인종차별로 교육과 경제활동의 기회가 거의 없었던 흑인들에게도 고용에 있어 일정비율의 특혜와 기업설립이나 비즈니스 활동에 있어서도 특혜를 주었다. 물론 백인들로부터는 역차별이라는 비난을 받았지만 남아공 비즈니스문화에서의 흑인들의 진입과 흑인 경제지도자 양성 및 흑인 중산층 증가와 같은 성과를 거두었다.

그러나 이와 같은 혜택은 일부 흑인들에 국한되었다. 따라서 대부분의 빈곤층 흑인들 특히 농촌에 거주하는 흑인들의 경우 백인들의 토지 몰수와

이의 재분배를 강력히 요구하고 있는 실정이다.

1994년 넬슨 만델라의 대통령 취임과 함께 남아공의 아파르트헤이트는 종식됐다. 새로 들어선 흑인정부는 농지를 모든 농부들에게 돌려주겠다고 약속했고, 백인들의 농지를 매입해 분배하는 사업을 계속해왔지만 아직도 남아공 국토의 75%는 백인 소유다.

백인 농장주들의 토지를 몰수해 흑인들에게 나눠준 짐바브웨의 무가베 정부와 달리 남아공은 강제적인 방법을 거의 동원하지 않고 있다. 그러나 백인정권 당시 땅을 빼앗긴 흑인들과 오랜 기간 백인 소유의 농장에서 일해온 흑인들은 더 적극적인 정부의 개입을 원하고 있다. 이와 같은 흑인들의 불만은 백인 농장주 습격 사건으로 이어져왔다. 최근까지 사망한 백인 농장주가 1500명이 넘는 것으로 조사되고 있다.

남아공 정부는 2006년 발표한 토지개혁에서 2014년까지 백인 소유 토지의 3분의 1을 흑인에게 양도하는 것을 목표로 하고 있다. 그 토지는 인종분리 정책이 실시되던 시절의 남아공 정부가 조상 대대로 전해져 오던 토지에서 강제로 흑인들을 몰아내고 그 지역을 백인에게 팔았기 때문에 그 잘못을 되돌리고자 하는 것이 정부의 의도이다.

그러나 토지수용에 있어 다수의 백인 토지 소유자들이 정부에서 제시하는 적정가를 초과하여 요구하고 있어서, 시장원리에 맞춰서 원하는 사람이 팔고, 원하는 사람이 사는 형식(willing-buyer, willing-seller model)[50]을 더 이상 정부의 토지수용 원칙으로 고수할 수 없다고 밝히는 등 토지재분배에 있어 문제점이 드러나고 있다.

정부의 제 수용 원칙 발표에 대해 백인 농장주들을 대변하는 최대 기관인 Agri South Africa는 당연히 토지 수용은 이루어져야 하는 것에 동의하지만, 대부분의 협상이 개인 대 개인이 아닌 한 지역 전체의 이익과 관련된 문제이므로 단시일 내에 공평한 협상이 이루어지기는 현실적으로 어렵다고 밝혔다.

또한 물론 이 과정에서 일부 농장주들이 상황을 악용하려는 경우도 있으나, 대부분의 경우 정부가 제시한 토지 보상금이 최근 엄청나게 오른 토지 가치에 현실적으로 미치지 못하여 협상이 난항을 겪고 있으므로 일방적으로 농장주만 비난할 것이 아니라 타협의 필요가 있음을 강조한다.

토지개혁문제는 남아공의 잠재적인 분쟁요인으로 간주되고 있다. 남아공 정부는 강제로 몰수하지 않고 백인농장주와 가격협상을 벌여 원소유주임을

주장하는 흑인 주민에게 배분하는 정책을 폈으나 협상이 원만하게 진행되지 않아 겨우 4%만이 이전된 것으로 알려져 있다. 지금 같은 속도로 일이 처리되면 토지분쟁이 해결되는 데는 60년이 걸릴 것이라는 전망으로 인해 흑인들의 인내심이 한계에 이르면 정치 불만으로 표출될 가능성은 언제나 존재한다.

50 willing-buyer, willing-seller model은 아파르트헤이트 이후의 남아공 토지정책의 기본이었으며, 이는 정당한 가격으로 토지를 다시 구매하여 땅이 없는 흑인들에게 돌려주는 것을 보장하는 것을 골자로 하고 있다. 6백만 명의 아프리카인들이 아파르트헤이트로 인해 살던 땅에서 쫓겨났으며, 1998년 12월 31일 배상 청구 접수 시한까지 접수된 건수는 전체 대상의 10%에도 미치지 않는다고 남아공 정부는 추산한다.

언어

양철준

무지개 국가라는 이름에서 알 수 있듯 남아공은 다인종, 다종족, 다언어, 다종교, 다문화 국가이다. 다양한 인종, 종족, 언어, 종교, 문화가 한데 어우러져 남아공 사회를 구성하고 있기 때문에 다양성 속에서 조화와 화합을 지속적으로 추구해야만 하는 과제를 안고 있다. 다양성 속에서 조화와 화합을 추구하기위해서는 사회구성원들 간의 동등한 기회부여와 상호이해가 전제되어야 한다는 것은 자명하며 동등한 기회부여와 상호이해는 사회의 다양한 영역과 분야에서 적용되어야 한다.

이러한 다양한 구성요소들 중에서도 언어는 사회구성원들 간의 원활한 소통과 상호이해를 위한 기본적 도구이자 통로이기 때문에 언어상황과 언어와 관련된 문제들은 남아공 사회를 이해하는데 있어 불가결하다. 따라서 본 글에서는 언어상황을 개괄적으로 기술하고 교육, 대중매체 등 다양한 영역에서의 언어 사용을 살펴본다. 또한 역사적, 정치적 변화과정이 언어의 위상이나 인식에 어떤 변화를 초래했는지, 사회적 집단 간 역학관계의 설정과 어떤 방식으로 관련을 맺고 있는지를 일별하고자 한다. 따라서 본 글에서는 언어들을 계통에 따라 범주화하고 공용어로 지정된 11개의 언어들을 인종, 지역 등의 기준을 토대로 언어상황을 기술한다. 이와 함께 화자 수의

증감추이, 주요 사용지역 등을 표로 제시함으로써 남아공의 언어상황에 대한 이해를 돕도록 했다. 특히 일반대중들의 일상적 삶에서 가장 크게 영향을 미치는 대중매체에서의 언어사용을 일별함으로써 개별언어들이 실제적으로 얼마나 사용되는지에 대한 이해를 돕도록 했다.

1. 역사적 사건 전개와 언어

우선 남아공에서 통용되고 있는 언어들이 언제 유입되었고 어떤 맥락에서 사용되기 시작했는지 이해하기 위해서는 역사적 사건들을 시대순으로 개관하는 것이 필요하다. 오늘날 남아공에서 사용되는 언어들의 도입과 역사적 사건의 전개는 불가분의 관계를 맺고 있기 때문이다.

인류의 요람으로 알려진 동아프리카와 더불어 남부아프리카는 인류가 일찍부터 정착한 곳으로 널리 알려져 있다. 최근 트랜스발지역의 동굴에서 발견된 화석은 3백6십만 전 이전의 화석으로 추정되고 있고 1924년에도 1백만 년 이상 된 것으로 추정되는 타웅아이라는 오스트랄로피테쿠스의 두개골이 킴벌리북부에서 발견되기도 했다.

기원전 1천년 경 반투계의 언어를 사용하는 종족들이 남부아프리카로 이주하기 이전에 오늘날의 남아공에 거주했던 선주민들은 코이산어족의 언어들을 사용하던 종족들이었다. 반투계 종족들의 이주가 계속되면서 기원후 5백년 무렵에는 오늘날의 크와줄루-나탈지방까지 이르렀다. 반투계 아프리카인들의 이주와 정착으로 코이산어족의 언어들과 반투계 언어들이 접촉이 이루어졌다.

7세기 후반에 이르러서는 아랍상인들이 남부아프리카의 여러 종족집단의 구성원들과 교역을 시작하면서 외부세계와의 교류가 본격화되었다. 한편 1050년경부터 1270년경까지 림포포 강 부근에 마풍구브웨왕국이 형성되었는데 이 왕국에서 어떤 언어가 사용되었는지는 분명하게 밝혀지지 않았다.

15세기 말경에는 포르투갈인 탐험가 바르톨로뮤 디아스와 바스코 다 가마가 희망봉을 항해하면서 유럽인들의 본격적인 도래를 위한 기반을 조성했다. 16세기말 영국인 탐험가 프랜시스 드레이크가 케이프지역을 일주했다. 17세기 중반인 1652년에는 얀 반 리베이크을 필두로 한 네덜란드인들

이 네덜란드동인도회사의 중간 보급기지를 케이프지방에 설치함으로써 네덜란드인들의 정착이 본격화되었다. 한편 네덜란드동인도회사는 인도네시아, 말레이시아, 마다가스카르 등지로부터 노동력을 대거 수입했다. 이들 노동자들의 언어가 네덜란드어와 접촉하는 과정에서 수많은 어휘가 유입되었다. 게다가 17세기 후반 프랑스의 위그노들이 케이프지역에 정착하기 시작했고 독일어권 이주자들도 가세했다. 네덜란드 동인도회사가 케이프지방에 중간 보급기지를 설치한 1652년부터 1806년까지는 네덜란드어가 공식 언어로 사용되었다. 그 이후 영국계 정착민들과 네덜란드계 정착민들의 역학관계의 변화에 따라 영어와 네덜란드어가 번갈아 공식언어로 통용되었다. 1854년부터 1902년까지 보어인들이 세운 오렌지자유국은 네덜란드어를 채택했다.

한편 1860년대에는 영국인들이 나탈 지방의 사탕수수농장에 필요한 인력을 인도에서 송출함으로써 인종, 문화, 언어의 구성이 더욱 다양성을 띠게 되었다. 1899년부터 1902년까지 지속된 앵글로-보어전쟁의 결과 영어가 주도적 지위를 차지했다. 그러다가 1910년 남아프리카연방(Union of South Africa)의 출범과 함께 영어와 네덜란드어가 공용어로 지정되었다. 1914년 국민당이 창당되었고 1925년에는 아프리칸스어가 네덜란드어 대신 공용어로 자리 잡았다.

1948년부터 1976년까지는 악명 높은 인종차별정책인 아파르트헤이트정책이 도입되면서 아프리칸스어와 영어가 공용어로 남고 아홉 개의 아프리카언어들은 이른바 반투스탄 이내로 그 사용이 제한되었다. 특히 1953년부터 1979년까지 반투교육법(Bantu Education)의 도입과 함께 초기교육과정의 8년간 모어를 통해 교육받을 수 있는 정책을 추진했다. 초등교육의 초기과정을 아프리카언어들로 이수하고 그 이후 교육언어로서 영어나 아프리칸스어로 전환하는 정책을 취했다. 이러한 정책의 추진과정에서 1976년 중등학교에서 과목의 절반을 아프리칸스어로 교육시키려는 백인 정부의 정책에 반대해서 학생들이 소웨토봉기를 일으켰다. 1989년부터 1994년까지는 아프리카민족회의(ANC)를 비롯한 정당을 합법화시켰고 넬슨 만델라를 비롯한 정치범들을 석방시킴으로써 소수백인통치에서 다수의 흑인들이 통치하는 시대로의 이행을 추진했다.

1994년 흑인정권이 들어서고 1996년의 신헌법을 통해 11개의 언어를 공식 언어로 지정함으로써 남아공은 다언어주의를 언어정책의 근간으로 삼았다. 즉, 아파르트헤이트정책을 시행하면서 주변부화 되었던 아프리카언어들을 공용어로 지정함으로써 다언어주의와 언어에 대한 권리를 정책의 근간으로 설정하고 이러한 가치 하에 사회의 다양한 분야에서 적용하기 위해 노력하고 있다.

2. 용어와 언어명

남아공의 언어상황을 살펴보기 전에 우선 상호 교차적으로 혹은 불명확하게 사용되는 용어에 대한 명확한 정의가 필요하다. 동일한 용어일지라도 사용하는 사람이나 맥락에 따라서 의미상의 차이가 드러나기 때문이다.

우선 반투어(Bantu languages)는 일반적으로 명사부류나 파생동사체계와 같은 독특한 문법체계를 공유하고 있는 일군의 언어들을 지칭하는데 사용되지만 남아공에서는 특수한 역사적 사건과 맥락으로 인해 부정적인 의미를 내포하고 있기 때문에 반투어라는 용어보다는 아프리카어라는 용어가 널리 사용된다. 그런데 남아공에서 아프리카어라는 용어는 개별언어가 속한 어족과는 무관하게 아프리카에 그 기원을 두고 주로 아프리카에서 사용되는 언어들을 총칭한다. 따라서 반투어, 코이산어는 물론 아프리칸스어도 비록 어족은 상이하지만 아프리카언어로 간주된다.

교통어(lingua franca)라는 용어로 많이 알려진 광범위한 의사소통을 위한 언어(language of wider communication, LWC)란 특정언어공동체의 경계를 넘어 공통의 언어로 통용되고 다른 나라들과의 상호교류를 위해 사용되는 언어로서 남아공에서는 영어가 이러한 기능을 수행하고 있다. 정도의 차이는 있지만 아프리칸스어와 줄루어도 일부의 제한된 영역에서 LWC로서의 기능을 수행한다.

화자 수, 지위, 기능 등을 기준으로는 다수어(major language)와 소수어(minor language)로 구분된다. 우선 다수어는 공식 언어로서의 지위를 갖고 있고 제1 언어로서 구사하는 화자들의 수가 많은 언어를 가리키는 용어인데 남아공의 11개 공식어가 다수어라고 볼 수 있다. 이에 반해 소수어는 화자 수도 적으며 공적인 영역에서 거의 사용되지 않는 언어들을 의미한다.

일반적으로 이중언어 사용(bilingualism)은 어떤 개인이나 특정집단의 화

자가 두 개의 언어를 사용하는 경우를 말하는데 하나의 언어공동체에 속한 구성원들이 그 언어공동체 안에 두 개의 언어가 쓰인다는 사실에 대한 심리적 인식을 가리킨다. 그런데 남아공에서는 이중언어 사용이 두 언어에 대한 지식, 특히 아프리칸스어와 영어를 구사할 수 있는 능력을 의미한다.

다음은 남아공의 11개 공용어의 언어명과 언어를 의미하는 부류접사가 사용된 언어명, 기타 명칭이다.

언어명	언어를 의미하는 부류접사포함 언어명 (아프리카언어들의 경우)	혼용되는 명칭
Zulu	isiZulu	Zunda
Xhosa	isiXhosa	Xosa, Koosa, Kaffer, Kaffir, Caffre, Cafre, Cauzuh
Afrikaans	n/a	Cape Dutch, Kitchen Dutch
Pedi	Sepedi	Northern Sotho, Tranvaal Sotho, Sesotho sa Leboa
English	n/a	
Tswana	Setswana	Tsiwaha, Beetjuans, Chuana, Coana, Cuana, Sechuana
Sotho	Sesotho	Southern Sotho, Sesuthu, Suto, Suthu, Souto, Sisutho
Tsonga	Xitsonga	Thonga, Tonga, Shitsonga, Gwamba, Shangaan, Shangana
Swati	siSwati	Swazi, siSwazi, Tekela, Tekeza, Thithiza, Yeyeza
Venda	Tshivenda	Chivenda, Luvenda
Ndebele	isiNdebele	South Ndebele, isiKhethu, Nrebele, Ndzundza, Transvaal Ndebele

3. 계통적 분류에 의한 남아공의 공용어

남아공의 11개 공용어를 계통적으로 분류하면 영어와 아프리칸스어는 인도유럽어족의 게르만어에 속하는데 더 하위 단위로 내려가면 서게르만어에 속한다. 나머지 언어들은 모두 반투어족의 남동반투어군으로 분류된다. 그러나 다시 하위단위로 내려가면 줄루어, 코사어, 은데벨레어, 스와티어는 응구니어계語系에 속하고 페디어, 소토어, 츠와나어는 소토어계로 범주화된다. 화자 수를 기준으로 응구니계의 줄루어와 코사어가 가장 유력한 언어인데 줄루어는 크와줄루-나탈, 음푸말랑가주 남동부, 하우텡에서 주로 사용되며 코사어는 동케이프주에서 널리 통용된다.

동일한 어계語系에 속하는 언어들은 비록 개별언어로 분류되지만 상호이해가 가능할 정도로 많은 특성을 공유하고 있다. 예컨대 스와티어 화자와 줄루어 화자는 상호이해가 가능할 정도로 유사성을 가지고 있다.

2001년을 기준으로 응구니계의 언어들을 사용하는 화자들의 수는 20,490,709명, 소토계 언어들의 화자 수는 11,441,182명으로 집계되었다.

言語 (language)	語族 (family)	語群 (group)	下位語系(subgroup, branch)
아프리칸스어	Indo-European	Germanic	West-Germanic (Low)
영어	Indo-European	Germanic	West-Germanic (Anglo-Frisian)
은데벨레어	Niger-Congo(Bantu)	South Eastern Bantu	Nguni (Zunda)
코사어	Niger-Congo(Bantu)	South Eastern Bantu	Nguni
줄루어	Niger-Congo(Bantu)	South Eastern Bantu	Nguni
페디어	Niger-Congo(Bantu)	South Eastern Bantu	Sotho
소토어	Niger-Congo(Bantu)	South Eastern Bantu	Sotho
스와티어	Niger-Congo(Bantu)	South Eastern Bantu	Nguni (Tekela)
츠와나어	Niger-Congo(Bantu)	South Eastern Bantu	Sotho
벤다어	Niger-Congo(Bantu)	South Eastern Bantu	n/a
총가어	Niger-Congo(Bantu)	South Eastern Bantu	n/a

남아공의 공용어 사용 현황

언어	화자 수	전체 인구 대비 비율	주요 사용 지역
아프리칸스어	5,811,547	14.4	서케이프, 하우텡, 북케이프
영어	3,457,467	9.0	크와줄루-나탈, 서케이프, 하우텡
은데벨레어	586,961	1.5	하우텡, 음풀말랑가
코사어	7,196,118	18.0	동케이프
줄루어	9,200,144	23.0	크와줄루-나탈, 하우텡, 음푸말랑가주 남동부
페디어	3,695,846	9.2	하우텡, 북부주
소토어	3,104,197	7.7	자유주, 하우텡
스와티어	1,013,193	2.5	음푸말랑가, 하우텡
츠와나어	3,301,774	8.2	북서주, 하우텡
벤다어	876,409	2.2	북부주
총가어	1,756,105	4.4	하우텡, 북부주
기타	583,813	0.6	하우텡, 크와줄루-나탈
총계	40,583,573	100.0	

출처: The People of South Africa Population Census 1996

1980년 이후 남아공 언어별 화자 수 증감 추이

언어	1980	1991	1996	1998	2001
줄루어	6,064,480	8,343,587	9,200,144	10,194,787	10,677,305
코사어	2,879,360	6,729,281	7,196,118	7,610,435	7,907,153
아프리칸스어	4,925,760	5,685,403	5,811,547	5,945,805	5,983,426
페디어	2,431,760	n/a	3,695,846	3,832,645	4,208,980
영어	2,815,640	3,422,503	3,457,467	3,692,157	3,673,203
츠와나어	1,444,908	3,368,544	3,301,774	3,613,925	3,677,016
소토어	1,877,840	n/a	3,104,197	3,539,261	3,555,186
총가어	888,140	1,439,809	1,756,105	1,776,505	1,992,207
스와티어	650,600	952,478	1,013,193	1,068,733	1,194,430
벤다어	169,740	673,538	876,409	1,227,824	1,021,757
은데벨레	459,880	n/a	586,961	654,304	711,821
기타	292,360	640,277	228,275	157,767	217,293
불특정언어	n/a	n/a	355,538	10,868	n/a
총계	26,271,060	31,255,420	40,583,574	43,325,017	44,819,778

출처: Statistics South Africa

개별언어의 인종별 언어사용 분포 비율

언어	흑인	컬러드	인도계 혹은 아시아계	백인	총계
아프리칸스어	0.7	79.5	1.7	59.1	13.3
영어	0.5	18.9	93.8	39.3	8.2
은데벨레어	2.0	0.0	0.3	0.1	1.6
코사어	22.3	0.3	0.1	0.1	17.6
줄루어	30.1	0.3	0.2	0.1	23.8
페디어	11.9	0.1	0.0	0.0	9.4
소토어	10.0	0.2	0.0	0.0	7.9
츠와나어	10.3	0.4	0.0	0.1	8.2
스와티어	3.4	0.1	0.0	0.0	2.7
벤다어	2.9	0.0	0.0	0.0	2.3
총가어	5.6	0.0	0.0	0.0	4.4
기타	0.3	0.2	3.8	1.1	0.5
총계	100	100	100	100	100
	35.42백만	3.99백만	1.16백만	4.29백만	44.82백만

출처: Statistics South Africa 2001

지역별 주요 언어

지역	언어 (비율)
동케이프	코사어 (83%), 아프리칸스어 (9%)
자유주	소토어 (64%), 아프리칸스어 (12%)
하우텡	줄루어 (21%), 아프리칸스어 (14%), 소토어 (13%), 영어(12%)
크와줄루-나탈	줄루어 (81%), 영어 (13%)
림포포	페디어 (52%), 총가어 (22%), 벤다어 (16%)
음푸말랑가	스와티어 (31%), 줄루어 (26%), 은데벨레어(12%)
북케이프	아프리칸스어 (68%), 츠와나어 (21%)
노스웨스트	츠와나어 (65%), 아프리칸스어 (7%)
서케이프	아프리칸스어 (55%), 영어 (19%), 코사어 (23%)

출처: Census 2001

4. 언어별 개요

4.1 줄루어

줄루어는 응구니어계의 대표적인 언어로서 가장 많은 화자 수를 보유하고 있다. 2001년을 기준으로 무려 천만 명 이상의 화자를 보유한 남부아프리카의 주요 언어이다. 오랜 구전문학 전통을 지니고 있음은 물론 다른 아프리카언어들과는 달리 다양한 장르에 걸쳐 문학작품이 산출되었다. 일찍부터 중앙집권화 된 권력구조를 형성했으며 4만 명 이상의 강력한 군대를 갖추고 위계 구조적 통치스타일을 확립하고 절대 권력을 행사했던 샤카가 1815년 줄루족의 족장에 오르면서 주변 종족들에 대한 정복과 복속을 통하여 광대한 지역에 걸쳐 영향력을 미쳤다. 줄루어는 크와줄루-나탈지방과 하우텡지방에서 주로 사용되지만 레소토, 스와질랜드, 말라위에서도 사용된다. 줄루어는 남아공의 주요도시인 요하네스버그(EGolii)와 행정수도인 프레토리아(ePitoli) 인근지역에서도 사용되기 때문에 줄루어에 기반을 둔 도시지역의 방언인 이시캄토(isiCamtho)는 도시의 청소년들 사이에 널리 사용된다. 특히 크와이토(kwaito)의 음악의 보급과 함께 도시문화의 정체성을 표현하기 위해 매개체로 자리 잡았다.

4.2 코사어

코사어는 응구니계열의 언어로서 성조언어이다. 코사족은 일찍부터 코이산어를 사용하는 목축민들과 접촉했기 때문에 코사어에도 코이산어의 영향이 남아 있다. 코이산어의 음성학적 특성인 흡착음(설타음)이 코사어에도 영향을 미쳐 그 흔적이 남아 있다. 코사어는 남서케이프지역과 트랜스카이 지역에서 주로 통용되지만 레소토에도 소수의 화자가 존재한다.

4.3 아프리칸스어

아프리카너들은 보어계의 백인들을 지칭하는 인종적 개념의 용어이고 아프리칸스는 언어, 인종적 개념과는 무관하게 아프리칸스어를 사용하는 사람들을 아프리칸스 혹은 Afrikaanssprekendes라고 한다. 일반적으로 아프리칸스어의 기원은 17세기의 네덜란드어에 두고 있고 19세기 후반까지만 해도 네덜란드어의 방언으로 취급되기도 했으나 그 이후에는 개별언어로 간주되고 있다. 주로 북케이프지방과 서케이프지방에서 통용된다. 도시로는 프레토리아와 불룸폰데인을 중심으로 많이 사용되는데 제1 언어로 아프리칸스어를 구사하는 화자의 수는 약 6백만 명으로 추산되지만 제 2언어로 사용하는 화자들까지 포함할 경우 화자 수가 약1천만 명에 달하는 것으로 추산된다. 아프리칸스어는 영어, 말레이어, 독일어, 포르투갈어, 불어, 반투어, 코이산어 등 다양한 언어의 영향을 받았다. 케이프 아프리칸스어(Kaapse Afrikaans), 오렌지강 아프리칸스어(Oranjerrivierafrikaans), 동케이프 아프리칸스어(Oosgrensafrikaans) 등 지역에 따른 방언이 존재하는데 표준 아프리칸스어는 동케이프 아프리칸스어에 토대를 두고 있다. 아프리칸스어는 아파르트헤이트 정책이 실행되던 당시에는 다수의 흑인들에게 있어서 압제자들의 언어로 인식되기도 했다.

4.4 페디어

페디인들(Bapedi)은 주로 농업에 종사하는 반투계의 종족이다. 이들이 사용하는 언어가 페디어(Sepedi)인데 북소토어라는 명칭으로도 많이 알려져 있다. 표준 북소토어가 페디방언에 기초하고 있기 때문에 페디어라는 이름이 사용되는데 북소토어가 좀 더 광의적의 의미의 용어이다. 하우텡, 림포포, 음푸말랑가 지역에서 주로 사용되는데 약 30개의 방언이 존재한다.

4.5 영어

영어가 남아공에서 처음으로 사용되기 시작한 것은 18세기 말인 1795년으로 거슬러 올라간다. 19세기 초 많은 수의 영국인들이 케이프지역에 정착하면서 영어가 본격적으로 사용되기 시작했다. 비록 영어를 모어로 사용하는 인구는 전체인구 대비 9%에 지나지 않으나 제2, 혹은 제3의 언어로 광범위하게 통용된다. 1996년에 실시된 조사에 의하면 2,199,408명이 영어를 제2 언어로 사용하는 것으로 나타났다. 또한 영국계 남아공인들의 영어, 남아공 흑인들의 영어(Black South African English), 인도계 이주민들의 영어, 컬러드들의 영어, 아프리카너계의 영어 등 다양한 변이형이 존재한다. 다른 언어를 사용하는 남아공인들이 영어를 이해하는 비율은 아래와 같다.

언어	아프리칸스어	페디어	소토어	츠와나어	스와티어	은데벨레어	코사어	줄루어	벤다어	총가어
비율	50	19	28	14	27	3	24	32	1	24

4.6 츠와나어

츠와나어는 츠와나인들(Batswana)이 사용하는 언어로서 보츠와나에서는 공용어로 지정되어 있고 남아공에도 다수의 츠와나어 화자들이 있다. 츠와나어는 계통적으로 소토어계의 남소토어와 페디어 (북소토어)와 밀접하게 관련되어 있지만 츠와나인들은 문화적으로 자신들과 소토인들을 동일시하지 않는다. 11세기부터 12세기경까지 츠와나인들은 오늘날의 트랜스발지역에 정착하기 시작한 반유목민들로서 여성들은 농업에 종사하고 남성들은 가축을 기르거나 광산노동자로 일한다. 아파르트헤이트 정책이 시행되던 상황 하에서는 츠와나인들이 밀집해 거주하는 지역을 보푸타츠와나(Bophuthatswana)로 지정하기도 했다.

4.7 소토어

소토어는 남아공의 자유주와 남부하우텡에서 주로 통용되는 언어이다.

레소토에서는 전체인구의 약 85%가 소토어를 구사하기 때문에 국어로 지정되어 있다. 계통적으로 페디어와 츠와나어와 밀접하게 관련되어 있다. 그런데 코이산어의 차용어가 소토어에서 상당수 나타나는데 이는 역사적으로 코이산어 사용자들과 소토어 사용자들이 상호 접촉했다는 증거이기도 하다.

4.8 총가어

총가족은 림포포강 유역에 정착한 종족으로 총가어는 남아공의 북부주와 음푸말랑가주뿐만 아니라 인근의 모잠비크, 스와질랜드, 짐바브웨에서도 통용된다. 총가족은 롱가(Ronga), 츠와(Tswa), 총가(Tsonga)의 하위종족집단으로 구성되어 있는데 이들 집단의 구성원들은 아무런 어려움 없이 상호 의사소통을 할 수 있다. 모잠비크에서 통용되는 총가어는 샹간이라는 이름으로 알려져 있다.

4.9 스와티어

스와티족은 본래 크와줄루-나탈지방의 퐁골라강 유역에 기원을 두고 있다. 스와지라는 이름으로도 알려져 있는데 이는 줄루족이 스와티족에 대해 사용하는 명칭이다. 스와티인들은 1750년부터 1770년까지 들라미니 1세의 통치를 받았으며 줄루족들에게 북쪽으로 밀려났다. 아파르트헤이트정책을 추진하면서 스와지인들이 집단적으로 거주하도록 카응그와네(KaNgwane)라는 홈랜드를 편성해서 일정한 수준의 자치권을 부여했다. 스와티어는 줄루어와 유사하지만 표준화 과정에서 두 언어 간의 차이가 더욱 커졌다.

4.10 벤다어

벤다인들(Vhavenda)은 문화적으로 쇼나인들과 밀접하게 관련되어 있다. 벤다어도 쇼나어와 페디어(북소토어)와 특성을 공유하고 있다. 치파니방언(Tshipani)이 표준벤다어로 채택되었다.

4.11 은데벨레어

은데벨레어는 은데벨레인들(amaNdebele)이 사용하는 언어로서 짐바브웨에서 사용되는 북北은데벨레어(Northern Ndebele)와 남아공에서 통용되는 남南은데벨레어(Southern Ndebele)로 대별된다. 남아공에서 통용되는 은데벨레어는 다시 북트랜스발 은데벨레어와 남트랜스발 은데벨레어로 나뉜다. 짐바브웨에서는 인구의 약 15% 정도가 은데벨레어를 사용한다.

5. 언어와 대중매체

대중매체는 인쇄매체와 방송매체로 구분되고 인쇄매체는 신문과 잡지, 방송매체는 라디오와 텔레비전으로 대표된다. 그런데 남아공의 활자매체와 방송매체에 사용되는 언어를 보면 활자매체에는 영어와 아프리칸스어가 압도적으로 많이 사용된다. 물론 영어와 아프리칸스어는 방송에도 주요한 언어로 사용되는데 아프리카언어들은 인쇄매체에서는 그 사용이 지극히 제한적이다.

5.1 지역별 주요 일간신문의 사용언어와 발행부수

주	일간신문	사용언어	발행부수
동케이프	Die Burger (Oos-Kaap)	아프리칸스	23,849
	Cape Times	영어	45,594
	Daily Dispatch	영어	70,486
	Eastern Province Herald	영어	30,000 (주중)
			25,000 (토요일)
	Evening Post	영어	19,000
자유주	Die Volksblad	아프리칸스어	28,000 (주중)
			23,000 (토요일)
하우텡	Beeld	아프리칸스어	111,958 (주중)
			81,000 (토요일)
	Business Day	영어	44,000
	The Citizen	영어	114,000 (주중)
			108,000 (토요일)
	The Pretoria News	영어	25,500 (주중)
			14,000 (토요일)
	Sowetan	영어	225,000

주	일간신문	사용언어	발행부수
	The Star	영어	168,539
	Transvaaler	아프리칸스	40,000
크와줄루-나탈	The Daily News	영어	50,000
	Mercury	영어	40,000
	The Witness	영어	26,000
북케이프	Diamond Fields Advertiser	영어	8,149
노스-웨스트	Rustenburg Herald	영어 & 아프리칸스어	16,500
서케이프	Die Burger	아프리칸스어	105,841 (주중)
			97,881 (토요일)
	Cape Argus	영어	85,000

아프리카어로 발행되는 신문들로는 츠와나어로 발행되는 Seipone, 코사어로는 Imvo, 줄루어로는 Ilangana LaseNatali와 UmAfrika가 있다.

5.2 라디오 방송국

언어	라디오 방송국
아프리칸스어	Radio Sonder Grense (RSG)
영어	SAfm, Radio 2000, Metro FM, 5FM
은데벨레어	Ikwekwezi
소토어	Lesedi
페디어	Thobela
츠와나어	Motswedi, Radio Mmabatho
스와티어	Ligwalagwala
총가어	Munghana Lonene
벤다어	Phalaphala
코사어	Umhlobo Wenene, CKI FM
줄루어	Ukhozi

텔레비전의 경우에는 남아공방송사 (South African Broadcasting Company, SABC)가 11개의 공용어로 방송을 하는데 SABC 1에서는 영어, 응구니계의 언어 (줄루어, 코사어, 은데벨레어, 스와티어)로 방송을 하고 SABC 2는 영어, 아프리칸스어, 소토계의 언어들(페디어, 소토어, 츠와나어)로 방송을 한다. SABC 3는 전적으로 영어를 이용한다. SABC 1과 SABC채널에서는

총가어와 벤다어를 포함한 다언어로 방송을 하기도 한다. 다음은 1996년부터 2003년까지 SABC의 언어별 편성표이다.

채널& 언어 / 연도	SABC 1			SABC 2				SABC 3
	영어	응구니계 언어	다 언어	영어	아프리칸스어	소토계 언어	다 언어	영어
1996	29.17	37.5	33.33	22.77	15.70	31.41	30.38	100
1997/1998	53.07	24.48	22.45	42.36	20.31	13.29	23.44	100
1998/1999	64.33	16.38	19.29	41.29	23.1	13.31	21.7	100
1999/2000	73.6	14.29	12.09	46.89	22.64	10.55	19.63	100
2000/2001	71.62	15.39	12.99	49.6	29.59	12.29	8.39	100
2001/2002	70.68	17.2	11.93	47.9	32.29	12.95	6.81	100
2002/2003	71	15	14	47	31	15	7	100
평균	61.48	20.23	18.26	42.3	24.66	15.62	17.26	100

* 다언어에는 총가어와 벤다어도 포함된다.
출처: Olivier, JAK (2003: 70)

보통 아프리칸스어나 아프리카언어들이 방송 중에 사용되면 영어로 번역해서 자막을 제공함으로 이해를 돕는다. 한편 유료 텔레비전 채널인 M-net가 소유한 Kyknet가 1999년 방송을 개시했는데 아프리칸스어로 방송을 한다.

사회문화

박 정 경

인종차별에 대한 저항 운동으로 노벨평화상을 수상한 투투 주교(Archbishop Desmond Tutu)는 아파르트헤이트 정책이 종식되고 다인종 참여 선거를 통해 민주화가 이루어진 1994년, 남아공에 '무지개국가'(Rainbow Nation)라는 신조어를 부여했다. 일곱 빛깔이 모여 하늘을 아름답게 장식하는 무지개처럼 남아공은 다양한 문화적 배경을 가진 인종 집단들이 모여 한 나라를 이루고 있다. 남아공 국민을 구성하는 집단의 다인종·다문화적 특성은 사회와 문화 각 방면에서 관찰된다.

남아공 근·현대사는 다수 집단인 흑인과 이 다수 집단을 지배하려는 소수 집단인 백인들 간의 갈등으로 점철되어 있었다. 1948년 국민당이 집권하고 아파르트헤이트 정책이 실시되자 이러한 흑백간의 인종 갈등은 첨예한 대립 양상을 띠면서 일련의 폭력 사태를 낳게 된다. ANC가 정권을 차지하면서 흑인의 정치적인 평등은 이루어진지 십 수 년이 지났지만, 아파르트헤이트의 여파는 여전히 남아공 사회와 문화의 성격을 규정하는 요소로 작용하고 있다. 이 글에서는 몇 가지 주제를 통해 남아공 사회와 문화의 일면을 고찰해보고자 한다.

현재 남아공 사회를 위협하는 가장 큰 문제점은 HIV/AIDS와 범죄라 할

수 있다. 남아공 사회의 실상을 접하기 위해서는 이 두 문제가 남아공에 어떠한 영향을 끼치고 있는지에 대한 논의가 선행되어야 할 것이다. 또한, 남아공 국민들의 여론을 주도하는 남아공 언론은 남아공 사회를 이해하는 데 필요한 자료를 제공한다. 라디오, 텔레비전, 신문 등 남아공 주요 언론 매체들의 특성이 본문에서 간략히 언급될 것이다. 아울러 이 글에서는 남아공 국민들의 정신세계를 엿볼 수 있는 남아공의 종교에 대한 논의가 이루어질 것이다. 특히, 서구에서 유입된 기독교가 아프리카 전통 신앙과 결합된 형태로 나타나는 아프리카 독립교회는 남아공 종교를 논하는 데 있어 간과해서는 안 될 주제이다. 마지막으로 본문에서는 남아공 작가들이 자신의 삶 속에서의 경험을 표현한 남아공 문학의 역사를 살펴봄으로써 남아공 사회와 문화의 다양한 면모에 대한 조명을 시도한다.

1. 남아공 사회의 HIV/AIDS

남부 아프리카는 세계에서 HIV/AIDS가 가장 만연한 지역이다. 2005년 유엔에이즈계획(UNAIDS)의 조사에 따르면 전 세계 '면역결핍바이러스'(HIV) 감염자의 32%와 AIDS 사망자의 34%가 남부 아프리카에 집중되어 있다. 남아공의 전체 인구 4천4백만(CIA-the World Factbook 2007) 중 HIV에 감염된 사람은 5백5십만 명 정도로 추산된다(UNAIDS 2005). 이는 전체 인구의 약 13%가 현재 '후천성면역결핍증'(AIDS)을 앓고 있거나 몇 년 내에 AIDS 환자가 될 처지에 놓여 있다는 뜻이다. 실제로 2006년, 15세와 49세 사이에 죽음을 맞이한 남아공 사람들 71%의 사망원인은 AIDS였다. 현재 남아공 사람들의 평균 수명은 54세에 불과한데, AIDS 관련 사망요인을 제외하면 평균 수명은 64세에 이를 것으로 추정된다. 현 추세가 계속된다면 지금 15세인 남아공 청소년들 중 절반 이상이 60세에 이르기 전에 죽음을 맞이하게 될 것이다.

1.1 HIV/AIDS가 만연하게 된 원인

HIV는 지역에 따라 다른 유형의 감염 경로를 보이고 있다. 대체로 서양

과 아프리카를 중심으로 두 개의 감염 경로를 정리할 수 있는데, 이것을 제1 유형, 제2 유형으로 구분하고자 한다. 제1 유형은 주로 동성애를 통해 감염되는 경로로 서방국가에서 흔히 발견되는 형태이다. 제1 유형은 남성 동성연애자가 주를 이루며 미국과 서유럽 그리고 호주에 집중적으로 분포되어 있다. 제1 유형에는 이 밖에도 주사 바늘을 통한 감염도 포함되어 있는데, 역시 마약 사용이 빈번한 서방 국가에 집중되어 있다.

제2 유형은 이성 간의 성 접촉으로 감염이 되는 것으로 사하라이남 아프리카와 라틴 아메리카 그리고 인도 등에서 보편적으로 발견되고 있는 감염 경로이다. 이성 간의 성 접촉에 의한 감염이라 남녀 간의 감염비율은 동등하다. 제2 유형의 감염 경로는 그 범위가 급속도로 확산되고 있는 형편이며, 더욱이 문제가 되고 있는 것은 감염자를 통한 간접 감염이 발생하고 있다는 것이다. 산모-태아로 HIV 바이러스가 옮겨가는 수직 감염이 그 대표적인 형태로 특히 사하라이남 아프리카에서 높은 발생 비율을 보여주고 있다. 지금까지의 감염 경로와 특성을 정리하면 다음과 같다.

	HIV 1 유형	HIV 2 유형
지역	서양	아프리카
발생 형태	동성애/마약투여	이성애/산모-아이
유아 감염	거의 0%	일반적

남아공에서는 독특하게 두 가지 유형이 모두 발견되었다. 이것은 남아공이 갖고 있는 특이한 사회 구조에서 비롯된 것으로 보인다. 1980년대 초반에는 제1 유형이 지배적이었음에 반해 1990년대에 접어들면서 제2 유형이 압도적인 HIV 감염 경로로 나타나고 있다. 특히 산모-아이로 이어지는 HIV 감염은 남아공의 장래를 어둡게 만들고 있다.

위에서 살펴보았듯이 HIV/AIDS는 남아공에 두 경로를 통해서 들어온 것으로 추정되고 있다. 먼저 처음 AIDS 환자가 보고된 것은 1982년이었다. 이 환자는 남성 동성연애자로 미국의 캘리포니아에서 처음 감염된 것으로 추정되고 있다. 당시에 HIV 2유형이 이미 앙골라와 모잠비크 그리고 짐바브웨와 남아공 일부에서 발견되었지만, HIV 1유형은 1980년대 초반 남아공에서의 대표적인 감염 경로였다.

흑인 사회에 처음 HIV 감염자가 발견된 것은 1980년대 중반으로 지금의 하우텡 주(州) PWV(Pretoria-Witerwatersland- Vereeniging) 지역에서 였다. 이 지역은 금광이 집중적으로 몰려 있는 곳으로 아프리카 각국에서 몰려 온 이주 노동자들이 함께 호스텔 생활을 해왔던 곳이다. 흑인 사회의 HIV는 아프리카의 'AIDS벨트'(African AIDS belt)라고 알려져 있는 잠비아에서 이주해 온 흑인 노동자에 의해 도입되었을 가능성이 높다고 여겨진다. HIV의 이동 경로가 이주 노동자와 난민의 이주 경로와 거의 일치한다는 점과 HIV 감염자 빈도수가 높은 지역이 PWV를 중심으로 일정한 거리를 두고 원형을 그리는 지점에 집중되어 있다는 사실 등이 이러한 가능성을 뒷받침하고 있다. 일단 이 지역에서 1차 감염된 HIV 감염자는 계약 노동이 끝난 후 고향으로 돌아가 HIV를 전파하는 감염 경로 역할을 했을 것으로 추정된다.

이렇게 흑인 사회에 전파된 HIV가 열악한 사회 구조를 타고 급속도로 퍼져나가기 시작하게 되면서 AIDS 확산에 대한 책임 소재는 1980년대 초반의 백인 동성연애자에서 흑인들에게 넘어가게 된다. 이 시기에 이르러 일부 극우파 백인들 사이에서 AIDS는 남아공 땅에서 흑인을 청소하기 위한 "최후의 심판"이라는 극단적인 주장까지 등장하게 된다. 남아공의 일부 백인들은 AIDS야 말로 무분별하게 인구를 생산해 내는 흑인들에 대한 응징이라고 생각하고 있으며, AIDS가 궁극적으로 흑인 인구를 감소시킬 것으로 믿고 있다.

통계에 따르면 남아공의 HIV 감염자의 대부분이 흑인인 것은 사실이다. 하지만 이러한 현상은 일부 백인들이 생각하고 있는 것처럼 흑인의 원시성에서 비롯된 성에 대한 무절제함에서 비롯된 것이라고 이해하기보다는, 위에서 살펴본 바와 같이 아파르트헤이트 정권 아래 열악한 환경에서 노동력을 제공해야 했던 흑인들의 사회 구조적인 문제에서 비롯된 것이라고 해석해야 한다. 문제는 1994년 이후 들어선 흑인 정권이 야심차게 시도했던 각종 AIDS 계획이 관료주의와 부정부패 등으로 실패하면서, 사정이 더욱 나빠졌다는 데 있다. 그러므로 남아공에서 HIV/AIDS가 만연하게 된 데에는 정치적인 요인이 결정적으로 작용했다고 볼 수 있다. HIV감염자수 증가율이 극에 달한 1993년부터 2000년까지 남아공은 정치적 격변 시기를 경험했다.

남아공의 경우는 HIV/AIDS 문제를 다루는 정부의 관료주의적 사고방식이 어떻게 국민들을 절망에 몰아넣고 있는지 극명하게 보여주고 있다. 1992년 10월, 남아공 정부는 흑백 간의 정권이양을 앞두고 범 국가 차원의 회의를 통해 HIV/AIDS와 관련된 국가 정책을 수립하고자 "남아공 AIDS 조정위원회"(NACOSA)를 결성했다. 이 정책의 골자는 NACOSA가 각 정당과 노동조합 그리고 산업 분야, 시민 사회, 교회, 학계, 정부 등 각종 기관과 단체와의 교류를 통해 집중적인 상담 프로그램을 개발한다는 것이었다. 그리고 그 초안은 1993년에 나왔다. 내용은 HIV 감염과 사회적 충격 완화, AIDS에 대항하기 위한 지방, 국가, 국제적 자원의 활용 등을 포함하는 야심만만한 처방이었다.

1994년 흑인 정권이 들어서면서 NACOSA의 전략이 본격적으로 실시되어 NACOSA의 초안은 국가 AIDS 계획으로 이전되었고 예산과 기부금이 전년 대비 두 배 많이 할당되었다. 하지만 문제는 NACOSA가 AIDS를 단순히 개인적인 질병의 차원에서 접근을 했다는 것이다. 이와 함께 신정부가 안고 있는 현안 문제, 즉, 아파르트헤이트 정권이 만들어 놓은 사회적 불균형을 재조정하는 데 전력을 기울여야 하는 형편에서 관료주의자들의 나태함은 NACOSA의 활동을 가로막는 장애요소로 작용했다. 중앙정부와 주정부 그리고 지역 정부 간에 예산 할당을 놓고 벌이는 관료주의적 행태는 AIDS 개발 계획을 실행에 옮기는 데 커다란 걸림돌이었다.

NACOSA의 가시적인 성과가 없는 상황에서 정부는 WHO의 '지구촌 AIDS계획'(GPA)을 도입했다. 하지만 이 정책은 NACOSA의 정책과는 또 다른 노선을 취하는 등 남아공의 AIDS 정책은 혼선을 거듭하게 된다. 정부 차원에서의 야심에 찬 AIDS 계획이 2년째 벽에 부딪치면서 HIV 감염률은 1994년의 7.6%에서 1996년에는 무려 두 배에 가까운 14.2%로 뛰어 오르게 된다.

여기에 더해 각종 스캔들과 부정부패는 정부의 AIDS 계획의 신뢰성에 결정적으로 금이 가게 만드는 결과를 가져왔다. 그 대표적인 예가 대중에게 AIDS에 대한 홍보를 하기 위해 만든 '사라피나 II(Sarafina II)'라는 오페라였다. '사라피나 II'는 1천4백2십만 란드라는 막대한 예산을 투자한 오페라였지만, 예산 집행의 방만함과 부패로 인해 국가적인 실패로 돌아갔다.

HIV 억제에 효과가 있다는 AZT의 대체 의약으로 알려진 비로딘

(Virodene PO58)에 대한 남아공 정부의 대응도 관료주의적 틀에서 벗어나지 못한 채 이권 다툼에서 헤어나지 못하고 있는 형편이다. 비로딘은 AZT와 마찬가지로 항암제로 개발되었으나, 부작용으로 인해 사용이 금지되어 오던 중 HIV와 같은 종양 바이러스에 효과가 있다는 연구 결과가 나와 개발 가능성을 보여주었다. 하지만 특허권 문제를 둘러싸고 연구진과 정부 부처 간의 갈등이 불거지면서 연구 개발은 제자리걸음을 하고 있다.

남아공 정부는 1999년에 그 동안 HIV에 상당한 실효를 거두고 있는 것으로 판명된 AZT의 사용을 전면 금지한다고 공포했다. 당연히 이에 따른 찬반론이 거세게 일어났다. 남아공의 보건부 장관 쥬마(Zuma)는 정부에서 AZT를 금하는 몇 가지 이유를 제시했다. 첫째, 값이 너무 비싸다. AZT는 미국의 Glaxo-wellcome이라는 회사가 특허를 가지고 있는 약으로 그 동안 약값이 지나치게 비싸 아프리카를 비롯한 제3 세계에서 AZT를 이용한다는 것은 거의 불가능했다는 것이 일반적인 여론이었다. 이에 미국 정부는 중재에 나서 Glaxo-Wellcome사는 남아공 정부에 약값의 70%를 할인해 제공할 의사를 내비쳤다. 그럼에도 불구하고 남아공 정부는 AZT를 사들이는데 예산이 8천만 란드가 필요하다고 주장한다.

둘째, AZT가 효과를 보았다는 실질적인 자료가 없다. 이 주장은 곧바로 국내외 학자들에 의해 집중 포화를 맞았다. 미국과 태국에서 행한 조사 결과 AZT는 산모-아이로 이어지는 HIV 전염 경로를 차단하는 데 상당한 효과를 거두었음이 밝혀졌다. 또한 캐나다, 영국과 대부분의 서방 국가들은 AZT를 이미 실용화하고 있다. 더군다나 지난 10년간 남아공에서 AZT가 사용되었다는 사실은 AZT가 실질적인 효과가 있음을 증명하는 것이다.

셋째, AZT는 암을 치료하기 위한 약이지 HIV와는 무관하다. AZT는 사실 1960년대에 암을 치료하기 위해 개발된 것이다. 하지만 당시에 AZT는 암을 치료하는 데 실패해 사용을 거의 해 오지 않았다. 그러던 중 AZT가 HIV를 억제하는 데 효과가 있다는 실험결과가 나와 상용화된 것이다. 만일 AZT가 안전하지 않다면 남아공 정부는 왜 지난 10년간 AZT의 사용을 방관했겠는가? 남아공 정부는 지나치게 AZT의 부작용에 신경을 기울이고 있다. 하지만 모든 약에는 부작용의 위험이 따르는 것이다. 미국과 프랑스의 경우 AZT가 산모-아이의 감염경로를 50-75% 정도 차단해 왔던 것으로 판명되었다.

남아공 정부, 정확히 말해서 남아공 보건부가 이처럼 AZT의 효과에 대해 회의적인 시선을 보내는 배경에는 그 동안 서양 과학 중심으로 진행되어 온 'AIDS 과학'에 대한 타보 음베키 대통령의 전반적인 불신이 작용하고 있다. 급기야 음베키는 대통령 직속으로 "아프리카의 HIV/AIDS에 관한 국제 과학자 분과"를 설치했다. 이 분과 위원회는 AIDS가 가난과 영양결핍 등과 같은 생활 패턴에서 비롯되는 질병이며 HIV는 AIDS와 직접적인 관련이 없다는 보고서를 발표해 국내외적으로 커다란 반향을 불러 일으켰다. 음베키는 서방 국가의 원수들에게 보낸 편지를 통해 아프리카의 AIDS는 '아프리카적 재해'이기 때문에 서양의 과학과 경험에 의존한다는 것은 '비논리적'이라는 견해를 밝혔다. 이에 덧붙여 남아공의 임무는 "HIV/AIDS에 관한 아프리카적 해결책을 찾는 것"이라는 의사를 분명히 밝혔다. 남아공의 대주교를 비롯한 종교 지도자들이 타보 음베키에게 HIV에 감염된 임산부에게 AZT를 투약할 것을 허락해 줄 것을 종용하는 요청에 대해서 음베키는 "남아공의 많은 사람들이 제약회사의 세일즈맨으로 일하기 위해 모든 지식을 희생하고 있는 데 놀랐다"라고 응수하고 있다.

음베키의 정확한 의도가 그가 주창하는 아프리카 르네상스에서 비롯된 "아프리카의 문제는 아프리카인의 손으로"라는 슬로건을 실천하기 위해서인지, 아니면 단지 AIDS에 관한 서양의 지배력에 저항하기 위해서인지는 부차적인 문제이다. 중요한 것은 남아공 정부가 HIV/AIDS문제를 놓고 혼선을 거듭하고 있는 순간에도 많은 사람들이 AIDS로 죽어가고 HIV에 새로 감염되는 악순환이 거듭되고 있다는 사실이다.

이 밖에 빈곤의 문제 역시 남아공에서 HIV/AIDS가 만연하게 된 요인이다. 많은 연구자들이 영양결핍과 HIV 감염 및 AIDS 발병 사이의 상관관계를 밝힌 바 있다. 영양 섭취가 부족한 사람은 HIV에 감염될 확률이 높을 뿐만 아니라 HIV에 감염되었을 때 짧은 기간 내에 AIDS가 발병한다. 남아공에서 저소득층이 HIV/AIDS에 취약한 계층인 것은 이러한 사실을 방증하고 있다. 한편, AIDS 환자는 물론, HIV 보균자에게도 적절한 치료가 행해져야 하는데, 2006년 조사에 따르면 남아공에서는 전체 AIDS 환자와 HIV 보균자 중 33%만이 제대로 된 치료를 받고 있는 것으로 밝혀졌다. 저소득층은 AIDS 치료에 필요한 비용을 감당할 수 없는 것이다.

1990년대부터 2000년대 초까지 급격한 증가율을 보이던 남아공의 HIV

감염자 수는 최근 들어 그 증가율이 둔화되었다. 수년에 걸친 정부와 국제 사회의 지속적인 노력이 미약하나마 결실을 맺은 것으로 평가된다. 그러나 HIV/AIDS는 이미 남아공 사회에 막대한 손실을 초래했고 앞으로 적어도 수십 년간은 그 재난이 계속될 것으로 전망된다. AIDS로 인한 피해는 남아공 사회에서 다양하게 나타난다. 이러한 AIDS의 충격을 고찰하는 것은 현대 남아공 사회를 이해하는 데 필수적인 작업이라 할 수 있다.

1.2 HIV/AIDS가 사회에 미치는 영향

HIV/AIDS는 남아공 국가 경제에 막대한 타격을 입히고 있는 것이 현실이다. 무엇보다도 AIDS 때문에 사망자가 기하급수적으로 증가하면서 노동 인구가 감소하고 있는 것은 큰 사회 문제이다. 2007년의 남아공 인구는 0.46% 감소할 것으로 예상되는데, 이는 AIDS로 인한 사망 증가가 주원인이다(CIA-the World Factbook 2007). HIV 바이러스 감염률이 높은 연령대는 성적으로 활동적인 20대부터 40대 사이라 할 수 있다. 한창 일할 나이의 인력들이 AIDS로 인해 사망하거나 투병 생활을 함으로써 남아공 사회 각계 각층의 노동 인력이 손실되고 있는 것이다. 한 사람이 숙련된 노동자가 되기 위해서는 많은 시간과 비용이 들게 마련이다. 수십 년에 걸친 교육과 현장 경험이 쌓인 노동자는 국가 경쟁력의 근간이 되는 노동자본(human capital)이다. 특히, 남아공에서는 운송업, 광산업, 농축산업, 해운업 등 많은 인력을 필요로 하는 산업이 큰 타격을 입었다. AIDS로 인한 노동력의 상실은 실질 생산의 감소로 이어져 남아공의 경제 성장을 위협하는 요소임에 틀림없다.

HIV/AIDS 관련 의료 서비스에 소요되는 비용 역시 남아공 국가 경제의 성장을 가로막고 있다. 남아공 정부는 HIV/AIDS 관련 홍보비와 공공 의료 서비스 비용으로 적지 않은 국가 예산을 지출하고 있으며, 이로 인해 남아공의 전반적인 세금 징수의 증가를 가져왔다. 유엔의 통계에 따르면 2005년에 남아공의 전체 노동자들은 월급에서 19% 정도를 HIV/AIDS 관련 비용으로 공제했는데, 1995년의 공제 규모가 7%였던 것에 비교하면 AIDS 관련 국가적 비용 지출의 급격한 증가가 관찰된다. AIDS 환자를 보유하고 있는 가족의 의료비 지출 역시 국가 경제에 악영향을 미친다. 평균적으로 AIDS

환자는 가계 소득의 60% 내지 70%를 AIDS 관련 의료비로 지출한다. AIDS는 남아공 사회의 저소득층 증가에 주요 원인이라 할 수 있다.

AIDS의 경제적 손실을 조사한 한 경제학자는 전체인구의 1%가 HIV에 감염될 경우에 15년 후에는 GNP의 4%-17%가 감소하며, 만약 5%가 감염된다면 13%-27%의 GNP의 감소가 예상된다는 연구 결과를 발표한 바 있다. AIDS는 수십 년간 이룩한 남아공의 경제 성장을 하루아침에 물거품으로 만들 수도 있다.

AIDS는 경제적인 손실 발생시킬 뿐만 아니라 남아공 사회의 기초를 뿌리째 흔들어 놓고 있다. 가장 심각한 문제는 가정의 붕괴로 인해 고아가 양산되고 있다는 것이다. 현재 남아공에는 1백2십만 명 정도의 AIDS 고아가 발생한 것으로 추산된다(UNAIDS 2005). 부모가 AIDS로 사망한 어린아이들은 다른 친척들에게 입양되거나 거리로 내몰려 '거리의 아이들'로 자라게 된다. 거리로 내몰린 아이들은 적절한 영양 섭취와 교육을 받을 기회를 얻기가 쉽지 않다. 이처럼 가정이 붕괴됨으로써 발생되는 문제는 그 복구가 오래 걸린다는 점에서 매우 위험한 상황이라 할 수 있다.

AIDS 환자나 HIV 보균자에 대한 사회적 편견도 남아공의 큰 사회 문제이다. 특히, HIV 바이러스를 보유하고 있으나 AIDS로 발병하지 않은 사람들은 사회 활동에 전혀 문제가 없음에도 불구하고 AIDS에 대한 잘못된 인식으로 인해 HIV 보균자 차별이 남아공 사회에서 공공연하게 일어나고 있다. 1990년대에는 HIV 보균자에 대한 집단 폭력이 가해지는 사례도 있었다. 현재 남아공 대통령은 부통령 시절인 1998년에 HIV 보균자에 대한 차별 철폐를 주장했으나, 남아공 사회 곳곳에는 아직 AIDS에 대한 곱지 않은 시선이 만연해 있다. HIV 보균자는 직장을 얻거나 집을 얻는 데 큰 어려움을 겪으며 정상적인 사회적 관계를 맺기 쉽지 않다. 특히, 사회적으로 종속적인 여성에게 차별의 정도가 더욱 심하게 나타난다. 그러므로 많은 HIV 보균자는 자신이 보균자라는 사실을 숨기면서 사회생활을 지속하고 있다. 넬슨 만델라는 2005년 자신의 아들을 AIDS로 잃자 아들의 사인을 떳떳하게 밝히면서 남아공 국민에게 AIDS에 대한 차별 철폐를 호소한 바 있다.

2. 범죄

범죄는 남아공의 심각한 사회 문제라 할 수 있다. 모든 유형의 범죄들이 일상적으로 발생할 뿐만 아니라 범죄행위도 더욱 과격화되고 있는 남아공은 범죄발생률이 세계에서 가장 높은 국가 중 하나로 국제적 오명을 얻고 있다. 유엔마약및범죄사무소(UNODC)가 주요 60개국을 대상으로 실시한, 1998년과 2000년 사이의 범죄발생률 조사에 따르면, 남아공의 인구 10만 명당 범죄발생률은 폭행과 살인에서 전체 조사대상 국가 중 2위, 강간에서 1위로 나타났다. 이러한 높은 범죄발생률은 남아공 사회의 안정을 저해하는 요소이다. 불안한 치안 상황은 남아공 관광산업 발전을 가로막고, 나아가 외국 투자 유치 확대의 걸림돌로 작용하고 있다. 또한, 남아공 주요 도시의 소득 중·상류 계층이 교외로 빠져나가 거주함으로써 도심공동화 현상이 심화되면서 도시의 기능이 효율적으로 이루어지지 못하고 있다. 1990년대 초반에 급증한 남아공 출신 해외 이주자의 대부분은 불안한 치안을 이민의 이유로 제시했다.

2.1 범죄 실태 및 주요 범죄 유형

남아공의 범죄는 1980년대 중반부터 증가하기 시작하다가 아파르트헤이트가 종식되고 민주화가 이루어진 1990년대 초에 급격한 증가를 보인다. 1994년과 1995년 사이의 남아공 전체에서 보고된 살인 사건의 수는 26,877건으로 최고 정점에 이르렀다가 1990년대 말과 2000년 대 초에 살인 사건 발생 건수가 완만하게 감소하는 추세를 보이지만, 남아공 국민들이 체감하는 치안 상태는 그리 개선되지 않았다고 할 수 있다.

남아공 경찰의 범죄정보분석센터(Crime Information Analysis Centre)가 밝힌 바에 따르면, 2003년 4월부터 2004년 3월까지 남아공 전체에서 살인은 19,824건, 강도는 229,109건, 강간은 52,733건이 발생했다. 모든 범죄들이 모두 보고되지 않은 점을 감안한다면 남아공의 범죄 발생 빈도는 경찰 통계에 나타난 것보다 50%정도 높다고 추정된다.

남아공에서 범죄는 주요 도시를 중심으로 발생하고 있다. 요하네스버그는 남아공에서 가장 큰 도시로 1백만 명이 넘는 인구를 보유하고 있으며

주변의 도시들을 합칠 경우 수백만 명의 인구를 보유하고 있다. 요하네스버그에서는 매달 약 250명이 범죄로 인해 살해되는 것으로 조사되고 있다. 이 밖에 프리토리아(Pretoria), 더반 등 대도시 역시 범죄가 만연해 있으며, 남아공의 9개 주에서 하우텡 주, 노던 케이프(Northern Cape) 주, 웨스턴 케이프(Western Cape) 주에서 범죄발생률이 높게 나타난다.

범죄 문제가 남아공 사회에서 심각하게 받아들여지는 것은 살인, 강도, 강간 등의 주요 흉악 범죄가 발생하는 범죄의 많은 부분을 차지하고 있기 때문이라 할 수 있다. 남아공의 주요 흉악 범죄 발생 양상은 다음과 같다.

2.1.1 살인

남아공 대다수 살인의 경우 가해자가 상대편을 알고 있는 상황에서 벌어진다. 남아공에서는 친인척 간에도 종종 살인 사건이 발생하고 있다. 전문가들은 총과 같은 살인에 사용되는 무기를 손쉽게 구할 수 있는 실정이 피를 흘리는 분쟁을 가져오게 하며, 또한 남아공의 불안정한 정치적 상황이 범죄를 발생시키는 주요 요인 중의 하나라고 지적하고 있다. 한편, 아프리카국민회의(ANC)를 지지하는 코사 집단과 인카타자유당(IFP)을 지지하는 줄루 집단 사이의 정치적 분쟁 역시 많은 사상자를 발생시켰다. 이는 과거 백인 정권 하에서 벌어지던 흑백 간의 살인사건이 줄어들고 있는 반면, 1994년 다인종 참여 선거 이후 흑인들 간의 분쟁으로 인한 살인사건이 증가하고 있음을 상징적으로 나타내는 사건이었다.

남아공에서 인구 10만 명당 살인사건이 가장 비번하게 발생하는 주는 웨스턴 케이프 주이다. 이곳에서는 좀도둑질의 경우에도 살인이 빈번하게 발생된다. 또한 많은 인명 살해 사건이 범죄조직원 간의 싸움에서 발생하기도 한다.

2.1.2 강도

남아공에서 발생하는 강도 사건은 주택침입 강도를 비롯하여 자동차 납치 강도, 트럭 납치 강도, 현금수송 차량 강도, 은행 강도 등의 유형이 있다. 이러한 강도 사건에는 권총, 자동소총 등의 무기가 거의 예외 없이 사용된다. 강도 사건은 재산과 관련된 범죄이기 때문에 다른 종류의 범죄에 비해 사건 발생 신고가 피해자에 의해 충실하게 이루어지지만, 발생하는 강도 사건의 대부분이라 할 수 있는 87.7%의 사건에서 범인 검거는 물론, 장물회수조차 제대로 실시되지 못하고 있는 실정이다.

2.1.3 가축 도둑

남아공에서 가장 오래된 범죄 중의 하나가 가축 도둑질로서 1991년부터 1996년까지의 기간에 이러한 종류의 범죄는 73% 증가하였다. 조직화된 범죄 단체들이 가축 도둑질을 일삼고 있는 것이다. 가축 도둑들은 남아공의 농장주들에게 극심한 피해를 입히고 있다. 가축을 도둑맞는 일은 매우 빈번하게 발생하기 때문에 많은 농장주들이 그들의 가축 사육 두수를 줄이거나, 혹은 아예 완전히 처분하는 사례들이 늘어나고 있다(실제로 1991년부터 1995년까지의 통계를 보면 11%나 가축 사육 두수가 줄어들었다). 가축 도둑은 남아공의 전체 경제에서는 적지 않은 영향을 미치고 있는 것으로 추정된다. 농촌지역에서의 이러한 범죄가 만연한 결과, 농장주들이 농장을 떠나게 되고 이는 농촌경제의 파탄을 초래하기도 한다.

2.1.4 조직범죄

조직범죄는 남아공 주요 도시의 빈민가에서 일상적으로 나타난다. 범죄조직이 도심 외곽지역의 빈민가에 기반을 두고 있기 때문이다. 범죄조직에 소속된 조직원들은 마약거래, 강도, 도둑질을 일삼고, 장물을 매매하거나, 매춘사업 등 불법적인 사업을 폭력을 사용하며 운영한다. 범죄조직원들은 극악무도한 범죄를 저지르면서 빈민가의 젊은이들에게 삐뚤어진 환상을 심어주기도 하다. 미래에 대한 희망 없이 살아가는 빈민가의 젊은 실업자들은 범죄조직원들을 존경하며 그들 스스로를 범죄조직의 일원으로 자처하기도 하는 것이다.

2.1.5 정치범죄/폭력

남아공의 정치상황은 불안정하며 국민들 사이에 극심한 정치 폭력을 야기한다. 이와 같은 상황은 해가 갈수록 악화되고 있다. 1994년에서 1995년 사이 크와줄루나탈(KwaZulu-Natal) 주에서 정치폭력으로 900명 이상의 사

상자 발생했으며, 이 주에서 정치폭력으로 인한 사망자 수는 남아공 전체 정치폭력으로 사망한 사람의 91%를 차지하고 있다. 정치폭력은 대부분 끄와줄루나탈과 웨스턴 케이프 주에서 발생하고 있다. 남아공의 정부 여당인 ANC는 이들 두 개 주를 정치적으로 장악하지 못하고 있다. 특히, 1994년의 남아공 선거는 피로 얼룩졌는데 인카타자유당과 ANC 지지자들은 서로 상대편을 죽이는 정치적 폭력을 자행했다.

2.2 사회에 범죄가 만연하게 된 원인

어떤 사회이든 범죄는 사회적, 그리고 경제적 문제들과 밀접한 관련을 맺고 있다. 남아공은 각기 다른 역사, 문화, 언어를 보유한 수십 개의 이질적인 민족 집단이 모여서 이룬 국가이며, 수십 년간 존속된 아파르트헤이트 시스템으로 인해 복잡한 사회구조를 지니고 있다. 여기서는 남아공에서 범죄가 만연하게 된 대표적 원인을 몇 가지 고찰해 보도록 한다.

2.2.1 정치분쟁

정치 분쟁은 상당수의 범죄를 야기한다. 남아공 현대사에서의 정치상황은 국민들이 정부에 대해 믿음을 갖지 못하도록 전개되었다. 또한, 남아공에서는 권위주의로부터 민주주의로의 이행과정에서 장기적으로 지속된 권력구조가 존재하지 않았다. 소련의 붕괴와 북아일랜드의 경우에서도 나타나듯이, 권력 이동의 시기 동안 범죄는 증가하기 마련이다. 남아공의 경우 국민당 정권에서 ANC정권으로 권력 이동 시기에 신뢰할 수 있는 대안과 합법성을 가진 즉각적인 체제 없이 사회통제의 기존 메커니즘이 무너져 버렸다. 과거 아파르트헤이트 시기 범죄는 남아공에서 권력을 얻기 위한 하나의 투쟁이었다. ANC 정권은 범죄 증가를 예방하기 위해 노력하고 있으나, 한편으로는 정치 분쟁을 야기함으로써 남아공의 범죄를 증가시키는 데 일조했다는 비판에서 자유로울 수 없다. 특히, 정치 라이벌, 혹은 그룹 내부 간의 갈등과 같은 정치적 요인들이 폭력과 맞물리면서 남아공 사회에서 참혹한 결과를 낳고 있다. 일부 정치인들은 자신들의 권력욕을 위해 젊은이들의 폭력성을 선거에서 교묘히 이용하기도 한다.

2.2.2 폭력문화

과거 아파르트헤이트 정권은 흑인들의 자유화 요구를 폭력으로 묵살했으며, 흑인들 역시 자유화 운동의 수단으로 폭력을 사용했다. 따라서 남아공의 국민들은 수십 년간 끊임없이 폭력에 노출되어 왔다. 이러한 과정에서 남아공 사회에는 '폭력문화'(Culture of violence)가 부지불식간에 형성된 것이다. 많은 남아공 국민들이 가정에서, 직장에서, 또는 지역 사회에서 자신들이 직면한 문제를 해결하기 위한 하나의 수단으로 폭력을 자연스럽게 떠올리는 파괴적 성향을 지니고 있다.

2.2.3 가난과 저개발

가난과 저개발은 높은 범죄 수준을 이끄는 직접적인 요인이 아니다. 그러나 다른 정치적, 그리고 문화적 요인들과 더불어 경제적인 요인이 남아공에서 범죄 증가를 가속화시키는 데 일조했음은 부인할 수 없는 사실이다. 가난한 사람들은 대개 교육을 받을 기회가 없으나 생존을 위해 돈은 필요하다. 이와 같은 문제가 남아공의 높은 실업률과 맞물리면서 범죄 만연의 이유가 된 것이다. 특히, 오랫동안 경제적 불이익을 받았던 흑인들이 범죄의 유혹에 취약한 인종집단이다. 같은 맥락에서 복지시스템 미비는 남아공에서 범죄 증가의 간접적인 요인이라 할 수 있다.

2.2.4 아파르트헤이트

과거 수십 년간 아파르트헤이트는 남아공 사회에서 법제화되었었다. 현재 백인과 흑인들은 법적으로 평등하다. 그러나 이것이 백인과 흑인 간의 경제적인 평등을 의미하지는 않는다. 남아공은 아직까지 흑인과 백인 간의 경제적 격차가 존재하는 것이다. 범죄가 증가하는 한 가지 이유는 흑인이 백인에게 '보복'하는 차원이라는 시각이 남아공에 존재한다. 흑인이 과거 백인에 의해 저질러진 만행을 용서한다는 것은 어려운 일일 것이다.

남아공 국민은 수십 년 동안 아파르트헤이트 정권에 의해 저질러진 '제도적 폭력'에 시달렸다. 과거 남아공 아파르트헤이트 정부는 강제이주와 이주노동 정책을 통해 가족생활의 붕괴를 조장했다. 가족 단위의 약화는 부모가 아이들을 제대로 교육시킬 수 없는 환경을 조성하였고, 이것이 젊은이가 범

죄행위에 빠지게 되는 원인을 제공했다.

2.2.5 총기류의 확산

남아공은 총기의 개인 소유가 허용되는 국가이다. 경찰의 집계에 따르면 남아공에서는 3백5십만 명이 4백2십만 정의 총기를 합법적으로 소유하고 있으며, 이 중 절반 이상이 권총이다. 한편 비슷한 숫자의 불법 무기가 남아공에서 유통되고 있는 것으로 추정된다. 불법 무기는 주로 남아공 국경지역에서 밀수로 대량 유입된다. 범죄를 계획하고 있는 사람들은 언제든지 싼 가격에 총기를 구입할 수 있는데, 이것은 강력 범죄 증가의 한 원인이라 할 수 있다.

3. 언론매체

3.1 라디오

남아공의 최초 라디오 방송국은 1924년에 첫 방송을 송출한 JB Calling 이다. 1926년까지 남아공 라디오의 송출과 수신은 1926년에 제정된 '라디오 법'의 통제 하에 있었다. 그리고 영국 BBC 총괄 국장이었던 존 레이드 (John Reith)에 의해 1936년 SABC가 설립되었다.

SABC는 남아공 최초의 공영방송이었다. 1950년에 전국적인 뉴스 방송이 시작되었으며, 일일 뉴스는 영어, 아프리칸스어 등으로 방송되었다. 그리고 1960년 6월 1일에 라디오 줄루, 라디오 코사 그리고 라디오 세소토가 설립되었다.

2006년 SABC 전국 라디오 망은 15개 공공 방송과 3개의 상업 라디오 방송국이 11개 언어로 송출을 하고 있다. 또한, 남아공에는 외부로부터 송신되는 4개 언어의 라디오 방송이 있고, 매일 평균 성인 1천9백만 명이 라디오를 청취하는 것으로 추정되고 있다.

남아공에서는 다양한 국제뉴스들이 방송망을 통해 제공되고 있다. 채널 아프리카 네트워크는 아프리카 전역에서 수백만 명의 청취가 가능하도록 영어, 불어, 스와힐리어, 포르투갈어 등 4개 언어로 방송 송출하고 있다. 이 방송은 아프리카와 인도양 도서 지역 국가들에서 청취가 가능하다.

3.2 텔레비전

3.2.1 SABC

남아공 최초의 텔레비전 방송은 1976년 1월 5일 시작되었다. 오늘날 SABC는 전국 방송으로 3개의 공중파 채널과 아프리카 대륙 전역에서 시청이 가능한 위성 유료 채널이 있다. 공중파 텔레비전 채널에서는 11개 언어로 방송을 하고 있으며, 매일 약 1천8백만 명의 성인이 시청하는 것으로 추정되고 있다. 남아공은 약 4백만 가구가 텔레비전을 보유하고 있는 것으로 조사되고 있어 아프리카 국가 중 가장 높은 텔레비전 보유 비율을 보이고 있다.

텔레비전 프로그램의 약 50%는 남아공 자체 내에서 제작된다. 국내에서 제작된 텔레비전 프로그램의 외국 수출도 점차 증가하는 추세에 있다. 가장 중요한 프로그램이라 할 수 있는 뉴스는 11개 언어로 방송되고 있으며, 뉴스가 전체 방송에서 차지하는 분량은 18% 정도이다.

3.2.2 M-Net

M-Net은 남아공 최초의 민영 텔레비전 방송국으로 1986년에 설립되었다. M-Net은 위성 방송으로서 유료 채널이다. 아프리카 대륙의 약 50개 국가에서 이 방송의 시청이 가능하며, 인접 인도양 도서 지역에서도 이 방송이 수신된다. M-Net은 아날로그 방식뿐만이 아니라 디지털 방식으로 방송을 송출하고 있다.

3.3 신문

신문은 남아공에서 가장 대중적인 뉴스 전달 매체로서 각각의 인종마다 성향이 다른 신문을 발간하고 있다. 2005년 말까지 도시 지역에서 발간되는 일간지 부수는 하루 평균 16억5백만 페이지로 2004년 하루 평균 15억1백만 페이지에 비해 소폭 증가하였다. 부수에 있어 가장 급격한 증가세를 보이고 있는 신문은 '데일리 선'(Daily Sun)으로 2004년 36만4천 부에서 2005년

44만 부로 증가하였다. 남아공의 가장 오래된 신문은 '선데이'(Sunday)이다. '선데이 타임'과 '라포르터'(Rapport)는 발행부수의 큰 변화가 없었다. '선데이 타임스', '시티 프레스', '라포르터', '선데이 월드', '선데이 트리뷴' 등과 같은 일요 신문은 전국적인 일요 뉴스지이다.

2006년 중반 현재 남아공에는 21개의 일간지와 9개의 일요 뉴스지가 있다. 또한, 150개 지역 신문들이 남아공에 있는데, 이들 대부분은 타블로이드 형태의 주간지이다. 신문의 대다수가 영어나 아프리칸스어로 발행된다.

남아공 주요 일간지

- 'Die Burger' : 아프리카너들이 아프리칸스어로 발행하는 신문. 'Die Burger'의 의미는 '시민'을 뜻하며 케이프타운에서 발행하고 있다. 가장 발행 부수가 많은 아프리칸스어 신문이다. 성향은 중도를 표방하고 있으며 남아공 정부의 정책을 지지하곤 한다. 과거에는 남아공 집권당이었던 국민당의 확고한 지원을 받기도 하였다. 발행은 일요일 제외하고 매일 발간한다.
- 'Sowetan' : 'Sowetan'은 영어로 발행하는 신문으로 1981년 요하네스버그 인근 소웨토 흑인 도시에서 흑인 해방투쟁을 전달하는 매체로서 무료로 발간하기 시작하였다. 오늘날에는 그 내용이 변화하였지만, 여전히 인종차별 시기에 보였던 논조들을 반영하고 있다.
- 'The Star' : 'The Star' 신문은 남아공의 대표적인 신문으로 가장 많은 발행 부수를 보유하고 있으며 중도성향을 보이고 있다. 이 신문은 남아공의 중심인 하우텡 주에서 발행되고 있는데, 독자는 약 618,000명으로 추정된다.
- 'Business Day' : 남아공 최대의 경제 일간지로 주로 백인 비즈니스맨이 주요 독자이며, 남아공 비즈니스계에는 영향력이 있는 신문으로 알려져 있다.

3.4 남아공의 종교

2001년에 실시된 조사에 의하면 남아공 국민들의 85% 이상이 종교를 가지고 있다고 답했다. 남아공은 특정 종교를 국교로 지정하거나 종교에 대한 자유를 제한하고 있지는 않지만, 종교를 가지고 있는 사람들의 대부분이 기독교도로서 전 국민의 80% 정도를 차지한다. 이 밖에 남아공에는 인도 출신의 이주자를 중심으로 형성된 이슬람교도와 힌두교도가 각각 1.5%, 1.3% 정도 존재한다.

남아공 사회의 다인종·다문화적 특징은 남아공의 기독교에서도 뚜렷하게 드러난다. 기독교는 유럽 출신의 선교사에 의해 남아공에 유입되었다. 네덜란드 출신의 선교사들이 17세기 중반에 케이프 식민지에 도착했고, 1799년에는 런던선교사협회(the London Missionaries Society)에서 남아공에 선교사를 파견했으며, 19세기에 이르러서는 미국, 영국, 독일 등지 출신의 선교사들이 남아공에서 활동했다. 그러므로 기독교가 유입될 당시의 기독교 종파는 네덜란드 개혁 교회(Dutch Reformed Church), 영국 성공회(the Anglican Church), 감리교, 천주교 등이 주축을 이루고 있었다. 그러나 현재 남아공 전체 인구의 80%를 육박하는 기독교도들 중에서 서구에서 성립된 교단의 신자는 오순절 교회파가 전 국민의 8.2%, 천주교가 7.1%, 감리교가 6.8%, 네덜란드 개혁 교회가 6.7%, 영국 성공회가 3.8% 밖에 되지 않는다. 남아공 기독교 인구의 절반 정도인 1천6백만 명 이상이 아프리카 독립교회로 분류되는 종파에 속해있는 것이다. 또한, 서구 교단 배경의 교회들의 성장률이 -0.3%로 신도의 감소 추세를 보이고 있는 반면, 아프리카 독립교회는 성장률이 2.6%에 달하고 있다. 이는 소수 집단인 백인들이 서구

처치 스퀘어

교단의 기독교에 머물고 있는 것과는 달리, 다수 집단인 흑인들이 수십 년에 걸쳐 서구 교단으로부터 벗어나 아프리카 독립교회에 참여하고 있는 남아공의 종교 상황을 반영한 통계수치라 할 수 있다. 남아공에서 가장 큰 기독교 집단을 이루는 아프리카 독립교회에는 4천여 개의 종파가 난립하고 있다. 여기서는 아프리카 독립교회의 성립배경을 간략히 논해보고, 대표적인 아프리카 독립교회 종파의 특징을 고찰하고자 한다.

3.4.1 아프리카 독립교회

아프리카 독립교회는 영문으로 'AICs'이라는 약칭을 가지고 있다. 'AICs'라는 이니셜은 '아프리카 독립교회'(African Independent Churches), '아프리카에서 시작된 교회'(African Initiated Churches), '아프리카 토착교회'(African Indigenous Churches), '아프리카에서 설립된 교회'(African Instituted Church) 등을 뜻하고 있다. 이 모든 명칭이 아프리카 독립교회가 아프리카에서 자생한 기독교 교단임을 나타내고 있는 것이다. 아프리카 독립교회는 아프리카 대륙에서 태동한 지 300여 년이라는 긴 역사를 지니고 있으며, 남아공에서는 1900년대에 본격적으로 성립되기 시작했다.

아프리카 독립교회가 성립되게 된 배경에는 유럽 출신 선교사들의 문화적, 인종적인 편견에 대한 아프리카인들의 거부반응이 있었다. 아프리카 토착 현지인들이 기독교를 받아들임에 있어 백인 선교사들이 보여준 아프리카 전통 신앙과 문화에 대한 무지와 편견과 아프리카인에 대한 인종차별에 염증을 느끼고, 기독교적인 신념은 유지하면서 독립적으로 교회운동을 시작하기에 이르러 아프리카 독립교회가 성립되었다.

남아공 아프리카 독립교회의 종파는 종래 서구 전통의 기독교 교단에 그 뿌리를 두고 있는 것이 대부분이다. 따라서 아프리카 독립교회 신도들의 기독교적 신념은 서구 교단과 크게 다를 바 없으나, 종파에 따라 교의나 의례는 천차만별이라 할 수 있다. 많은 신도수를 보유하고 있는 아프리카 독립교회 교단에는 조상 혼령 숭배와 같은 아프리카 전통 종교의 요소가 가미되어 융합적인 양상을 나타내기도 한다. 아프리카 독립교회의 종파는 대개 신의 계시를 받았다고 주장하는 선지자에 의해 창설되는 경우가 많다.

3.4.2 대표적인 남아공의 아프리카 독립교회

	신도 수	특 징
ZCC (Zion Christian Church)	5백만 명	- 남아공 아프리카 독립교회 최대 종파 - 1910년 엥제나스 렉가냐네(Engenas Lekganyane)에 의해 창설 - 아프리카 전통 신앙의 요소(조상 혼령 숭배) - 세례식, 신앙요법(faith healing), 음주, 흡연 돼지고기 금기시
amaNazaretha /Shembe Church	1백만 명	- 1910년 이사이야 쉠베(Isaiah Shemba)에 의해 창설 - 쉠베는 신자들로부터 아프리카에 재림한 선지자로 추앙받음 - KwaZulu-Natal지역에 광범위하게 퍼져 있음 - 줄루 전통 종교의 요소가 관찰됨 - 할례, 안식일 준수, 돼지고기 금지, 구약성경 구현, 줄루 민족정신 등을 강조

4. 사회와 문학

현재 남아공에는 20여 개의 언어가 사용되고 있는 것으로 파악되며, 국가 공식어만도 11개에 이른다. 이 중 줄루어(isiZulu), 꼬사어(isiXhosa), 츠와나어(Setswana), 은데벨레어(isiNdebele), 스와티(siSwati), 남부소토어(Sesotho), 북부소토어(Sepedi), 벤다어(Tshivenda), 총가어(Xitsonga) 등은 아프리카 토착어(African vernacular language)에 속하고, 아프리칸스어(Afrikaans), 영어 등은 유럽 출신의 이주민들에 의해 남아공 사회에 정착한 언어이다. 남아공의 언어들은 각각 나름의 문학전통을 간직하고 있다. 남아공 문학의 역사를 들여다보면 다양한 민족 집단에 속해 있는 남아공 사람들의 경험이 고스란히 드러난다. 여기서는 줄루 구연문학과 꼬사어 문자 문학을 중심으로 남아공의 아프리카 토착어 문학을 살펴보고, 아울러 남아공의 영어 및 아프리칸스어 문학의 역사를 주요 작가와 작품을 언급함으로써 조명하고자 한다.

4.1 아프리카 전통 사회의 구연문학

문학은 언어를 매개로 하는 예술이다. 언어는 말과 글, 이 두 가지 방식을 통해 전달된다. 문자가 없는 사회에 사는 사람들이나, 문자가 존재하는 사회에 살고 있더라도 문자문화를 영위하지 못하는 사람들에게 있어서 문학의

표현수단은 입에서 나오는 말이다. 이들은 구연의 방식을 통해 인간 삶의 다양한 모습을 담아내는 문학작품을 생산한다. 전공을 세운 용사가 마을로 귀환하면 그를 찬양하는 내용의 시를 짓고, 뜨거운 햇볕 아래 땀 흘리며 밭일을 하다가 노동의 고단함을 달래는 민요를 부른다. 어둠이 깔리면 모닥불을 피워놓고 그 주위에 모여 옛날이야기를 주고받기도 한다. 이 모두가 문자를 필요로 하지 않는 문학 활동의 예이다.

서구의 문화가 아프리카에 소개되기 전에는 대다수의 아프리카인들이 언어를 문자로 표기하지 않고 구어(口語)만을 이용한 언어생활을 해왔다. 따라서 유럽인들의 선교사업과 식민통치가 활발해지기 이전, 아프리카인들의 문학 활동은 구연문학(口演文學, oral literature)의 형태가 주류를 이루고 있었다고 보는 것이 일반적으로 타당하다.

남아공 사회도 다양한 형태의 구연문학 전통을 보유하고 있다. 대표적인 문학 장르로는 줄루 사회의 찬양시를 들 수 있다. 줄루 사회에서 찬양시는 '이지봉고'(izibongo)라 불리는데, 이 용어는 '찬양하다,' '감사하다,' '숭배하다,' '씨족명(clan name)을 부여하다' 등의 뜻을 지닌 동사 'bonga'로부터 유래되었다. 이지봉고는 다양한 형태로 나타날 수 있지만, 기본적으로 특정한 별칭, 즉 찬양별칭(praise name)을 부여함으로써 사람이나 사물의 중요성을 부각시키는 기능을 담당한다. 이 별칭은 독특하고 미적인 형식으로 표현되어야 한다. 다시 말해서 일상의 언어보다는 비범하고 정형화된 언어가 사회적 중요성을 표현하려는 이지봉고의 목적에 적합하다는 것이다.

줄루 사회에서 이지봉고를 통한 찬양의 대상은 거의 제한이 없다고 볼 수 있다. 모든 사람들이 자신의 사회적 정체성을 나타내는 찬양시를 부여받을 수 있으며, 심지어는 동물들까지 찬양의 대상이 된다. 최근에는 과거 줄루 사회에는 존재하지 않았던 정당, 축구팀에도 찬양별칭이 붙는 예가 관찰된다. 이와 마찬가지로 줄루 사회에는 모든 이가 이지봉고를 창작할 수 있는 이, 즉 임봉기(imbongi)가 될 수 있다. 그러나 일반적으로 임봉기는 전문적으로 이지봉고를 구연하는 이를 지칭한다. 지위가 높은 사람의 사회적 중요도를 표현하려면 이지봉고 형식에 관한 고도의 전문성을 요구되기 때문에 직업적으로 이지봉고를 짓는 이가 필요한 것이다.

줄루 찬양시의 일반적 찬양 대상은 왕이나 전사 혹은 그들의 군사적 업적이다. 19세기 초 줄루 사회에 중앙집권적 정치 체계를 갖춘 국가가 형성되

면서 찬양시 문학이 꽃을 피웠다. 보통 왕에게 고용된 궁정시인이 찬양시를 짓고 이를 구연했다. 찬양시의 중심에는 찬양별칭이 있다. 찬양별칭은 찬양시의 근간을 이루고 있으며, 찬양별칭의 나열만으로 완성되는 찬양시도 존재한다. 줄루의 샤카 왕을 찬양하는 시에는 “어떤 도전에도 준비되어 있는 자”라는 찬양별칭이 그를 칭송하는 시에 반복적으로 나타난다. 찬양의 대상이 되는 사람은 자신만의 고유한 찬양별칭을 하나 또는 여러 개 보유하고 있는 경우가 있는데, 이 찬양별칭은 그 사람을 위한 찬양시가 구연될 때마다 필수적으로 나타난다. 이러한 별도의 찬양별칭은 현장에서 즉석으로 시를 지어야하는 구연시인에게 요긴하게 사용된다. 구연시인은 찬양별칭의 계속적인 반복을 통해 시의 리듬감을 부여하면서 세부 내용을 더하여 한 편의 찬양시를 완성시키는 것이다.

다음은 남아프리카 줄루 사회의 샤카왕을 찬양하는 구연시이다.

그의 창은 무시무시하다.
어떤 도전에도 준비되어 있는 자!
수년간 부름을 받은 장남들!
그는 비가 내릴 때 코끼리에게 은신처를 제공하는
은칸들라(Nkandhla)의 바위와도 같다

내가 망센게자(Mancengeza)에서부터 휩쓸고 다니는 것을 보았던 매,
풍가쉐(Pungashe)에 왔을 때 그는 사라졌다.
그가 침입한다, 온 숲이 울린다.
그는 벌금으로 영양과 암토끼를 지불했다.
그는 날개미에게 덫을 놓은 사냥꾼들에게 목격되었다.
그는 앞에 있는 수탉에게 제지당했다,
은톰바지(Ntombazi)와 랑가(Langa)의 사람들에게.

그는 자위데(Zawide)의 아들 은옴마란자나(Nomahlanjana)를 먹어치웠다.
그는 아마펠라(amaPela) 가콰(Gaqa)의 아들 음단달라지(Mdandalazi)를 먹어치웠다, 축 늘어진 귀를 가진.
그는 아마펠라(amaPela) 가콰(Gaqa)의 아들 음단달라지(Mdandalazi)를 먹어치웠다, 축 늘어진 귀를 가진.

랑가의 딸에게서 태어난 늙은이를 몰아낸 자!
어떤 도전에도 준비되어 있는 자!

샤카!
수년간 부름을 받은 장남들!
그는 비가 내릴 때 코끼리에게 은신처를 제공하는
은칸들라(Nkandhla)의 바위와도 같다...

소떼들이 풀을 뜯는 곳에서 날개 치는 독수리!
그는 랑가의 아들 자위데를 몰아냈다
그를 우바니(Ubani)에서 사라지게 할 때까지
그가 요하네스버그를 건너 사라질 때까지
그는 바위투성이의 림포포강을 건넜고
눈물을 흘리며 프레토리아(Pretoria)를 떠났다.
그는 뱀을 죽였지만 여름에 죽이지는 않았고,
겨울이 왔을 때 그것을 죽였다.

이 구연시에는 샤카가 그의 적 자위데를 물리친 내용과 함께 전쟁에서 그가 보여준 용맹성이 잘 나타나 있다. 구연시인은 샤카의 이러한 자질을 찬양별칭과 비유적 언어를 사용하여 생생하게 묘사하고 있는 것이다. 위의 텍스트에서 나타나는 바와 같이 이지봉고의 기본 구조는 찬양별칭의 반복적인 나열이다. 아울러 이지봉고에는 두운(alliteration), 대구(parallelism), 유음(assonance)과 같이 반복에 기초하고 있는 스타일상의 특징이 두드러지게 나타난다. 이지봉고에서 나타나는 다양한 형태의 반복은 구연문학 언어표현상의 전형적인 특징으로서 문자가 존재하지 않는 사회에서는 정보와 지식의 효과적인 전달을 꾀하기 위해 반복에 기반을 둔 언어표현이 활발하게 사용되기 마련이다.

이지봉고는 줄루 사회에서 중요한 기능을 수행한다. 줄루 사회의 중심에 위치하고 있는 왕, 혹은 정치 지도자에게 사회적으로 유효한 이지봉고를 부여함으로써 임봉기는 줄루 사회의 상황을 묘사하는 역할을 담당한다. 이상적인 임봉기는 선왕의 업적을 중심으로 줄루 사회의 역사를 숙지하고 있어야함은 물론, 현재 통치자와 피지배자의 관계, 여론의 관심사와 추이 등을 민감하게 파악해야 한다. 그러므로 이지봉고는 줄루 사회의 다각적인 면모를 반영하는 거울이라 할 수 있다. 이러한 과정을 통해 정치 지도자를 찬양하는 이지봉고는 사회 구성원 전체의 자긍심과 결속력을 강화하고, 다른 한편으로 정치 지도자에게 여론의 향방을 전달하기도 한다. 최근 남아공 사회에서도 대중 정치 담화의 수단으로서 이지봉고의 사회적 기능은 유효하다고 할 수 있다. 지금도 남아공에서는 이지봉고를 통해 사회적 문제점에 대한 비판과 정치 선전이 이루어지고 있는 것이다.

이지봉고는 줄루 전통 종교와도 밀접한 관련을 맺고 있다. 줄루 전통 종교의 시각에서는 조상혼령이 살아 있는 사람의 현세의 삶에 많은 영향을 미친다. 종교적인 의미가 담긴 축제나 의례에서 조상을 칭송하는 이지봉고를 구연하는 것은 조상혼령과 살아있는 후손 간의 접촉을 도모하려는 목적이라 할 수 있다. 줄루 사회의 각종 희생제의에서 이지봉고의 구연은 필수적으로 수반되며, 축제에서 구연되는 이지봉고는 조상혼령의 축복을 바라는 의미를 지닌다.

찬양시 이지봉고가 운문의 영역에서 남아공의 구연문학을 대표하는 장르라면 산문의 형식으로 구연되는 문학 장르로는 민담이 있다. 민담은 아프리카 전통 문화를 구성하는 중요한 요소이다. 과거 남아공의 전통 사회에서는 저녁 시간이 되면 하루 일과를 마친 사람들이 모닥불 가에서 민담 구연 모임을 가지곤 했다. 능숙한 구연자는 이야기를 풀어가면서 등장인물의 역할을 직접 연기하기도 하고, 민요를 곁들임으로써 청중들에게 여흥을 제공했다. 이러한 유희적인 측면 이외에도 민담은 교훈을 전달하거나, 자연현상에 대한 설명을 제공하는 기능을 가지고 있었다.

민담에서는 전통적인 이미지들과 상투적 표현들(formulaic expressions)이 반복적으로 나타나기 때문에 언뜻 보면 모든 작품들이 천편일률적인 것처럼 보일 수가 있으나, 민담은 구연자의 연행 과정 중에 항상 변화를 거듭하는 역동적인 구연예술이다. 이러한 민담 구연의 중심에는 구연자가 있다. 구연자는 연행의 현장에서 청중들과 같이 호흡하며 한 편의 구연민담을 이끌어 나가는 사람이다. 물론 민담을 구연하는 개개인의 능력은 천차만별이다. 어떤 이는 이야기의 줄거리만을 무덤덤하게 나열함으로써 청중들을 따분하게 만드는가 하면, 뛰어난 구연자는 다양한 구연 상황을 고려하면서 활기차게 민담을 구연하여 청중들에게 즐거움을 준다.

구연민담의 연행에서 가장 뚜렷하게 나타나는 특징이 반복이다. 구연자는 한 편의 민담을 구연하면서 특정한 어구와 노래를 끊임없이 되풀이한다. 이러한 반복은 흥겨운 리듬을 형성하여 청중을 즐겁게 해주기도 하지만, 민담 구조 형성에 결정적인 역할을 담당한다. 민담 구연자는 실제 연행의 현

장에서 특정 표현의 반복에 의해 형성되는 이미지들을 구조적으로 알맞게 조직해 가면서 한 편의 민담을 완성시킨다.

남아공의 코사 사회에는 '인쪼미'(intsomi)라는 전통 민담 장르가 존재한다. 인쪼미는 가공의 인물들이 이야기의 세계에서 벌이는 사건을 바탕으로 하는 서사문학으로서 코사 전통 사회의 생활방식, 관습, 종교, 가치관 등을 반영한다. 코사 인쪼미의 청중은 대개 어린이들일 경우가 많지만, 어른을 위한 인쪼미도 존재한다. 아이들을 대상으로 한 인쪼미는 동물우화처럼 짧은 형태가 대부분이라면, 어른을 위한 인쪼미는 인물의 일대기를 다룬 작품으로서 구연에 많은 시간이 요구된다. 제나니(Nongenile Masithathu Zenani)라는 코사 민담 구연자가 실제 연행에 백여 시간이 소요되는 인쪼미를 구연한 예가 있다.

일반적으로 코사 민담은 나이 어린 주인공에게 해결해야 할 문제가 생겨 그가 고향집과 같이 안전한 장소를 떠나는 것으로 시작한다. 민담의 도입부에 갈등이 발생하여 분리과정을 겪는 것이다. 이는 주인공이 성공적인 사회적 성숙을 이룰만한 자질을 갖추었음을 증명해야만 하는 처지에 놓이게 됨을 의미한다. 주인공은 미지의 세계에서의 모험을 통해 성인이 될 자격을 시험받는 입사과정을 거친다. 숲, 혹은 금지된 장소 등의 낯선 곳을 방황하는 주인공의 미래는 불확실하기만 하다. 그는 여행 중 바깥세상에서 고난에 직면한다. 종종 괴물이 등장함으로써 주인공은 생존에 위협을 느낀다. 이는 소년의 세계에서 성인의 세계로 들어감에 있어 한 개인이 알아두어야 할 세상살이의 어려움을 상징하는 사건이라 할 수 있다. 따라서 코사 민담에 나타나는 입사과정으로서의 여행은 성인이 될 자질을 시험받는 장인 동시에 교육의 장인 것이다. 많은 코사 민담에서 사람을 잡아먹는 이지무(izimu)가 주인공의 안위를 위태롭게 하는 존재로 등장한다. 주인공이 자신에게 닥친 위험을 극복하고 사회적 성공을 거두는 데는 그가 자진 자질들이 밑거름이 된다. 예를 들면, 새, 혹은 개구리와 같은 작은 동물에게 친절을 베푼 주인공이 위험에 처했을 때, 도움을 받은 동물들이 주인공의 조력자로 등장한다. 이 사건을 통해 약자를 도우는 행위가 성공적인 사회적 성숙에 필요한 요건으로 강조되고 있는 것이다. 민담의 결말에서 주인공이 도입부에 제시된 갈등을 해결하고 귀향했을 때, 그는 완전한 사회의 일원으로 인정받는다. 주인공이 속한 사회의 구성원들은 그가 임무를 훌륭하게 수행했음을 높이 평가하며, 그의 성공적인 사회적 성숙을 인정한다. 코사 민담의 결말에서 종종 주인공의 결혼하는 장면이 나타나는 것에 주목할 필요가 있다. 이는 주인공의 사회적 성숙이 명백히 증명되는 부분으로 결혼이라는 인간의 삶에서 중요한 통과의례가 언급됨으로써 소년에서 성년으로의 전이가 완전하게 이루어졌음을 상징한다고 볼 수 있다.

최근 남아공에 산업화, 도시화가 많이 진행되어 전통적인 민담 구연이 과거와 같이 자주 이루어지지 않는 것이 사실이다. 인쇄매체와 방송매체가 촌락지역에까지 보편화되면서 저녁 시간에 사람들이 모여 민담 구연을 즐기는 시간이 없어져 버린 것이다. 그러나 남아공의 민담은 아동문학, 어린이 대상 방송 프로그램 등을 통해 그 명맥을 이어오고 있다. 또한 민담 이미지들은 남아공 현대소설에 언급됨으로써 남아공 문학 전통의 영속성을 유지시키는 기능을 수행하기도 한다.

4.2 서구문화의 유입으로 태동한 아프리카 토착어 문학

구연문학의 형태로만 존재했던 줄루어, 코사어 등 아프리카 토착어 문학에 문자로 기록된 문학이 소개된 계기는 유럽 출신의 선교사들이 복음을 전파하기 위해 토착어를 로마자로 표기하기 시작하면서 마련되었다. 19세기부터 남아공 아프리카 현지인의 언어로 번역된 성경, 찬송가 등의 기독교 문학이 로마자로 표기되어 출판된 것이다. 이후 신식 교육을 받은 아프리카 현지인에 의해 다양한 내용의 토착어 문학작품이 창작되었다.

남아공에서 서구문화의 영향을 가장 이른 시기에 경험한 아프리카 현지인 집단으로 코사 사회의 응퀴카 분파를 들 수 있다. 18세기부터 영국 선교사와 접촉한 응퀴카 사람들은 코사어의 로마자 표기를 받아들임으로써 글을 읽고 쓰는 능력을 갖추게 되었다. 그러므로 문자화된 코사어는 응퀴카 방언에 기초하고 있다.

영국 선교사로부터 교육을 받은 코사인들에 의해 코사어 문학은 19세기에 태동하였다. 코사 지역에 공교육이 발전하면서 코사어로 쓰인 책에 대한 수요가 발생했고, 이러한 교육적 요구에 의해 코사어 서적의 출판이 이루어졌다. 이 시기 문학 작품은 기독교에 관련된 종교적인 주제를 담고 있거나, 코사 구연문학을 문자로 기록한 것이었다. 아울러 영국의 문학 작품이 코사

어로 번역되어 교재로 사용되기도 했다. 이 과정에서 영국 선교사들의 코사어 연구는 코사어가 문자로 기록되는 데 결정적인 역할을 했다.

코사 사회에서 문자의 습득이 기독교 선교 활동을 중심으로 이루어졌기 때문에 초기 코사 문자문학 작품의 대부분은 기독교에 관련된 주제를 담고 있었다. 최초의 코사 문자문학 작품은 1820년대에 쓰인 기독교 목회자 응치카나(Ntsikana)의 찬송가였으며, 이 시기에 선교 센터에서 발간되었던 코사어 신문인 '이크웨지'(Ikhwezi, 새벽별)와 '이시기디미 사마코사'(Isigidimi samaXhosa, 코사 메신저)에는 코사어로 된 문학작품이 활발하게 게재되었다. 이러한 신문들은 기독교 복음과 새로운 지식의 전파를 통해 코사 사람들을 계몽하려는 목적으로 발간되었다. 따라서 이 신문의 지면을 빌어 출판된 문학작품들은 다분히 종교적이며 계몽적인 성격의 전형적인 식민지문학의 성격을 띠고 있다고 할 수 있다.

19세기 중반에 접어들면서 코사인들에 의해 창작된 문학작품은 종교적인 색채를 벗고 그들이 직면한 사회 문제를 표출하기 시작했다. 코사인들은 1779년부터 남아공의 풍부한 지하자원의 안정된 수탈을 노리는 백인 식민주의자들과 백 년에 걸쳐 간헐적인 전쟁을 벌였다. 비록 기독교 선교사들이 출판하는 신문은 백인의 식민 지배를 동조하는 입장을 취했지만, 신식 교육을 받은 코사인들 중 일부는 식민 지배의 부당함에 저항하는 문학작품을 코사어 신문에 게재하기도 했다. 다음의 시는 와워초페 치타쉐(Wawuchope Citashe)가 1882년에 '이시기디미 사마코사'에 발표한 것이다.

> 소떼들이 없어졌다, 동지여!
> 구하러 가자! 구하러 가자!
> 무기는 버려라!
> 펜을 들자, 종이와 잉크를 준비하자,
> 이것이 당신을 위한 방어이다!

이 시에서 치타쉐는 코사 사회의 지식인들에게 백인의 식민 지배에 저항할 것을 상징적인 언어를 통해 촉구하고 있다. 이러한 저항시들은 20세기에 접어들어 기독교 선교사들이 주도하는 신문에서 차츰 자취를 감추게 된다. 언론에 대한 검열이 강화되는 상황에서 신문은 더 이상 코사어 문학작품 출판의 장으로서의 역할을 제대로 수행하지 못했다.

찬송가의 창작으로 시작된 코사 문자문학의 주요 장르는 시였다. 코사 시문학을 주도한 시인으로는 음콰이(Samuel Edward Krune Mqhayi)와 졸로베(James J. R. Jolobe)를 들 수 있다. 음콰이는 작품 활동 초기에 기독교 선교사를 찬양하는 시를 쓰는 등, 코사 사회에 새로이 소개된 서구문화에 관심을 가졌다. 그러나 백인 식민주의자와 아프리카 현지인 간의 갈등이 시간이 흐를수록 차츰 깊어지자, 그는 아프리카인의 현실을 대변하는 시를 발표했다. 그의 시 '임봉기'(Imbongi)는 남아공 흑인들의 비극적인 상황을 코사 전통 구연시의 형식을 이용하여 묘사하고 있다.

> 집에 가서 잠들지 마라-깊은 피 웅덩이가 다가오고 있다!
> 집에 가서 잠들지 마라-이것은 인간성의 종말이다.
> 집에 가서 잠들지 마라-당신의 아버지가 당신을 배신할 것이다!
> 집에 가서 잠들지 마라-그리고 당신도 당신 아버지를 배신할 것이다!
> 집에 가서 잠들지 마라-심각한 전쟁은 이미 시작되었다!

졸로베는 그의 시에서 과거 코사 전통의 현대적 의미와 코사 사회가 기독교를 기반으로 한 서구문화를 어떻게 수용할 것인가에 대한 문제를 탐구하였다. 시의 형태면에 있어서 음콰이가 코사 전통 구연시 장르인 '이지봉고'를 바탕으로 시를 창작하였다면, 졸로베는 코사 문자시의 형식을 확립시킨 시인으로 여겨진다.

20세기 초는 코사어로 쓰인 소설이 출현한 시기였다. 소설은 근대 유럽 사회에서 수세기에 걸쳐 형성된 문학 장르로서 과거 아프리카의 문학 전통에서는 찾아 볼 수 없는 형식의 문학이었다. 당시 코사 사람들에게 있어 소설의 형식은 생소한 것이었을 수밖에 없었으며, 코사 작가들의 소설 창작은 그들이 아프리카 외부의 문학 전통을 수용한 결과라 할 수 있다. 그러나 코사 소설의 출현이 과거 코사 전통 사회의 구연문학과 완전한 단절을 의미하는 것은 아니었다. 코사 구연문학은 서구의 문학 전통에서 성립된 소설 형식에서도 다양한 면모를 띠며 그 생명력을 유지하고 있는 것이다.

코사 문학사의 첫 소설 작품은 은다워(Henry Masila Ndawo)의 '개종자의 여행'(uHambo kukaGqoboka, 1909)이라 할 수 있다. 이 소설은 17세기 기독교 목회자이자 작가인 번연(John Bunyan)의 '천로역정'(The Pilgrim's Progress)에 영향을 받은 작품이다. 또한, 플롯 전개와 인물설정에 있어 코

사 구연민담의 요소가 관찰된다. 구마(Enoch Guma)의 소설 '노말리조, 이 세상의 모든 것은 공허할 뿐이다'(uNomalizo, okanye izinto zalomhlaba ngamajingiqiwu, 1918) 역시 코사 구연민담에서 나타나는 '착한 소녀/나쁜 소녀' 패턴을 바탕으로 이야기가 진행된다. 이와 같이 초기 코사 작가들은 영국 선교사에 의해 소개된 기독교 문학과 함께 코사 전통 구연민담을 모델로 삼아 작품을 창작했다. 따라서 이러한 초기 코사 소설에는 종교적인 내용과 권선징악적인 교훈이 주제로 표출되었다.

코사 문학에 소설이라는 장르가 정착하면서, 다른 아프리카 지역의 소설 문학과 마찬가지로 코사 사회가 직면한 현실적 문제들이 작품을 통해 다루어졌다. 서구문화의 유입으로 인해 사회적 갈등을 경험한 코사 작가들은 아프리카의 전통과 서구문화 간의 충돌을 작품의 주요 주제로 부각시켰다. 조단(A. C. Jordan)의 '조상들의 분노'(Ingqumbo yeminyanya, 1940)에는 코사 전통 촌락과 서구화된 기독교 선교 센터라는 두 세계가 배경으로 설정된다. 이 상반된 두 세계를 오가는 주인공이 겪는 갈등을 통해 조단은 코사 전통 사회에 끼친 서구문화의 영향이라는 주제를 탐구하고 있는 것이다.

4.2.1 남아공의 근 · 현대사 속의 영어 · 아프리칸스어 문학

17세기에 케이프타운에 정착한 백인들의 네덜란드어가 유럽 본국과 격리되면서 크레올화(creolization)가 진행되고, 19세기에 이르러서는 아프리칸스어라는 독립된 언어로 발전했다. 이후 영국 세력과의 경쟁 관계의 틀에서 네덜란드계 백인들을 중심으로 아프리카너 민족주의가 강화되는 가운데 아프리칸스어 문학이 태동했다. 초기의 아프리카너 작가들은 새로이 형성된 아프리카너 집단의 정체성 형성을 주제로 한 작품을 내놓기 시작했다. 네덜란드 개혁 교회(the Dutch Reformed Church)의 성직자 듀 토이트(J. D. du Toit)는 아프리칸스어 신문과 문법서 등을 출판하면서 아프리칸스어 진흥에 노력했을 뿐만 아니라 초기 아프리칸스 문학의 대표적인 시인으로서 영국과의 전쟁의 와중에서 고통 받는 아프리카너들의 경험을 시로 남겼다. 산문의 영역에서도 초기 아프리칸스어 문학은 아프리카너의 민족 정체성 강화라는 사회적 기능이 강조되었다. 1960년대부터는 남아공 사회의 인종차별 정책이라는 비인간적인 실상을 아프리칸스어 문학을 통해 고발한 작가들이

나타나기 시작했다. 앙드레 브링크(Andre Brink)는 일련의 아프리칸스어 소설을 통해 인종차별 정책을 펼친 백인정권의 주체인 아프리카너 지식인의 심리적 갈등을 다루었다.

남아공에 정착한 백인의 아프리칸스어 문학을 간략하게 소개했지만, 세계적으로 널리 알려진 남아공 문학 작품들은 대부분 영어로 창작되었다. 1991년과 2003년에 각각 노벨문학상을 수상한 나딘 고디머(Nadine Gordimer)와 쿠체(J. M. Coetzee)는 영어로 작품 활동을 한 작가들이다.

초기 영어 작품들에서는 백인 정착민이 아프리카라는 새로운 환경에 적응하는 과정이 작품의 주제로 나타났다. 올리브 슈라이너(Olive Schreiner)의 '아프리카 농장 이야기'(The Story of an African Farm, 1883)가 남아공 최초의 영어 작품으로 인정받고 있다. 이 소설은 정착민의 생활 방식, 내륙으로의 확장, 아프리카 현지인들과 만남 등 백인 정착민 삶의 복잡다단한 면모를 다루고 있는 작품이다.

남아공의 영어 문학은 식민 통치 시절부터 현재에 이르는 남아공의 역사, 특히 남아공 문화에 깊숙이 침투했던 아파르트헤이트와 밀접한 관련을 맺고 있다. 남아공의 인종차별 이데올로기는 남아공 영어 문학의 중요한 주제였다. 백인뿐만 아니라 남아공의 흑인과 칼라드 작가들 역시 20세기 초부터 영어로 문학 작품을 창작하기 시작되었다. 그때부터 백인과 흑인 작가들의 글쓰기는 각각 따로 발전했다. 인종차별이 법제화되기 시작한 1948년부터 영어로 쓰인 작품의 대부분이 남아공 인구의 다수를 위한 인도주의적 입장에서 본 아파르트헤이트의 영향력에 초점이 맞추어져 있었다.

남아공의 대표적인 칼라드 작가인 피터 아브라함스(Peter Abrahams)는 일련의 소설을 통해 남아공이 직면한 사회 문제를 다루었다. 그는 '광산소년'(Mine Boy, 1948)에서 인종차별과 중노동에 시달리는 남아공 흑인 광산 노동자의 비극적인 삶을 묘사하고 있으며, '천둥의 길'(The Path of Thunder, 1948)에서는 백인 여성과 칼라드 남성 사이의 이루어 질 수 없는 사랑을 그림으로써 남아공 사회의 비인간적인 면모를 조명하고 있다. 알렉스 라 구마(Alex La Guma) 역시 칼라드 작가로서 남아공 사회의 인종차별 문제를 철저하게 파헤쳤다. '밤중의 산책'(A Walk in the Night, 1962)과 '계절 끝의 안개 속에서'(In the Fog of the Season's End, 1972) 등의 소설에서 라 구마는 남아공 사회에 만연했던 흑인과 칼라드인에 대한 폭력을 고발하고

있다.

백인 작가들에게 있어서도 남아공의 인종차별 문제는 문학 작품 창작을 위한 영감의 근원으로 작용했다. 여류 작가 나딘 고디머 소설에 나타나는 백인 주인공들은 남아공 사회의 부조리를 인식하고 심리적 갈등을 겪는다. 그녀의 자전적 소설인 '거짓의 날들'(The Lying Days, 1953)의 주인공 백인 소녀 헬렌(Helen)은 성장과정을 통해 남아공 사회의 인종문제를 깨닫는다. '가버린 부르주아의 세계'(The Late Bourgeois World, 1966)에서는 백인이면서도 흑인 해방 운동에 가담한 인물이 등장한다.

포스트모더니즘 작가로 분류되는 쿠체는 실험적인 기법으로 창작된 소설을 발표하였다. 그는 정치적 성향의 작가로 분류되지 않지만, 가상의 국가를 배경으로 한 '야만인을 기다리며'(Waiting for Barbarians, 1980)에서는 1970년대 남아공 보안대의 활동을 유추할 수 있는 내용이 등장하며, '치욕'(Disgrace, 1999)에서는 흑인 정권이 들어선 남아공의 사회 변화를 심도 있게 다루었다.

4.2.2 남아공의 주요 작가

◈ 나딘 고디머(1923-)

- 주요 창작 장르: 소설, 단편소설
- 작품에서 다루는 주요 주제: 인종차별의 상황에서 개인이 느끼는 심리적·도덕적 갈등

- 주요 작품: 'The Lying Days'(1953)
'Late Bourgeois World'(1966)
'Guest of Honour'(1970)
'Burger's Daughter'(1979)
'My Son's Story'(1990)
- 주요 수상 경력: 노벨문학상(1991)

◈ J. M. 쿠체(1940-)

- 주요 창작 장르: 소설, 문학비평

- 작품에서 다루는 주요 주제: 아파르트헤이트 정책의 부당함, 흑인정권이 들어선 후 남아공의 사회 변화
- 주요 작품: 'Dusklands' (1974)
  'In the Heart of the Country' (1977)
  'Waiting for the Barbarians' (1980)
  'Life & Times of Michael K' (1983)
  'Foe' (1986)
  'Age of Iron' (1990)
  'The Master of Petersburg' (1994)
  'Disgrace' (1999)
  'Elizabeth Costello' (2003)
  'Diary of a Bad Year' (2007)
- 주요 수상 경력: 부커상 2회 수상(1983, 1999)
  노벨문학상(2003)

◈ 피터 아브라함스(1919-)
- 주요 창작 장르: 소설
- 작품에서 다루는 주요 주제: 인종차별의 상황에서 흑인의 겪는 고통
- 주요 작품: 'Mine Boy' (1946)
  'A Wreath for Udomo' (1956)
  'A Night of Their Own' (1965)

◈ 알렉스 라 구마(1925-1985)
- 주요 창작 장르: 소설, 단편소설
- 작품에서 다루는 주요 주제: 아파르트헤이트 정책에 대항하는 개인의 삶
- 주요 작품: 'Walk in the Night' (1962)
  'In the Fog of the Season's End' (1972)
  'Time of the Butcherbird' (1979)
- 주요 수상 경력: 로터스상(1969)

◈ 루이스 응코시(1936-)

- 주요 창작 장르: 소설, 에세이, 희곡
- 작품에서 다루는 주요 주제: 남아공 사회의 정치, 인종들 간의 관계, 젠더 문제
- 주요 작품: 'Home and Exile' (1965)
  'The Rhythm of Violence'(1964)
  'The Black Psychiatrist' (2001)
  'Mating Birds, Constable'(1986)
  'Mandela's Ego' (2006)
- 주요 수상 경력: 맥밀란펜상(1986)

◈ 에제키엘 음팔렐레(1919-)

- 주요 창작 장르: 소설, 단편소설
- 작품에서 다루는 주요 주제: 아파르트헤이트 정책에 대항하는 개인의 삶
- 주요 작품: 'Father Come Home' (1984)
  'Chirundu' (1979)
  'The Wanderers' (1969)
  'Afrika My Music' (1984)

◈ 알란 파톤(1903-1988)

- 주요 창작 장르: 소설, 단편소설
- 작품에서 다루는 주요 주제: 남아공의 인종, 정치 문제

- 주요 작품: 'Cry, The Beloved Country'(1948)
  'Too Late the Phalarope' (1953)
  'Tales from a Troubled Land'(1961)
  'Knocking on the Door'(1975)

◈ 베시 헤드(1937-1986)

- 주요 창작 장르: 소설
- 작품에서 다루는 주요 주제: 아파르트헤이트 정책에서 고통 받는 유색

인 평범한 사람들의 단순한 삶, 츠와나인의 구전전통

- 주요 작품: 'When Rain Clouds Gather' (1968)
  'Maru' (1971)
  'A Question of Power' (1974)
  'Looking for a Rain God' (1977)
  'A Bewitched Crossroad' (1984)

참고문헌

유엔에이즈계획 연례보고서. 2005. (http://www.unaids.org)

장태상. 2004. "남아공의 칼라드문학". 세계문학비교연구, 10: 161-185.

Amin, M., *Portraits of Africa* (London, Harvill Press, 1983).

Andrzejewski, B. W., S. Pilaszewicz and W. Tyloch(eds.) 1985. *Literatures in African Languages*. Cambridge: Cambridge University Press.

Bannister, A., *The Bushmen* (Cape Town, Struik Publishers (Pty) Ltd., 1996).

Black, J.(General Editor), *Atlas of World history* (London, Dorling Kindersley Limited, 2001).

Brett, M. et.al., *DK Eyewitness travel guides : South Africa* (London, Dorling Kindersley, 1999).

Burger, D.(ed.), *South Africa Yearbook 1999*, Sixth ed. (Pretoria, The Rustica Press, 1999).

Burger, D.(ed.), *South Africa Yearbook 2002/03* (Pretoria, The Rustica Press, 2002).

Cameron, T.(General Editor), *An illustrated history of South Africa* (Johannesburg, Jonathan Ball Publishers, 1986).

Chitando, E. 2004. "African Instituted Church in Southern Africa: Paragon of Regional Integration?" *African Journal of International Affairs* 7(1&2): 117-132.

Christopher, A.J., *The atlas of Apartheid* (Johannesburg, Witwatersrand University Press, 1994).

Christopher, A.J., *The atlas of changing of South Africa* (London, Routledge, 2001).

CIA-the World Factbook. 2007. (https://www.cia.gov/library/publications/the-world-factbook/)

Davenport, T.R.H. & Saunders C., *South Africa : A modern history*, Fifth ed. (London, Macmillan Press Ltd., 2000).

Davenport, T.R.H., *South Africa : A modern history*, Fourth ed. (London, Macmillan Press Ltd., 1991).

Davidson, B., *The Africans : An entry to cultural history* (Harlow, Longmans, 1969).

De Klerk, V.(ed.), *Focus on South Africa* (Amsterdam, John Benjamins Publishing Company, 1996), pp. 99-124.

De Villiers. M & Bell . B.(Editorial), *Insight guide : South Africa* (Singapore, Apa Publications, 2003).

Diagram Group, *African history on file* (New York, Facts. on File, Inc., 1993).

Donaldson, B., *Colloquial Afrikaans : The complete course for beginners* (London, Routledge, 2000), pp. vii-xi.

Editors Inc., *SA 2000 : South Africa at a glance* (Johannesburg, Editors Inc., 1999).

Editors Inc., *SA 2003-4 : South Africa at a glance* (Johannesburg, Editors Inc., 2002),

Elliott, A., *The Ndebele : Art and culture* (Cape Town, Struik Publishers (Pty) Ltd., 1995).

Elliott, A., *The Zulu : Traditions and culture* (Cape Town, Struik Publishers (Pty) Ltd., 1995).

Esterhuysen, P.(ed.), *Africa : A-Z continental and country profiles* (Pretoria, Africa Institute of South Africa, 1998).

Europa Publications Limited, *Africa : South of the Sahara 2000*, Twenty-ninth ed. (London, Europa Publications Limited, 1999), pp. 998-1006.

Facts on File, *African history on file* (New York, Facts. on File, Inc., 2004).

Fage, J.D., *An atlas of African history* (London, Edward Arnold, 1978).

Finnegan, R. 1970. *Oral Literature in Africa*. Oxford: Oxford University Press.

Forster, D. & Louw-Potgieter, T.(eds.), *Social psychology in South Africa* (Johannesburg, Lexicon Publishers, 1991), pp. 317-341.

Gibbs, J.L., *Peoples of Africa* (New York, Holt, Rinehart and Winston, Inc., 1965).

Griffiths, I. L., *The atlas of African affairs*, second ed. (London, Witwatersrand University Press, 1993).

Hammond-Tooke, D.(ed.), *The Bantu-speaking peoples of Southern Africa* (London, Routledge & Kegan Paul, 1974).

Hammond-Tooke, D., *The roots of black South Africa* (Johannesburg, Jonathan Ball Publishers, 1993).

Harper Collins Publisers Inc., *The Harper atlas of world history* (New York, Harper Collins Publishers, 1992).

Hexam, I., *The irony of Apartheid : The struggle for national independence of Afrikaner Calvinism against British imperialism* (New York, The Edwin Mellen Press, 1981), pp. 123-146.

Junod, H.A., *The life of a South African tribe* (New York, University Books Inc., 1966).

Kasule, S., *The history atlas of Africa* (New York, Macmillan, 1998).

Killam, D. 2004. *Literature in Africa.* Westport: Greenwood Press.

Leach, G., *The Afrikaners : Their last great trek* (Johannesburg, Southern Book Publishers, 1989), pp. 271-272.

Liebenberg, B.J. & Spies, S.B.(eds.), *South Africa in the 20th century* (Pretoria, J.L. van Schaik Academic, 1993).

Lye, K. & The Diagram Group, *Encyclopedia of African nations and civilizations* (London, Facts On File, Inc., 2002).

Magubane, P., *Vanishing cultures of South Africa : Changing customs in a changing world* (Cape Town, Struik Publishers(Pty) Ltd., 1998).

Mair, L., *African societies* (Great Britain, Cambridge Univ. Press, 1974).

Muller, C.F.J.(ed.), *500 years : A history of South Africa* (Pretoria, Academica, 1990).

Murdock, G.P., *Africa : Its peoples and their culture history* (New York, McGraw-Hill Book Company, 1959).

Newman, James L., *The peopling of Africa: A geographic interpretation* (New Haven & London, Yale University Press, 1995).

Oliver, R. & Atmore, A., *Medieval Africa, 1250-1800* (Cambridge, Cambridge University Press, 2001)

Omer-Cooper, J.D., *History of Southern Africa* (London, David Philp, 1987).

Ponelis, F., *The development of Afrikaans* (Frankfurt am Main, Peterlang, 1993), pp. 1-73.

Potgieter, D.J. (Editor-in-chief), *Standard encyclopedia of Southern Africa.* vol. I, II, III, IV (Cape Town, Nasou Limited, 1970).

Rake, A.(ed.), *New African yearbook 1999/2000*, 12th edition (London, IC Publications Ltd., 1999), pp. 424-442.

Reynolds, A.(ed.), *Election '94 : South Africa : The campaigns, results and future prospects* (Cape Town & Johannesburg, David Philip, 1999).

Reynolds, A.(ed.), *Election '99 : South Africa : From Mandela to Mbeki* (Cape Town, David Philip, 1999).

Rissik, D., *Culture shock! : South Africa* (Oregon, Graphic Arts Center Publishing Computer, 1998).

Rosenthal, E.(ed.), *Encyclopedia of Southern Africa* (London, Frederick Warne & Co. LTD., 1973), pp. 5-11.

Saunders, C. & Southey, N., *A dictionary of South African history* (Cape Town & Johannesburg, David Philip, 1998).

Saunders, C.C.(Advisory Editor), *An illustrated dictionary of South African history* (Snadton, Ibis Books and Editorial Services, 1994), pp. 6-11.

Schönteich, M. and A. Louw. 2001. "Crime in South Africa: A country and cities profile." Occasional Paper No.49-2001, Institute for Security Studies.

Schrine, R.A.(ed.), *Critical choices for South Africa : An agenda for the 1990s* (Cape Town, Oxford University Press, 1990), pp. 126-146.

Shaw, E.M. & Davison, P, *Man in Southern Africa : the Southern Nguni* (Cape Town, South African Museum, 1973).

Shaw, E.M., *Man in Southern Africa : the Hottentots* (Cape Town, South African Museum, 1972).

Shillington, K.(ed.), *Encyclopedia of African history*, vol.1-3 (New York, Fitzroy Dearborn, 2005).

Shillington, K., *History of Africa* (London, Macmillan, 1993).

Simon & Ottenberg, P.(eds.), *Cultures and societies of Africa* (New York, Random House, 1960).

Singer, L. & Wood, R., *Peoples of Africa* (London, Marshall Cavendish Books Limited, 1978).

South African Institute of Race Relations, *South Africa Survey 1996/1997* (Johannesburg, South African Institute of Race Relations, 1997).

South African Institute of Race Relations, *South Africa Survey 1999/2000,* millennium ed. (Johannesburg, South African Institute of Race Relations, 1999).

Stock, R., *Africa South of the Sahara: A geographical interpretation* (New York & London, The Guilford Press, 2004).

The Diagram Group, *Encyclopedia of African Peoples* (London, Facts On File, Inc., 2000).

The Reader's Digest Association South Africa(Pty) Ltd, *Illustrated history of South Africa : The real story*, Third ed. (Cape Town, The Reader's Digest Association Limited, 1995).

The Reader's Digest Association South Africa(Pty) Ltd., *Reader's Digest: Illustrated atlas of Southern Africa* (Cape Town, The Reder's Digest Association Limited, 1994).

The Reader's Digest Association, *Reader's Digest: Illustrated history of South Africa: The Real history* (Cape Town, The Reder's Digest Association Limited, 1995).

Tyrrell, B., *Tribal peoples of Southern Africa* (Cape Town, Books of Africa, 1968).

Walker, Eric A., *A history of Southern Africa* (London, Longmans, 1965).

Welsh, F., *A history of South Africa* (London, Harper Collins Bublishers, 1998).

Were, Giddeon S., *A history of South Africa* (London, Evans Brothers Limited, 1974).

▶ 인터넷 자료

http://creative-homeliving.com/Word_Kitchen/cuisinetours/SArecipes.stm

http://www.afrikaans.com/wazzit-EN.html

http://www.anc.org.za/ancdocs/history - ANC 정당

http://www.geocities.com/Paris/2920/afrikaans.html

http://www.h-net.msu.edu

http://www.lib.utexas.edu/Libs/PCL/Map_collection/Map_collection.html - 지도

http://www.mofat.go.kr/southafrica - 주 남아공 한국대사관

http://www.saembassy.dacom.net - 주한 남아공 대사관

http://www.southafrica.co.za - South Africa Online

http://www.southafrica.net - Wasington DC의 남아공 대사관 웹 페이지

http://www.wits.ac.za/library/saha.html - Wits Univ. 도서관의 역사문서

▶ 국내자료

KORTRA 고객서비스처, KOTRA - *OMIS 국가정보 : 남아공화국.*

백기엽, *아파트하이트(Apartheid)와 美國의 對南阿共 政策* (unp. 석사학위논문, 한국외국어대학교, 1990), pp. 9-23.

에이프릴 고든 & 도널드 고든 편저, 김광수 옮김, *현대 아프리카의 이해* (서울, 다해,

2002).

중앙일보사, *세계민족사전*, 월간중앙 1992년 신년호 별책부록 (서울, 중앙일보사, 1992).

필리스 마틴 & 패트릭 오메아라 著, 김윤진, 김광수 공역, *아프리카* (서울, 다해, 2002).

하경근, *현대 아프리카 정치론* (서울, 법문사, 1987), pp.252-340.

한태환, *남아공화국의 아파트하이트(Apartheid)정책과 국제관계-아파트하이트 정책변화요인과 대외관계의 連繫性 분석을 중심으로-* (unp. 석사학위논문, 한국외국어대학교, 1992).

색인

(3)

3원제 58

(C)

COSATU 78

(H)

HIV/AIDS 223

(M)

M-Net 238

(S)

SABC 237

(ㄱ)

구연문학 243

국가지방의회 132

국민당 60

국민회의당 143

그리쿠아랜드 50

(ㄴ)

나딘 고디머 252

나미비아 22

남부아프리카 경제개발공동체 157

남부아프리카 관세동맹 157

남아공 9

남아공 공산당 70

남아공노동조합회의 139

남아공의 역사 10

남아프리카 연방 23

남아프리카 원주민 회의 69

남아프리카 전쟁 42

네덜란드 개혁 교회 240
네덜란드 개혁교회 56
네덜란드 동인도회사 11
네덜란드계 백인사회 11
넬슨 만델라 31, 71
노예들 14

(ㄷ)
대이주(Great Trek) 18
더반 45
데일리 선 238
드 비어스 21, 192
드 클레르크 42
드라켄스버그 산맥 24
딩가네 29

(ㄹ)
레소토 22
루이스 보타 60

(ㅁ)
마하트마 간디 44
말란 60
말레이 46
망고수투 부텔레지 138
무지개 국가 209
민주당 137
민주동맹 137

(ㅂ)
바스코 다 가마 11
바톨로뮤 디아즈 11
반투 9
반투교육법 211
반투어 212
백인 39
베추아날드 10
벤다족 37
보어 11
보어 공화국 19
보츠와나 22
부도덕법 62
부시맨 10
블루 IQ 179

(ㅅ)
사솔 186
삼자동맹 135
샤카 줄루 24
샤프빌 학살 사건 67
샨두카 196
선거제도 139
세실 로즈 21
세츠와요 21, 29
소웨토 73
소토 11
쇼나 12
스와지(Swazi)족 21
스와질랜드 22
스탠더드 뱅크 198
스티브 비코 73
시릴 라마포사 149, 200
쏭가 38

(ㅇ)
아미앵 평화조약 15
아파르트헤이트(Apartheid) 9
아프리카 독립교회 241

아프리카 민족회의 30
아프리칸스어 39
앙글로 보어 전쟁 22
앵글로 아메리칸 185
앵글로-보어전쟁 211
얀 판 리비어크 11
어니스트 오펜하이머 189
연합당 60
연합민주전선 49
오렌지 자유주 20
오스트랄로피테쿠스 10
요하네스버그 20
웨스턴 케이프투자무역 진흥청 184
위그노 13
유럽인 39
은데벨레 36
음페카네 27
응고니(Ngoni)족 25
이스턴 케이프개발공사 182
이지봉고 243
인구 등록법 62
인도인 43
인카타 자유당 30
인카타자유당 126
임봉기 245

(ㅈ)
자동차산업발전프로그램 164
제이콥 주마 148
제임슨 습격 사건 22
주루펠트 12
주르펠트 16
줄루 11
줄루랜드 21
줄루어 216
줄루왕국 21
줄루전쟁 27
중국인 46
집단 거주 지역법 62

(ㅊ)
츠와나 11

(ㅋ)
칼라드 9
칼라하리 사막 54
케이프 11
케이프 칼라드 46
케이프식민지 17
케이프타운 31
코사 11
코사어 217
코이산 9
코이산족 14
코이코이 10
코이코이족 52
쿠체 252
크레올화 251
크와줄루-나탈 31

(ㅌ)
타보 음베키 127
토니 레온 137
토지재분배 205
통행법 67
투투 주교 79
트랜스바알 20

(ㅍ)
페디(Pedi)왕국 21
페디어 217
페르니어너헝 조약 23
페르부어르트 64
포트 엘리자베스 16
푸어르트래커 41
피의 강 전투 23
피트 레티프 29

(ㅎ)
하우텡 66
하우텡 경제개발청 178
헤르쵸그 60
헬렌 질리 137
호텐토트 10
혼합결혼금지법 62
홈랜드 48
흑인 의식 운동 75
흑인경제력강화 145
희망봉 11, 40

남아프리카공화국 들여다보기

초판 인쇄 2010년 4월 20일
초판 발행 2010년 4월 30일

지 은 이 ▪ 서상현 외
펴 낸 이 ▪ 박 철
펴 낸 곳 ▪ 한국외국어대학교 출판부
130-791 서울시 동대문구 이문동 270
전화 (02)2173-2495~6
팩스 (02)2173-3363
홈페이지 http://press.hufs.ac.kr
전자우편 press@hufs.ac.kr
출판등록 ▪ 제6-6호(1969. 4. 30)
디자인 · 편집 ▪ (주)이환디앤비 (02)2254-4301
인쇄 · 제본 ▪ (주)동국문화 02)718-5011

ISBN 978-89-7464-609-7 03930 정가 13,000원

* 잘못된 책은 교환하여 드립니다.